Werner Baecker
New York, New York

Werner Baecker

New York
New York

Fast ein ganzes Leben

ECON Verlag
Düsseldorf · Wien · New York

Bildnachweis:
Archiv Dr. Karkosch, Gilching (2);
dpa, Düsseldorf (7); Keystone, Hamburg (1);
alle übrigen: Privatbesitz des Autors

CIP-Titelaufnahme der Deutschen Bibliothek

Baecker, Werner:
New York, New York: Fast ein ganzes Leben. / Werner Baecker. –
Düsseldorf; Wien; New York: ECON Verl. 1990.
ISBN 3-430-11115-3

Gesetzt aus der Bembo, Linotype
Satz: Lichtsatz Heinrich Fanslau, Düsseldorf
Papier: Papierfabrik Schleipen GmbH, Bad Dürkheim
Druck und Bindearbeiten: Bercker, Kevelaer
Printed in Germany
ISBN 3-430-11115-3

Für alle,
denen ich danken möchte
(und das sind viele),
und für Florian

Inhalt

Vorwort

Das Wetter an diesem Tage entsprach genau meiner Stimmung. Ein regnerischer Himmel über München und ein für Oktober viel zu kalter Wind. Ich hatte Geburtstag, und in der Zeitung stand, ich sei 70 Jahre alt geworden. Also mußte es stimmen. So merkwürdig das klingen mag, ich hatte nie über mein Alter oder über das Älterwerden nachgedacht.

Die wenigen Münchener Freunde, die mich wirklich kannten, wußten das. Das Jubelfest, dem ich am liebsten davongelaufen wäre, fand in einem Salonwagen des Zirkus Roncalli statt. Damit hatten die Freunde, die den Tag organisiert hatten, ganz unbewußt den Nagel auf den Kopf getroffen. Es war nur konsequent, dachte ich im Laufe des Abends, daß der Junge aus Wuppertal, der als Siebenjähriger zu Hause ausgerissen war, um beim Aufbau des Zirkus Sarrasani zuzuschauen, daß dieser Junge, 70 Jahre alt geworden, seinen Geburtstag in einem Zirkus feierte.

Die Mutter hatte die Bemühungen um eine Anstellung beim damaligen Radio Hamburg 1946 mit größter Skepsis verfolgt. »Ich wußte es ja«, meinte sie, »du landest früher oder später ganz bestimmt beim Zirkus.« Bankbeamter hätte ich werden sollen, mit solider Grundlage für ein ausgeglichenes Leben. Das war ihr größter Wunsch. Ich habe ihn nicht erfüllen können. Sie starb im Juni 1947.

Ich hatte immer geglaubt, den Verlust der über alles geliebten Mutter nicht verwinden zu können. Aber dann kam der Brief aus Hamburg. Ich sollte wieder eine Schulbank drücken, als Rundfunkschüler beim NWDR, dem Nordwestdeutschen

Rundfunk. Ich wohnte auf der halb ausgebrannten »St. Louis«, die als Hotelschiff im Hamburger Hafen lag. Einige Schauspieler wohnten da auch. Es waren die Mitwirkenden an einem frühen Trümmerfilm: »Menschen in Gottes Hand«. Das traf auf uns alle zu. Die ungewisse Zukunft und viele tausend Fragezeichen.

Die Höhepunkte und Enttäuschungen der darauffolgenden vier Jahrzehnte haben Millionen Rundfunkhörer und Fernsehzuschauer miterlebt. Einiges davon habe ich aufgeschrieben. Es ist die Geschichte eines Menschen, der durch Krieg und Gefangenschaft zu seiner Berufung fand. Es war ein langer Weg, der von Rußland über Nordafrika nach Amerika führte. Jede Station war wichtig. Ich hätte am liebsten alle erwähnt, die meinen Weg begleitet haben. Das ließ sich nicht verwirklichen. Aber das sollte man mir vor allem glauben: Langeweile gab es nie. Ich hatte, wie die Amerikaner sagen würden, »never a dull moment«. Hoffentlich sagt das auch der geneigte Leser, der dieses Buch der Erinnerungen bis zum Ende liest.

München, im Herbst 1989 — Werner Baecker

Frühe Erinnerungen

Trübsal schlägt einem entgegen, wenn man den *General-Anzeiger für Elberfeld und Barmen* vom 17. Oktober 1917, dem Tage meiner Geburt, aufschlägt. Auf der Magermilch-Vorzugskarte gab es einen Viertelliter Magermilch, in bestimmten Metzgereien der Stadt waren 50 Gramm Wurst zu empfangen, und irgendwo gab es auch Weichkäse und Fleischbrüheersatz-Würfel. Pionier August Wichelhaus und Unteroffizier Paul Karstieß, so hieß es in einer kleinen Rubrik neben den Ankündigungen über die Lebensmittelverteilung, waren fürs Vaterland »auf dem Felde der Ehre« gefallen.

Meine Mutter, falls sie sich am Tage meiner Geburt überhaupt für Nachrichten von der Front interessiert haben sollte, mag sich damit getröstet haben, daß von der Westfront in Flandern, wo sie meinen Vater vermutete, nur Artillerieduelle gemeldet wurden, ohne den Einsatz von Infanterie. Also hatte mein Vater, der bei der Infanterie Dienst tat, den Augenblick meiner Geburt aller Wahrscheinlichkeit nach in Ruhestellung in einem Schützengraben erlebt.

Damit die Leute das Lachen nicht total verlernten, spielte das Stadttheater Barmen am Abend des 17. Oktober den Schwank »Der Raub der Sabinerinnen« von Schönthan mit der Paradefigur des Theaterdirektors Striese. Die Theaterbesucher an diesem Abend konnten nicht ahnen, daß sie ein Stück gesehen hatten, das nicht nur den Ersten, sondern auch den Zweiten Weltkrieg und andere Katastrophen dieses Jahrhunderts unbeschadet überstehen würde.

Die Schwebebahn über der Wupper, auch heute noch eine

wirkliche Sehenswürdigkeit, wurde am Tage meiner Geburt in einem Leserbrief heftig kritisiert. Bei vollbesetzten Wagen, hieß es da, suchten die Inhaber von Stehplätzen beim ruckartigen An- und Abfahren vergebens nach einem Haltegriff an der Decke. Das Anbringen von Haltegriffen, meinte der Mann, könne doch nicht so schwierig sein. Auch die Schaffnerinnen, die anstelle von Männern, die an der Front fürs Vaterland kämpften, die Fahrgäste betreuen sollten, waren nach Meinung des Leserbriefschreibers nicht ohne Tadel. Denn sie vergaßen fast immer, die nächsten Stationen auszurufen, mit dem Ergebnis, daß viele Fahrgäste, besonders nach Einbruch der Dunkelheit, ihre Haltestellen verpaßten. Es sei geradezu ein Hohn, empörte sich der Mann, daß solche Menschen, wenn ertappt, obendrein noch Strafe zahlen müßten.

Diese himmelschreienden Mißstände waren längst vergessen, als mich ein Wuppertaler Magazin im Jahre meines 70. Geburtstages noch einmal mit der Schwebebahn von Elberfeld nach Barmen fahren ließ. Natürlich kam bei dieser Gelegenheit auch die Frage auf, was mir das heute alles bedeute: die Straße in Oberbarmen, wo ich zur Welt kam, die Volksschule in der Nachbarschaft, die ganz frühen Eindrücke aus der Kindheit, an die man sich auch nach Jahrzehnten noch ziemlich deutlich erinnern kann.

Ich würde jetzt viel lieber schreiben – in Erinnerung an meine treusorgenden Eltern –, meine Kindheit sei überaus glücklich gewesen. Sie war es nicht. Das lag aber nicht an meiner Mutter, die mich mit ihrer Liebe und ihrem Verständnis fast erdrückte, sondern an einem viel zu strengen und unzugänglichen Vater, der wie ein Fremder durch mein Leben ging.

Im Vergleich zu seinen Brüdern hatte er beruflich nicht viel erreicht. Er hatte es bis zum Werkmeister in einer Maschinenfabrik gebracht und ganz gewiß davon geträumt, eines Tages ein leitender Ingenieur oder noch mehr zu sein. Ich kann heute seine bitteren Gefühle einigermaßen nachempfinden, wenn sonntags morgens die Söhne seines Bruders Oskar mit ihrem Bugatti-Sportcoupé in der Wiescherstraße auftauchten und damit prahlten, wie fabelhaft doch ein solches Auto sei. Mitgefahren ist er nie. Das ließ sein Stolz nicht zu.

Onkel Oskar, der Bruder meines Vaters, besaß eine Nähgarnfabrik in Oberbarmen. Seine Marke hieß »Osbäcks Rittergarn«, und Tante Anna, seine Frau, rothaarig und immer viel zu grell geschminkt, schickte uns regelmäßig Ansichtskarten von ihren Badeausflügen nach Deauville oder Ostende. Seebäder in Frankreich oder Belgien? »Wie schön, daß es Leute gibt, die sich das leisten können«, meinte dann meine Mutter mit einem leichten Seufzer. Sie tröstete uns mit Streuselkuchen und Milchkaffee und wunderschönen Geschichten aus ihrer Heimat Minden an der Weser und vor allem aus dem Dorf Windheim, wo es Leute geben sollte, die die Zukunft ahnen könnten. »Spökenkieker« nannte man sie, und die gab es überall im Westfälischen, nicht nur in Windheim. Daß ich heute noch Wilhelm Busch oder die schönsten Gedichte aus dem Volksschullesebuch zitieren kann, verdanke ich ebenfalls meiner Mutter, die nicht müde wurde, uns die Abenteuer der »frommen Helene« immer wieder zu erläutern.

Mit besonderer Hochachtung erwähnte sie oft den entfernten Verwandten Walter Gieseking, der auch damals schon als Konzertpianist einen großen Namen hatte. Ihr Bruder Karl Gieseking war als »schwarzes Schaf« der Familie nach Amerika ausgewandert. Jahrelang hatte sie nichts von ihm gehört. Aber dann kam eines Tages ein Brief mit bunten Marken aus Hoboken im Bundesstaat New Jersey. Onkel Karl lebte also noch. Die Freude war groß. Er hatte eine Amerikanerin geheiratet, die uns dann ziemlich regelmäßig ihre abgelegten Kleider schickte. Schrecklich bunte Fetzen, wie meine Mutter meinte, die man in Barmen niemals tragen könne, und Schuhe mit viel zu hohen Absätzen.

Es mag in jenen Tagen gewesen sein, daß ich zum erstenmal so etwas wie Fernweh verspürte. Über Barmen tauchte ein Zeppelin auf – wie ich heute weiß, das Luftschiff LZ 126, das für Amerika gebaut worden war und das die deutsche Bevölkerung noch einmal bewundern durfte, bevor LZ 126, das später

»Los Angeles« hieß, in einem sensationellen Nonstopflug über den Atlantik nach New York schwebte. In Lakehurst im Bundesstaat New Jersey ging der Zeppelin »vor Anker«, und Präsident Coolidge nahm die glückliche Ankunft des Luftschiffes zum Anlaß, »mit großer Genugtuung die volle Wiederherstellung der friedlichen Beziehungen zwischen den USA und Deutschland« zu begrüßen.

Natürlich hatte ich keine Ahnung, wer Präsident Coolidge war. In der Schule hatten wir vor allem von einem gewissen Mister Hoover gehört, dem es zu verdanken war, daß es morgens, in der großen Pause, herrlich süßen Milchkakao und zwei Rosinenbrötchen für alle Kinder gab. (Herbert Hoover, der 1928 zum 31. Präsidenten der USA gewählt wurde, hatte in den ersten Nachkriegsjahren die Lebensmittelversorgung für Europa, u. a. auch die Schulspeisung, organisiert.)

Aber an diesem Morgen war nur der Zeppelin wichtig, der majestätisch seine Runden über Barmen und Elberfeld und andere Städte des Bergischen Landes zog. Ich bin auf eine Mauer geklettert, um ihn möglichst lange zu sehen. Aber dann war er plötzlich hinter einer großen Wolke verschwunden, und ich war traurig und verzweifelt, wie nur ein Siebenjähriger sein kann, dem man ein schönes Spielzeug genommen hat. Meine Mutter versuchte mich zu trösten. Sie würde einen Modellbogen kaufen, einen Zeppelin zum Ausschneiden also, den ich mir über mein Bett hängen sollte. »Dann kannst du davon träumen«, meinte sie, »daß auch du eines Tages mit dem Zeppelin nach Amerika fliegst.«

Bei unseren Nachbarn hatte ich bald einen Spitznamen. Sie nannten mich den »kleinen Pastor«, »Pastörken« in der Barmer Mundart, weil ich alle die Geschichten fast wortwörtlich wiedergeben konnte, die ich zu Hause gehört hatte. Sogar den Brief der »frommen Helene« an ihren geliebten »Franz, Du weißt es ja, Dein bin ich ganz ...« Oma Hasenclever, die über uns wohnte, lachte besonders über die Stelle, wo »in den Schnabel Bohnen drin, der *Jemand* eine *Jemandin* ...« Sie konnte das immer wieder hören. Die Oma war mein dankbarstes Publi-

Werner Baecker im ersten Schuljahr

kum. Zur Belohnung gab sie mir nach jedem Vortrag einen Keks aus einer arg verbeulten Blechdose.

Wenn dann nachmittags die Zeitung kam, griff ich immer sofort nach der Veranstaltungsseite. Das war Futter für meine lebhafte Phantasie. Was waren das bloß für aufregend klingende Namen, die ich nur mühsam entziffern konnte! Dusolina Giannini, Maria Jeritza, Anny Ondra, Zirkus Sarrasani. Natürlich bekam ich heraus, daß es sich bei den Damen Giannini und Jeritza um berühmte Sängerinnen handelte, daß Anny Ondra eine Filmschauspielerin war, die gerade einen neuen Film gedreht hatte, der »Die vom Rummelplatz« hieß, und daß der Zirkus Sarrasani auf dem Carnaper Platz in Barmen ein Gastspiel geben würde. Das wollte ich mir nicht entgehen lassen.

»Wir haben einen Zirkusjungen in der Familie«, meinte die Mutter, als ich ihr mit hochroten Ohren gestand, heimlich zum Carnaper Platz gelaufen zu sein, um dem Zirkus beim Aufbauen zuzuschauen. Ich muß ihr die Prunkfassade mit den vielen tausend Glühbirnen, den bunten Kassenwagen, auf dem »Cassa« stand, das Durcheinander von Stangen, Stühlen, Sitzbänken, Zeltbahnen und schwitzenden Arbeitern, das drohende Gebrüll der Raubtiere, das aus den Transportwagen kam, so eindringlich geschildert haben, daß sie mir zwei Tage später das Geld für einen Stehplatz in der Nachmittagsvorstellung schenkte. Ich war außer Rand und Band, das ganze Zirkusglück für 50 Pfennige!

Seitdem bin ich ein treuer Zirkusfan. In New York habe ich ziemlich regelmäßig die »Greatest Show on Earth« besucht, also den »Ringling Brothers and Barnum & Bailey Circus«, besonders dann, wenn der aus Deutschland stammende Superstar Günther Gebel-Williams dabei war. Aber wie aufregend die Vorstellungen im Madison Square Garden auch gewesen sein mögen, die Kindheitserinnerungen an Sarrasani auf dem Carnaper Platz in Barmen haben sie nicht verdrängen können.

Auf dem Wege nach Amerika

Tunesien, Mai 1943. Nun war alles vorüber. Gestern nachmittag hatten uns die Engländer überrollt, mit Panzern und Artilleriegeschützen. Wir hatten in der Nähe von Hammamet die letzten Stunden »im Befehlsbereich des Führers« verbracht. Nervös und voller Sorgen. Was packt man ein, wenn man damit rechnen muß, in wenigen Stunden Kriegsgefangener zu sein? Zahnbürste, Zahnpasta, Seife, ein paar Familienfotos, Unterwäsche und Socken, einen verbeulten Trinkbecher und das Kochgeschirr. Meine Armbanduhr mit den Leuchtziffern, von der ich mich nicht trennen wollte, hatte ich in ein Taschentuch eingewickelt und im Brotbeutel versteckt. Die rollende Schreibstube, so nannten wir unseren Befehlswagen, mit dem ich schon im Sommer 1941 durch russische Schlaglöcher in der Ukraine geschaukelt war, hatten wir in die Luft gesprengt, natürlich auch alle Dokumente, die die Aufschrift »Geheim« oder »Geheime Kommandosache« trugen.

Der Kommandeur machte bei allem einen erstaunlich gelassenen Eindruck. Ich will unter keinen Umständen, ließ er verlauten, daß einem unserer Männer jetzt noch etwas zustößt. Kommt heil in die Gefangenschaft, das war die Parole. Eine klare Absage an den Befehl aus dem Führerhauptquartier, auch an der tunesischen Front bis zum letzten Atemzug zu kämpfen und zu sterben. Unser Kommandeur war anderer Meinung, Gott sei Dank! Für mich war das keine Überraschung, denn zwischen ihm und mir, seinem ersten Schreiber im Range eines Feldwebels, hatte sich eine gewisse Vertraulichkeit entwickelt. Schließlich saß ich oft stundenlang mit ihm allein in unserer rollenden Schreibstube, wenn er mir seine Marschbefehle oder seine Offiziersbeurteilungen diktierte.

Ich hatte oft das Gefühl gehabt, daß ihm die forschen Sprüche einiger seiner Offiziere körperliches Unbehagen bereiteten. Als der Truppenarzt, ein dicker Reservist mit kölschem Dialekt, am Ende eines schrecklichen Tages auf dem Vorstoß in Richtung Kiew die Ansicht vertrat, »alles, wat hinterm Dnjepr kommt [gemeint war die Rote Armee], hat nur noch einen Knüppel«, zuckte der Kommandeur zusammen.

»Sie sind ja ein rechter Schlauberger«, meinte er kühl, »ich fürchte allerdings, wir werden uns schrecklich wundern.«

Im Vergleich zu Rußland war unser tunesisches Abenteuer – der Versuch, vom Afrikakorps zu retten, was noch zu retten war –, kurz und schmerzlos gewesen. Weihnachten 1942 hatten wir im Dorf Il Vesuvio bei Neapel gefeiert. Die Feldpost brachte sogar rechtzeitig die kleinen Päckchen aus der Heimat. Spekulatius und Tannenzweige, sogar ein paar Kerzen. In einer ungeheizten Schulklasse verbrachten wir den 24. Dezember. Alle paar Minuten vibrierten die Fensterscheiben. Das dumpfe Grollen kam vom Vesuv. Viele mögen es gedacht haben, aber keiner sprach es aus: Das konnte kein gutes Omen sein. Wir aßen Spekulatius und tranken Glühwein und wünschten uns gegenseitig ein frohes Weihnachtsfest. Als wir von allem genug hatten, fielen wir betrunken auf unsere Strohsäcke. Weiß der Himmel, dachte ich noch, wo wir den nächsten Weihnachtsabend verbringen werden.

Anfang Januar kam der Befehl, auf den wir schon lange gewartet hatten. Italien kann im Winter schrecklich ungemütlich sein. Uns hatten sie Sonne und Tunesien versprochen, aber dahinter versteckte sich der Auftrag, die anrückenden Amerikaner, die von Casablanca aus an der nordafrikanischen Küste in Richtung Tunis vordrangen, mit allen noch vorhandenen Mitteln aufzuhalten. Unsere Batterien verfügten über die gefürchteten 8,8-Flakgeschütze, die sich im Abknallen von Panzern hervorragend bewährt hatten. Wir waren heilfroh, als wir nach einem Tiefflug über das Mittelmeer an Bord einer JU 52 endlich den Flugplatz in der Nähe von Tunis erreicht hatten. Blauer Himmel und Palmen, Mittagstemperaturen so um 20 Grad. Eine weiße Villa im maurischen Stil in einer Seitenstraße der Avenue de Paris war unser neues Hauptquartier.

»Wieder einmal Glück gehabt«, meinte unser Spieß, der aus Berlin stammte und eine Kodderschnauze hatte, als er mich mit aufgerolltem Schlafsack und Luftmatratze auf den Stufen der weißen Villa entdeckte. »In Rußland hast du dir nur selten deine Stiefel dreckig gemacht« – das war eine Anspielung auf die vielen Stunden in der rollenden Schreibstube –, »und hier in Tunis haste 'ne weiße Villa und ein gekacheltes Bad. Soll dir gegönnt sein.« Er lachte dabei, und ich lachte auch. Der unterschwellige Neid traf schließlich alle, die sich in irgendeiner Sonderfunktion bewährt hatten. Mit Stubendurchgang, Waffenappell und Exerzieren hatte ich seit meiner Rekrutenzeit in Berlin nichts mehr zu tun gehabt.

Auch das hatte sich herumgesprochen. Im Oktober 1941, als unsere motorisierte Angriffswalze im russischen Schlamm versank, hatte ich den Sonderauftrag erhalten, den Schäferhund des Kommandeurs nach Berlin zu bringen. Dazu gab es eine Vorgeschichte. Der dicke Truppenarzt mit Vornamen Carl Maria, der schon lange nicht mehr der Meinung war, »alle Russen hinterm Dnjepr hätten nur noch Knüppel«, schrieb mich krank. Mit gutem Gewissen. Nierenbeckenentzündung. Der Kommandeur entschied sofort meine Verlegung in den Raum München.

»Aber da Sie ja ohnehin über Berlin fahren müssen«, meinte er, »könnten Sie eigentlich meinen Schäferhund bei meiner Mutter in Lichterfelde abliefern. Die Geschichte hier wird mir zu ungemütlich.«

Das war der schönste Auftrag, den ich seit langem erhalten hatte. Keine Angst mehr vor Tieffliegern und Artillerieeinschlägen, keine schlaflosen Nächte mehr in verstunkenen Bauernkaten in der Nähe eines Kachelofens. Der Schlamm, in dem wir zu ersticken drohten, war über Nacht steinhart gefroren. Schneidend kalte Winde aus dem Osten, früher Schnee. Im Sanka, im Sanitätskraftwagen, war es warm. Rex, der Schäferhund, wich nicht von meiner Seite. Vorne im Wagen saßen zwei Unteroffiziere. Die waren schwer bewaffnet. Erst sehr viel später wurde mir klar, daß diese Solofahrt durch rückwärtiges Kampfgebiet, durch einsame Steppen und zerschossene Dörfer, die bis dahin gefährlichste Reise meines Lebens gewesen war. Aber nichts passierte. Keine Partisanen aus dem Hinterhalt. In Pinkelpausen war Rex nur mit Mühe zu halten. Er wollte auf alles losgehen, was sich irgendwo am Rande der Dörfer bewegte, auf Hühner und Gänse. Vor allem aber auf Russen in wattierten Jacken. Kein Wunder, daß die sonst so freundlichen Bauern ihre Türen verschlossen hielten und uns nicht zum Tee einluden.

Die Gespensterdivisionen mit Panzern und Artillerie träumten wohl immer noch davon, bis Weihnachten in Moskau zu sein. Um Smolensk wurde heiß gekämpft, aber bei Witebsk, dem Ziel unserer Dreitagereise, war alles still. Die Deutsche Reichsbahn, den vorstürmenden Divisionen hart auf den Fersen, hatte wie selbstverständlich auch schon diesen Außenposten großdeutschen Wahnsinns erreicht, auf Gleisen nach deutscher Norm, mit deutschen Personenwagen und Lokomotiven aus dem Heimatbahnhof Karlsruhe. Beim Anblick des Zuges, der unter Dampf stand, schlug mein Herz höher. Der Marschbefehl, den der Kommandeur persönlich unterschrieben hatte, garantierte natürlich ein Abteil in der zweiten Klasse für mich und Rex. Nach kurzem Überlegen aber entschied ich mich für die Holzbänke der dritten Klasse. Ich hatte Angst vor Läusen. Den Polstern der zweiten Klasse war nicht zu trauen. Der Gedanke, mit Läusen in ein weiß bezogenes Münchener Bett zu steigen, war allzu schrecklich.

Endlich waren wir in Berlin. Die alte Mutter des Kommandeurs jubelte, als ich ihr den Hund übergab. Aber Rex schien irritiert. Für ihn war alles ungewohnt. Die Läufer in der Diele, der Geruch von Bohnerwachs, die alte Dame, die ihn tätscheln wollte. Instinktiv schien er zu ahnen, daß ich ihn verlassen mußte. Immer wieder sprang er an mir hoch. Er war an den

Umgang mit Landsern gewöhnt, an Eintopf aus der Feldküche und wilde Jagden auf Hasen und Kaninchen, an die lange Reise durch die Ukraine an meiner Seite. Ich mußte mich zusammenreißen. Dennoch merkte die alte Dame natürlich, wie schwer mir der Abschied wurde.

»Passen Sie auf«, sagte sie nach einer Weile der Ratlosigkeit, »wir versuchen's mit einem Trick. Ich locke ihn in die Küche, der muß doch Durst haben, und dann können Sie ganz leise ... Übrigens, vielen Dank für alles, und kommen Sie gesund und wohlbehalten aus diesem schrecklichen Krieg nach Hause.«

Auf Zehenspitzen schlich ich mich nach draußen. Im Treppenhaus, wo es niemand sah, habe ich hemmungslos geweint. Gott, sagte ich mir dann fast ärgerlich, es gibt doch soviel Schlimmeres auf dieser verfluchten Welt. Aber das änderte nichts daran, daß ich in Rex einen treuen Freund verloren hatte. Ich wußte, ich würde ihn nie wiedersehen. In der U-Bahn, Richtung Friedrichstraße, fiel ich einigen Leuten durch meine geröteten Augen auf.

»Kommen Sie von der Front? Kann ich Ihnen behilflich sein, ist etwas passiert?« wollte ein älterer Herr wissen.

»Nein, vielen Dank«, log ich, »es ist alles in bester Ordnung.«

Am Bahnhof Friedrichstraße kaufte ich mir in einer Bretterbude einen Glühwein. Der würde mich hoffentlich schläfrig machen. Die Fahrt nach München sollte mindestens zwölf Stunden dauern.

Mit heilen Knochen ins andere Lager kommen, das waren die Gedanken, die uns im Mai 1943 am meisten beschäftigten. Hoffentlich holen uns die Engländer. Die Goebbels-Propaganda hatte auch das erreicht: Wir hatten Angst vor den Amerikanern. Die sind genauso schlimm wie die Russen, hatten wir uns zugeflüstert. Einziger Unterschied: Sie tragen gebügelte Hosen. Wenn die uns schnappen, verfrachten sie uns nach Sibirien. Roosevelt und Stalin waren sich darüber einig geworden. Es gab keinen Grund, das nicht zu glauben. Ich glaubte das auch, während ich im Schatten einer Mauer auf das Ende wartete.

Plötzlich waren sie da. Lachende Engländer, die nichts mehr zu fürchten hatten. Sie kletterten aus ihren Panzern und winkten uns zu. »It's all over for you«, für euch ist der Krieg vorbei. »No more shooting«, geschossen wird nicht mehr. Wer dachte jetzt noch ans Schießen! Sie gaben uns Tee und Zigaretten. Nach einem kurzen Fußmarsch erreichten wir eine Sammelstelle für Kriegsgefangene, direkt neben einer Artilleriebatterie, die noch aus allen Rohren ballerte. Irgendwo hinter den Hügeln also gab es noch Widerstand.

Ich dachte an die forschen Leutnants aus der Stabsbatterie. Gar nicht so leicht, plötzlich begreifen zu müssen, daß der Traum von der Unbesiegbarkeit heller Wahn gewesen war. Die Veteranen des Blitzkrieges, die triumphierend durch das eroberte Amiens gefahren waren, die in einem brennenden Warenhaus alle Seidenstrümpfe und jedes Fläschchen »Soir de Paris« für Mutti oder Monika geplündert hatten, mußten nun ganz ohne Widerspruch ihre schönen Armbanduhren den Tommys übergeben, die plötzlich ihre Freundlichkeit vergaßen und beim Einkassieren von Uhren und Ringen unbarmherzige Mienen machten.

Ich kam mit dem Schrecken davon. Das Versteck im Brotbeutel hatten sie nicht gefunden. Merkwürdig, dachte ich, als ich wieder im Schatten einer Mauer saß und an englischen Biskuits knabberte, die Schönheit der tunesischen Landschaft hatte uns bis zu diesem Augenblick kaum berührt. Nun war es zu spät. Der wolkenlose Himmel über den grünen Hügeln gehörte den Siegern. Sie würden in wenigen Tagen die weißen Strände von Hammamet genießen, in der Sonne liegen und im Mittelmeer baden, Ansichtspostkarten schreiben und die Tage zählen. Den Heimaturlaub hatten sie verdient.

Ich hatte fest geschlafen, ohne Rücksicht auf den Lärm, der von der Artilleriebatterie kam. »Time for tea?« grinste mich ein Tommy an. Willst du einen Tee? Wie gut, daß ich vor allem den verbeulten Trinkbecher und das Eßgeschirr gerettet hatte.

Alles, was ich besaß, ließ sich im Brotbeutel unterbringen. Beinahe hätte ich laut gelacht. Auf 99 Prozent der Dinge, die man ein Leben lang mit sich herumschleppt, kann man also verzichten.

Außerdem: Mit leichtem Gepäck würde die Reise ins Ungewisse sicher sehr viel leichter. Unsere italienischen Bundesgenossen von gestern waren über Nacht die Freunde der Sieger geworden. Mehr noch, sie wurden unsere Bewacher. Kein Austausch von Freundlichkeiten mehr. Ab nach Oran in ein amerikanisches Auffanglager, hieß die Parole. Auf italienischen Lastkraftwagen ging es im Höllentempo quer durch die nordafrikanische Wüste. Asphaltierte Straßen waren eine Seltenheit. Der aufgewirbelte Sand und Staub hatte uns in graue Mäuse verwandelt. Schweiß und Schmutz hatten Ohren, Nase und Mund verklebt. Und durstig waren wir auch.

Endlich ein Verpflegungsstopp, mitten in der Wüste. Eine Dose Corned beef für zwanzig Mann, dazu ein paar Kekse. »Alle Not hat nun ein Ende«, rief der Spieß aus Berlin, der auch in dieser Situation versuchte, witzig und schlagfertig zu bleiben. Aber als er dann seine Portion Corned beef in Empfang nahm, redlich geteilt zwischen zwanzig hungrigen Kerlen, sagte er gar nichts mehr. Die Corned-beef-Zuteilung war nicht viel größer als ein Stück Würfelzucker. Der Mann, der immer nur kommandiert hatte, den die Rekruten auf dem Berliner Kasernenhof vielleicht sogar fürchten sollten, schien plötzlich begriffen zu haben, daß die herrlichen Zeiten vorbei waren, für immer vorbei. Früher oder später würden wir es alle wissen und über die Durchhalteparolen lachen oder weinen, die jetzt schon, nach einigen Tagen Gefangenschaft, die Runde machten. Danach war Stalingrad wieder fest in deutscher Hand. Na also.

Das war keine Fata Morgana. Das war Wirklichkeit. Eine Zeltstadt am Rande der blauen Berge. Irgendeiner wollte wissen, daß die Hafenstadt Oran ganz in der Nähe sei. Aus einem Schornstein stieg dünner Rauch. Das mußte eine Feldküche sein.

»Was ist eigentlich mit der Genfer Konvention?« polterte jemand. »Wir wollen duschen!«

»Halt die Klappe«, sagte einer in der letzten Reihe, der sonst nie was sagte.

Beim Stichwort »Genfer Konvention«, die allen kriegführenden Ländern faire Behandlung der Gefangenen auferlegt, tauchten Bilder aus Rußland auf: endlose Kolonnen russischer Gefangener, die aus Blechbüchsen tranken und auf die gewiß kein Lager mit Feldküchen und heißen Duschen wartete. Wie würden sie uns behandeln?

In der Zeltstadt, die amerikanische Pioniere aus dem Boden gestampft haben mußten, konnten wir tatsächlich duschen. »What a difference«, was für ein Unterschied, rief ein gutgelaunter amerikanischer Captain, als er den frisch gewaschenen Haufen vor sich sah. Er brauchte Freiwillige für die Küche. Und da meldeten sich beinahe alle. »You will love today's menu«, der Speisezettel wird euch Spaß machen: Frankfurter Würstchen, Sauerkraut, Kartoffelpüree und zum Nachtisch Eiscreme und Kaffee. Jetzt lachte keiner mehr. Der Hauptmann aus den USA in seiner frisch gestärkten Uniform hatte wohl nur einen Witz gemacht. Aber es war kein Witz. Der Einzug ins amerikanische Schlaraffenland fand in dieser Minute statt. Das alles schmeckte sogar aus meinem verbeulten Kochgeschirr.

Was für ein Land, dachte ich, als ich später im winzig kleinen Zelt auf hartem afrikanischen Boden einschlafen wollte. Und die sollen schlimmer sein als die Russen?

Wer nicht gerade zum Arbeitskommando eingeteilt worden war, konnte faulenzen, Fußball spielen oder sonnenbaden. Unsere eigene Unterwäsche hatten wir verbrennen müssen. Die Amis hatten Angst vor Läusen. Nun trugen wir alle, weil es tagsüber ziemlich heiß war, die graugrünen Boxer-Shorts der Amerikaner. Das muß für unsere Bewacher, die uns in jeder Sekunde beobachteten, ein merkwürdiges Bild gewesen sein. Von ihren eigenen G.I.s waren die halbnackten Germans nicht mehr zu unterscheiden. Vielleicht wurde deshalb angeordnet, alles, was wir trugen, auch die Unterhosen, mit einem aufgemalten PW zu versehen, Prisoner of War. Das war die Bezeichnung, die uns eine Zeitlang begleiten würde. Und die wenigsten mögen damals schon begriffen haben, daß es mit der eigenen Initiative vorerst vorbei war. Antreten, zählen, Essen fassen, schlafen. Die Informationen kamen spärlich. Die wichtigste Frage für die meisten: Wann können wir endlich Briefe schreiben, unsere Angehörigen beruhigen, ihnen sagen, daß wir mit heilen Knochen in einem Zeltlager gelandet sind, wo es am ersten Abend Frankfurter Würstchen gab? Und immer wieder quälte uns die Angst, vielleicht doch noch an die Russen verschachert zu werden. Aber dann hieß es plötzlich, man würde uns nach Schottland bringen, erster Stopp auf der Reise nach Amerika. Noch einmal rasten die italienischen Lkws mit uns im Höllentempo in Richtung Oran. Ich war froh, als wir endlich den Hafen erreicht hatten.

Amerikanische Matrosen in schneeweißen Uniformen standen oben an der Reling der »Ericson«, so hieß das Truppenschiff, und schauten gelangweilt auf den traurigen Haufen, der staubig und müde unten an der Gangway wartete. Aus den Lautsprechern kam Tanzmusik, das ganze Schiff schien voll davon zu sein, und die Navy-Boys wippten mit den Füßen. Die hatten alles, was ihren Krieg erträglich machte. Denen fehlten nur die Girls. Heute weiß ich, daß es Schallplatten von Glenn Miller waren, die da für allgemeinen Frohsinn sorgten.

Während wir das Schiff bestiegen, so haben es mir die anderen später erzählt, klappte ich zusammen wie ein Taschenmesser. Schwarzblende, Ohnmacht. Was es genau gewesen ist, habe ich nie erfahren. Als ich wach wurde, lag ich in einem weiß bezogenen Bett, einziger Patient im Schiffshospital. Das Bett schwankte leicht, wie eine Hängematte. Und dann stand er plötzlich vor mir. »Hi, my name is Leroy. I am your nurse. You had a very high temperature.« Der baumlange Schwarze in seinem weißen Anzug hieß also Leroy. Er war mein Krankenpfleger.

Fieber hast du gehabt, ziemlich hoch, meinte er, und du mußt Leroy zu mir sagen. Ich habe nichts gegen euch Deutsche. In der High-School hatten wir einen Musiklehrer, der aus Deutschland stammte. Feiner Kerl. Nur wenn er wütend wurde, nannte er den einen oder anderen manchmal »Dummkopf«. Aber Leroy ist kein Dummkopf. Deine Armbanduhr habe ich natürlich gefunden, schließlich mußte ich doch sicher sein, daß in deiner Tasche kein Messer versteckt war. Kann ich deine Uhr haben? Ich will sie natürlich bezahlen. Er hatte eiskalten Pampelmusensaft und fünf Riegel Hershey-Schokolade auf meinen Nachttisch gestellt. Morgen würde er noch viel mehr bringen.

Soviel Freundlichkeit auf einmal. Ich hatte plötzlich das Gefühl, daß es hier nicht nur um die Armbanduhr mit den Leuchtziffern ging, um das Souvenir von einem Nazi-Boy. Er hätte sie ohnehin einfach nehmen können, ohne mich zu fragen, ohne verpflichtet zu sein, eiskalten Pampelmusensaft und Hershey-Schokolade auf den Nachttisch zu stellen.

Dann meinte er, beinahe beiläufig, als sei das die selbstverständlichste Sache der Welt: »Ich werde übrigens heute nacht hier schlafen. Der Doktor hat es angeordnet. Er will verhindern, daß du wie ein Gespenst auf dem Schiff spazierengehst.«

Obwohl wir beide lachten: Da war sie wieder, die unerklärliche Spannung, die mir Sorge machte. O Gott, nur das nicht. Alle unterdrückten Schreckensvisionen waren plötzlich wieder da. Vor einigen Wochen noch hätte es »dafür« Strafbataillon, rosa Armbinden, KZ und die geballte Verachtung einer verständnislosen Masse gegeben, vielleicht auch Schlimmeres. Aber nun lag ich ja in einem weiß bezogenen amerikanischen Bett, mit einem Schlafanzug angetan, der die Aufschrift trug: Medical Corps, US Army.

Leroy war sich seiner Sache so sicher, daß auch mich die lähmende Angst allmählich verließ. Als es vorüber war, blieb das Gefühl einer stillen Geborgenheit. Zu hören waren in dieser Nacht nur noch das leise Stampfen der Maschinen unserer »Ericson«, die im Geleitzug, von Kreuzern und Zerstörern begleitet, nach irgendwohin unterwegs war, und der ruhige Atem von Leroy, der ohne Gewissensbisse eingeschlafen war.

Als ich am Morgen wach wurde, war er verschwunden. Nicht aber die Armbanduhr mit den Leuchtziffern. Auf einem Zettel hatte er seinen Abschied hingekritzelt: »I know you love that watch. Keep it. Take care. Leroy.« Ich weiß, wie wichtig Dir diese Uhr ist. Behalte sie und paß auf Dich auf. Leroy.

Ich habe ihn nie wiedergesehen. Das große Truppenschiff schien ihn verschluckt zu haben. Zwei Tage später waren wir in Glasgow.

Schottland im Juni 1943. Regen und kalter Wind und ein Empfang durch englische Soldaten, die wie Tommys aussahen, aber keine waren. Angehörige der polnischen Befreiungsarmee, »Poland« am linken Rockärmel, durften den Vertretern von Hitlers »master race« eine Lektion erteilen. Das War Office in London hatte mit Sicherheit seine Zustimmung dazu geben müssen. Denn abweichend von allem, was die vielgepriesene Genfer Konvention in solchen Fällen vorsieht und ausdrücklich verbietet – die polnischen Soldaten in englischen Uniformen durften ihren angestauten (und verständlichen) Haß an den gefangenen Männern des Afrikakorps entladen. Sie schlugen, spuckten, schimpften. Meist sogar in perfektem Deutsch. »Was habt ihr mit unseren Mädchen gemacht? Warum wurde mein Vater verschleppt? Habt ihr Schweine dabei geholfen, Warschau zu zerstören?«

Wer nicht schnell genug lief, wurde erbarmungslos verprügelt, besonders die Schwarzuniformierten der Panzertruppe, die sie für SS-Männer hielten. Sie jagten uns in ein großes Stadion und ließen uns im Laufschritt an einer Feldküche vorbeisausen. Wahrscheinlich war das »Irish-Stew«, gemischtes Gemüse, was sie uns ins Kochgeschirr schleuderten. Ich verlor meine beiden Salzkartoffeln auf dem Wege zur Stadiontribüne, wo wir mucksmäuschenstill und im schottischen Dauerregen auf weitere Befehle warten sollten.

In dieser bisher schlimmsten Stunde unserer Gefangenschaft

richteten sich alle Blicke auf einen amerikanischen Major, der sichtlich verärgert und kopfschüttelnd unter einem Regenschirm stand. »Don't worry«, rief er laut und vernehmlich, und die Polen mußten ihn reden lassen. »You will all go to America.« Keine Angst also. Es bleibt dabei. Ihr alle kommt nach Amerika.

Das polnische Zwischenspiel war nach zwei Stunden beendet. Lächelnde Tommys brachten uns auf einen nahen Bahnhof, wo ein unter Dampf stehender Sonderzug auf uns wartete. Ob die Polen wirklich abgezogen waren? Doch, sie waren, denn nun gab es Tee und Zigaretten. Und Cadbury-Schokolade verteilten die Engländer auch. Wie nett sie doch sein konnten, wenn sie wollten ... Der Mann, der die polnische Strafaktion befohlen hatte, saß derweil in seinem Office an der Whitehall im fernen London. Vermutlich hatte man ihm auch schon die Vollzugsmeldung auf den Tisch gelegt: »Polnische Aktion in Glasgow ohne Zwischenfälle verlaufen.« Blaue Augen, gebrochene Rippen und geschwollene Schienbeine zählten nicht.

Der Sonderzug sollte uns nach Douglas Castle bringen. Es regnete immer noch. Im Zug war es unheimlich still. Der Schock über den Empfang durch die Polen saß uns allen noch in den Knochen. Wehe den Besiegten. Noch sagte keiner offen, was für viele schon selbstverständlich war: Der Krieg würde ein fürchterliches Ende nehmen, und dann würden alle, auch die Daheimgebliebenen, dafür büßen müssen, was sich nach dem 1. September 1939 in Polen und später überall in Europa ereignet hatte. Was wir heute erlebt hatten, war nichts weiter als ein kleiner Vorgeschmack.

Endlich hielt der Zug. Die schottische Landschaft versteckte sich hinter Vorhängen aus Regen und Nebel. Nach kurzem Fußmarsch, naß bis auf die Haut, waren wir im Lager. Douglas Castle, das hörte sich nach Schloß an. Aber es war kein Schloß. Ungemütliche Nissenhütten, kalter Zementboden und eine dünne Wolldecke, die nach Fußschweiß roch. Ich hatte Halsschmerzen und sicher auch Fieber. Beim Einschlafen dachte ich nur an den amerikanischen Major, der uns Amerika versprochen hatte. Daran wollte ich glauben.

Sie hatten uns über Nacht so nah an ein Schiff herangefahren, daß es unmöglich war, an irgendeiner Stelle, Bug oder Heck, den Namen zu entdecken. Kein Zweifel, das war ein riesiger Pott. Als wir die Zwischendecks erreicht hatten, wo wir die nächsten Tage verbringen würden, hatte das Rätselraten ein Ende. Die Rettungsringe an den Wänden verrieten den Namen: »Ile de France«! Das war der ganze Stolz der französischen Handelsflotte. Ein schwimmendes Luxushotel zwischen Le Havre und New York. Sie hatten es in aller Eile in einen Truppentransporter verwandelt.

Wo in Friedenszeiten die eleganten Koffer aus dem Hause Louis Vuitton lagerten, hingen nun die Unterhosen und Socken der gefangenen Afrikasoldaten. Auf diesem Schiff, erinnerten sich einige, hatten Könige und Diplomaten den Ozean überquert. Nicht zu vergessen die Großen aus der Filmwelt, Charlie Chaplin, Pola Negri, Greta Garbo. Die Besatzung der »Ile de France« war natürlich französisch. Wir konnten also schwerlich erwarten, durch die Küche, die angeblich aus technischen Gründen nur einmal am Tage eine warme Mahlzeit liefern konnte, verwöhnt zu werden. Dünne Suppen und ein Stück Brot. Das war's. Ich freute mich nur auf den schwarzen Kaffee und auf ein Buch von Stefan Zweig über Maria Stuart, das ich in einer stillen Ecke las.

Aus Angst vor deutschen U-Booten, hieß es, fahre die »Ile de France« einen Zickzackkurs. Irgendeiner wollte wissen, daß das Oberkommando unserer Kriegsmarine über die »Fracht« der »Ile de France« informiert worden sei. Also keine Angst. Unsere Kumpels von den U-Booten schießen nicht. Ich war da nicht so sicher, sagte aber nichts. Welcher U-Boot-Kapitän würde sich einen Brocken wie die »Ile de France« entgehen lassen? Da wären doch gleich mehrere Sondermeldungen und körbeweise Ritterkreuze fällig gewesen. Aber es passierte nichts. Kaum einer wurde seekrank.

Im Juni kann sich der Atlantik von seiner freundlichsten Seite zeigen. In kleinen Gruppen durften wir sogar einmal am Tag an Deck. Die frische Ozeanluft war wohltuend. Unter Deck stank es nach Öl, Salzwasser und Schweiß. Aus den wenigen Duschen, die uns zur Verfügung standen, kam Seewasser. Das war alles andere als eine Erfrischung. Salzverkrustete Haare und ein ekelerregender Geschmack auf den Lippen. Ich konnte verstehen, warum der Unteroffizier aus Breslau, den wir in der Rekrutenzeit alle gehaßt hatten, ständig an einem Stück Toilettenseife roch, das er durch alle Kontrollen geschmuggelt haben mußte. Nun sah er so harmlos aus, wenn er, verlegen lächelnd, an seiner Seife roch. Vielleicht träumte er von einem blühenden Rosengarten, von fröhlich spielenden Kindern, von einem Gebirgsbach, von frisch gefallenem Schnee in einer Berglandschaft.

Vielleicht trauerte er insgeheim aber auch seiner verlorenen Machtposition nach, die sich auf einige Rekrutenstuben erstreckt hatte. Und vor diesem Kerl hatten wir gezittert, wenn er abends wie ein Tobsüchtiger durch die Stuben raste und unsere Schränke inspizierte. Natürlich fand er immer einen Grund, alles, was fein säuberlich aufgestapelt in den dafür vorgesehenen Fächern lag, unter wüsten Beschimpfungen herauszureißen und auf den Boden zu schleudern. Uffz. Himmelstoß, der Menschenschinder aus Erich Maria Remarques Roman »Im Westen nichts Neues«, mußte sein Vorbild gewesen sein. Mir tat er fast ein bißchen leid. Seine schüchternen Anbiederungsversuche bei den Rekruten von gestern, die für ihn in voller Ausrüstung durch den Schlamm des Tegeler Geländes gekrochen waren, stießen auf eisiges Schweigen.

Die preußische Disziplin war außer Kraft gesetzt. Respekt und Anerkennung galten ab sofort nur noch solchen Offizieren und Unteroffizieren, die sich auch unter extremsten Bedingungen durch menschliche Qualitäten ausgezeichnet hatten. Es gab genug davon. Und der Landser, das stellte sich plötzlich heraus, hatte schon immer ein feines Gespür dafür gehabt. Der Unteroffizier aus Breslau, der mit sich und seinem Stück Seife ganz allein war, hat in allen Stunden der Nacht, so erzählte man sich, kein Auge zugetan. Aus Angst vor einer Tracht Prügel, die ihm sicher viele gewünscht haben. Aber nicht einmal das fand statt. Er war zur Unperson geworden, für die sich niemand mehr interessierte. Kann einem Schlimmeres passieren?

Wie lange noch bis New York? Im Halbdunkel des Zwischendecks hatten wir jedes Zeitgefühl verloren. Kein »Blaues Band« für diese Reise. Die Stunden zwischen den Mahlzeiten und dem kurzen Spaziergang an Deck wurden zur Ewigkeit. Nirgendwo am Horizont auch nur die Andeutung einer Küste. Der Zustand totaler Passivität war lähmend. Da wurde kaum gelacht, wenig gesprochen. Sollte das ein Vorgeschmack auf jahrelanges Lagerleben sein? Und immer wieder die Angst. Würden sie uns vielleicht doch über die schmale Beringstraße nach Sibirien verfrachten? Kein Mensch auf der ganzen Welt würde dagegen protestieren. In dieser Situation war einfach alles möglich. Wie schön, daß man träumen konnte.

Mir fiel in meiner stillen Ecke der Dokumentarfilm ein, den ich als Zehnjähriger in der Aula der Röntgenschule gesehen hatte. Amerika, das Land der unbegrenzten Möglichkeiten. Da turnten waghalsige Männer beim Bau der Wolkenkratzer über schmale Eisenträger, da liefen Autos vom Fließband bei Ford in Detroit, da sah man Cowboys und viele tausend Rinder in der Unendlichkeit von Texas oder Arizona, fröhliche Menschen am Strand von Coney Island, schwarze Musiker, die wild mit ihren Instrumenten gestikulierten und in diesem schwarzweißen Dokumentarfilm natürlich »stumm« blieben, weil der Tonfilm noch nicht selbstverständlich war. Wir Kinder kreischten vor Vergnügen. Was für ein Land!

Und dann las ich in meiner Ecke bei Stefan Zweig, daß sich Maria Stuart für den Tag ihrer Hinrichtung blutrote Unterwäsche besorgen ließ. Sie hatte an alles gedacht. Auch an die Augenzeugen ihrer Enthauptung, denen sie den Anblick von allzuviel Blut auf weißer Wäsche ersparen wollte. In Schönheit sterben. Wie tapfer diese Frau gewesen war, wie diszipliniert sie reagiert hatte, als ihr das Schicksal keinen anderen Ausweg zeigen konnte. Vergleichsweise . . . nein, da war nichts zu vergleichen. Wir durften immer wieder hoffen. An diesem Abend gab es Milchsuppe und Rosinenbrötchen, und jemand behauptete, irgendwo den Schrei einer Möwe gehört zu haben. Das konnte doch nur bedeuten – sogar die Landratten wußten das –, wir näherten uns immer mehr der amerikanischen Küste!

In New York gibt es inzwischen viele Plätze, die für mich mit ganz persönlichen Erinnerungen verbunden sind. Der wichtigste: der Bush-Terminal am Brooklyn-Queens-Expressway, den man bei einer Autofahrt von Manhattan Richtung Ozean nicht übersehen kann. An dieser Stelle habe ich im Juli 1943 zum erstenmal amerikanischen Boden betreten. So feierlich wie bei Kolumbus war das natürlich nicht.

Die »Ile de France« hatte im Morgengrauen Long Island und später die Einfahrt in den New Yorker Hafen erreicht, an der Stelle, wo heute die Verrazano-Brücke Brooklyn mit Staten Island verbindet. Heiß und stickig der Julitag, ein Dunstschleier verhängte den Blick auf die Freiheitsstatue und die Südspitze von Manhattan. Keine Spur von Wolkenkratzern. Aber bevor wir uns darüber wundern konnten, jagten uns »frisch gebügelte« Militärpolizisten, die alle so aussahen, als seien sie gerade einer Cellophanhülle entstiegen, in das Innere der offenen Lagerhallen.

Hier saßen, sorgfältig frisiert mit rot lackierten Fingernägeln, mindestens 500 Mädchen in Uniform an ihren Schreibmaschinen, Angehörige des Frauenhilfskorps, die etwas scheu und verlegen lächelnd nach »name and birthday« der Afrika-Boys fragten. »Besser hätten die uns gar nicht empfangen können«, meldete sich eine Stimme. Seit Wochen hatten wir kein weibliches Wesen aus der Nähe gesehen, aber diese Mädchen waren streng im Dienst. Sie mußten für jeden eine Karteikarte ausfüllen, die uns für die Dauer der Gefangenschaft begleiten würde. Ein paar Dolmetscher rotierten zwischen den Schreibmaschinen. Den meisten der Rommel-Soldaten hatte es beim Anblick der Girls die Sprache verschlagen. Ein bärbeißig aussehender Sergeant sorgte dafür, daß sich unsere

Als Kriegsgefangener 1944 in den USA
(oben, vierter von links)

Kindertage des Fernsehens im Hochbunker am Heiligengeistfeld: »Was ist los in Hamburg?« von Jürgen Roland, mit Marion Molitor

Euphorie in Grenzen hielt. »Bewachen werden die euch nicht«, brummte er vor sich hin. Er nahm unsere Fingerabdrücke, wie das bei Gefangenen so üblich ist. Mindestens 50 Militärärzte überzeugten sich im Schnelldurchlauf, daß wir alle braungebrannt und recht gesund aussahen. Aber hinter einem Vorhang hieß es dann: »Pull down your pants«, lassen Sie die Hose runter. »Schwanzparade«; gediente Soldaten wissen, was das heißt. Den Burschen, die sich in freien Stunden in den Puffs von Tunis amüsiert hatten, war nicht zu trauen.

Das rasende Tempo dieser ersten Stunden war ganz offensichtlich Teil einer Strategie, die es darauf abgesehen hatte, den ganzen »Haufen« gründlich durcheinanderzuwirbeln. Nur keine Cliquenbildung zulassen. Wer konnte garantieren, daß diese Burschen, allesamt Nazis in den Augen der Amerikaner, nicht für Sabotageakte trainiert worden waren? Die meisten von uns verloren auf diese Weise ihre alten Freunde. Aber wer hatte in diesen ersten Stunden schon Zeit, lange darüber nachzudenken? Hinter den offenen Lagerhallen mit Gleisanschluß standen abfahrbereite Personenzüge, die uns in alle Himmelsrichtungen fahren würden.

»In New York bleibt keiner von euch«, hatte der bärbeißige Sergeant beim Abnehmen der Fingerabdrücke gemeint, »aber in Texas ist es ja auch ganz schön. Ihr Kerle habt Glück gehabt. Für euch ist der Krieg vorbei.«

Fotografen des *Life*-Magazins verfolgten uns auf Schritt und Tritt. Einige Wochen später konnten wir in der Lagerkantine die *Life*-Sonderausgabe kaufen: Rommels Afrikakorps kam nach Amerika, lautete die Schlagzeile.

Für unsere Betreuer, die amerikanische Armee, war das alles ganz neu und ungewohnt. Sie hielten sich strikt an die Bestimmungen der Genfer Konvention, die einem Sieger die Pflicht auferlegt, alle Kriegsgefangenen genauso zu behandeln wie die eigenen Soldaten. Da konnten wir am Anfang nur staunen. Wir fuhren in einem Zug mit Pullmanwagen, zu dritt auf zwei rot gepolsterten Bänken, so daß einer immer in der Lage war, sich mit ausgestreckten Beinen »lang zu machen«. Mindestens drei

Tage und Nächte würde die Reise dauern, hatten uns ein paar der Bewacher zugeflüstert. Die Endstation blieb vorerst ein Geheimnis. Wir hatten uns kaum miteinander bekannt gemacht und an die rot gepolsterte Umgebung gewöhnt, als amerikanische Soldaten im Arbeitsanzug das erste Abendessen brachten. Der Zug war seit einer Stunde unterwegs. Die Autos, die draußen an uns vorübersausten, trugen Nummernschilder, auf denen »New Jersey« zu lesen war. Also hatten wir den Bundesstaat New Jersey erreicht, folgerten solche, die sich in der Geographie auskannten.

Im Augenblick aber war das Abendessen interessanter: Rührei mit Schinken, Orangensaft, Coffee, Apfelsinen und Bananen und Weißbrot, das sich wie Watte zusammendrücken ließ. Voreilige Meckerer – »Haben die denn kein Schwarzbrot?« – handelten sich von allen Seiten wütende Rufe – »Halt die Schnauze!« – ein. Kann sein, daß einigen von uns ein paar Freudentränen kamen, als der Zug mit heulenden Signalen und nun in schneller Fahrt dem Sonnenuntergang im amerikanischen Westen entgegenfuhr.

New York, New York

Viele Leute mögen vergessen haben, daß Konrad Adenauer schon Ende der fünfziger Jahre die Pläne für ein privates Fernsehen in der Bundesrepublik aus voller Überzeugung unterstützt hat. Es sollte »staatsnah und kommerziell« sein. In den öffentlich-rechtlichen Funkhäusern von Hamburg, Köln, Frankfurt oder München brach der Angstschweiß aus, wenn vom kommenden »Adenauer-Fernsehen« die Rede war. Niemand wußte genau, ob der alte Herr, der in seiner Freizeit hinter seinem Haus in Rhöndorf Rosen züchtete, auch ein Fernsehfan war. Aber die Macht des neuen Mediums war ihm natürlich klar, auch die Möglichkeiten politischer Einflußnahme oder Willensbildung. Sollten die ruhig ihre Heimatfilme oder so schlüpfrige Sachen wie den Skandal um die »Dame« Rosemarie Nitribitt zeigen. Solange die Nachrichten oder Kommentare aus der richtigen Ecke kamen, war die Welt in Ordnung.

Ohne die endgültige Entscheidung über das Adenauer-Fernsehen durch das Bundesverfassungsgericht abzuwarten (der enttäuschende Bescheid, der die Pläne als »rechtswidrig« bezeichnete, kam am 28. Februar 1961), machten sich 1960 einige namhafte Journalisten auf den Weg nach Washington. Das hatte sich nämlich auch herumgesprochen: Amerika mußte doch mehr sein als nur das Weiße Haus, vor dem sich die jeweiligen Korrespondenten wie sprechende Denkmäler aufbauten und in einer Minute und 30 Sekunden darüber referierten, worüber an diesem Tage aus Washington zu referieren war. Dwight D. Eisenhower war noch Präsident. Alle Anzeichen deuteten darauf hin, daß die angeblich so »unschuldigen Jahre«, die allerdings durch schwere Rassenkrawalle in Little Rock im Staate Arkansas gestört worden waren, langsam ihrem Ende entgegengingen.

In dieser Situation, die schnelles Handeln erforderte, errinnerte man sich im Hamburger Funkhaus an meine New Yorker Volontärszeit bei der damals schon berühmten »Today Show« der National Broadcasting Company, abgekürzt NBC, die ihre Frühstücks-Show aus einem Schaufenster im Rockefeller Center präsentierte. Das war Fernsehen »zum Anfassen«. Jeden Morgen drängelten sich Hunderte um die besten Plätze. Viele machten sich durch Spruchbänder oder Plakate bemerkbar: Herzliche Grüße an die Oma in Idaho, Joyce und Mike haben die tollsten New Yorker Flitterwochen, die man sich denken kann. Im Studio selbst ging es seriöser zu. Weltnachrichten, Wettermeldungen für ganz Amerika, Interviews mit Politikern oder Hollywoodstars, die auf der Durchreise waren. Dave Garroway hieß der damalige Moderator, der mich einige Male »mit auf Sendung nahm«. »Neben mir sitzt der Bursche«, erzählte er dann den Zuschauern in ganz Amerika, »der meinen Job haben will.« Und dann durfte ich erklären, warum ich in New York war und was ich wirklich wollte: eine ähnliche Show in Hamburg starten.

Am 7. Dezember 1957 war es soweit. »Wir melden uns aus dem ›Gläsernen Studio‹ der Nordschau aus der Hamburger Innenstadt, direkt gegenüber der Staatsoper.« Mehr als dreißig Jahre ist die »Schaubude« inzwischen alt geworden. Sie hat offenbar nichts (oder nicht viel) von ihrer Anziehungskraft verloren.

Für die Kollegen von der Politik war mein Umgang mit Filmstars, Schönheitsköniginnen oder Schlagersängern ein klarer »Sündenfall«. Aus dem politischen Redakteur, der jahrelang im Rundfunk eine aktuelle Sendung, nämlich das »Echo des Tages«, geleitet hatte, war nun ein »Entertainer«, ein Ansager für Schlagermädchen oder Fußballspieler, geworden. Schade. Die Zuschauer dachten zum Glück ganz anders. Und als die ersten Briefe kamen, »Ihr Lächeln begleitet uns die ganze

In der »Aktuellen Schaubude« fing alles an:
mit Curd Jürgens und Maria Schell

Sehnsucht nach New York – schon in der »Schaubude«, 1958
(rechts: Carlheinz Hollmann)

Woche« oder so ähnlich, gaben sich auch die neiderfüllten Kollegen geschlagen.

In der ersten Zeit fand ich meinen neuen Fernsehjob, der mir ein Aufgeld von 75 DM pro Woche brachte, alles andere als beneidenswert. Samstags, am Tage der Sendung, packte mich das Lampenfieber schon am frühen Morgen. Auf dem Wege zum Studio in der Dammtorstraße, das normalerweise ein Autosalon war, hätte ich am liebsten mit jedem der Spaziergänger getauscht, die sorgenfrei und fröhlich durch ihr Wochenende liefen: einkaufen, irgendwo ein Bier trinken, Vorfreude auf den Fernsehabend. Mal sehen, was die Schaubude heute abend drauf hat. Mitarbeitende Kollegen von damals lachen immer noch über die Parolen, die ich vor jeder Sendung ausgab: Keine Wochenendstimmung aufkommen lassen! Angst und Schrecken verbreiten! Das war nur halb im Spaß gemeint. Ich bin auch heute noch der Meinung, daß ein bißchen Angst nicht schaden kann. Übertriebene Selbstsicherheit kann ins Auge gehen, und mit Schnoddrigkeit allein wird nichts erreicht.

Außerdem: Die Sorgen waren niemals unbegründet. Absagen gab es oft in letzter Minute. Und dann mußten wir unsere Freunde alarmieren, die uns niemals sitzenließen: Freddy Quinn, Heidi Brühl, Bubi Scholz, Hilde Knef oder Ingrid Andree, Filmprinzessin der fünfziger Jahre, die allerdings nur unter einer Bedingung kam: niemals auch nur ein Wort über einen Film zu verlieren, der »O du lieber Fridolin« hieß und der nicht nur nach Ingrids Meinung total »in die Hose« gegangen war. In einigen Szenen trat Ingrid als Dompteuse auf, die einen Löwen zu bändigen hatte. Es handelte sich um einen sehr alten und recht freundlichen Löwen, der bei seiner Besitzerin, ich glaube, sie hieß Lotte Walther, in Lübeck zu Hause war. Aber auch er hatte das Kinostück nicht retten können.

Ich glaube nicht, daß ich abergläubisch bin, denn ich flog am 13. Oktober 1960 nach New York. Auf dem Hamburger Flugplatz wurde ich groß verabschiedet. Sie waren alle da: die Kameras der Nordschau, der regionalen Abendsendung; die

Kollegen aus dem »Schaubuden«-Team, Carlheinz Hollmann, Werner Buttstädt, Rolf Eschenbach, Harald Rogler, Ilse Traubel und natürlich auch Armi, der schwarze Chow-Chow, der immer neben mir gesessen hatte, wenn ich die Zuschauer der »Schaubude« zu Beginn einer Sendung begrüßte.

Im Sommer 1960 war ich einige Wochen in Chicago gewesen, um über den Parteikonvent der Republikaner zu berichten, die damals Richard Nixon nominierten. Bei einem Zwischenaufenthalt in New York hatte ich mich in ein Haus »verliebt«: 240 Central Park South, direkt am Columbus Circle, am Eingang zum Central Park. Mrs. Miller, die freundliche Managerin des Apartmenthauses, hatte volles Verständnis für meinen Wunsch, hier einmal zu wohnen. Das Ehepaar Hirsch, im 15. Stock, erklärte sie mir, suche einen Apartment-Sitter für die Wintermonate. Mr. Hirsch, Besitzer einer Kinokette in Kanada, pflegte die Wintermonate in Florida zu verbringen, ganz so, wie es sich für reiche New Yorker gehört. Wirtschaftliche Gründe hatten also mit der Vermietung nichts zu tun. Das Ehepaar Hirsch wollte einfach nicht, daß die Wohnung monatelang unbewohnt war.

Ich war begeistert. Für 300 Dollar im Monat am Central Park. Schwere Damastvorhänge, antike Möbel, viel Kristall und überall Spiegel. Außerdem ein funktionierender Kamin, der niemals qualmte. Europäischer Charme in Manhattan. Der Stil der Wohnung erinnerte mich an das alte Berlin, an Charlottenburg oder Dahlem. Ich mochte nicht fragen. Konnte ja sein, daß die Eheleute Hirsch früher einmal in Berlin gelebt hatten. Gesehen habe ich sie nie. Aber telefoniert haben wir. Mrs. Miller, die Managerin, hatte ihnen berichtet, als Mieter sei ich ganz o.k., sie sollten sich um ihre schöne Wohnung keine Sorgen machen.

Der Wahlkampf um das Weiße Haus hatte im Oktober 1960 seinen Höhepunkt erreicht. Kennedy oder Nixon. Am Tage meiner Ankunft veranstalteten die Demokraten am New Yorker Coliseum, also in meiner direkten Nachbarschaft, eine Wahlkundgebung, zu der ein paar hundert Leute gekommen waren. Die Hauptattraktion des Abends war aber nicht der Redner, der die Zuhörer für einen jungen dynamischen Politiker namens John F. Kennedy begeistern sollte, sondern die stimmgewaltige Sängerin aus einer Broadway-Show. Sie nannte sich Ethel Merman, hieß eigentlich Zimmermann, hatte einen deutschen Vater und stammte aus Brooklyn. Am Broadway spielte sie so ziemlich alles, was gut und erfolgreich war. Kaum ein Musical von George Gershwin, Cole Porter oder Irving Berlin ohne Ethel Merman: »Girl Crazy«, »Anything Goes«, »Dubarry Was A Lady«, »Annie Get Your Gun« und, seit 1959, »Gypsy«, die für den Broadway zurechtgeschneiderte Geschichte der legendären Stripteasetänzerin »Gypsy« Rose Lee.

Der Hauptschlager aus diesem Musical hatte einen »up beat«, einen optimistischen Überschwang: »Everything Is Coming Up Roses«, alles wird rosig und schön. An diesem 13. Oktober 1960 vor dem Coliseum war damit natürlich nicht nur die Striptänzerin gemeint, sondern vor allem der demokratische Präsidentschaftskandidat John F. Kennedy, der wenige Wochen später, wie man weiß, den Kampf ums Weiße Haus gewinnen konnte.

Auch ich entdeckte plötzlich so etwas wie ein gutes Omen. Alles wird rosig und schön, war schließlich auch die passende Begrüßung für einen Mann, dessen amerikanische Zukunft schwer vorauszusagen war. Fragezeichen über Fragezeichen. Eine klare Vorstellung über das New Yorker Großstadtmagazin, das ich produzieren sollte, hatte ich noch nicht. Ich wußte nur, daß es »informierend und unterhaltend« sein sollte, eine Ergänzung zu der rein politischen Berichterstattung, die aus Washington kam. Eine New Yorker »Schaubude« also. Das schien die nächstbeste Lösung.

Wir ließen einen »basic set« bauen, eine Wohnzimmerdekoration mit einer Couch, ein paar Sesseln und einem Tisch. Dazu: ein gemalter New Yorker Hintergrund. Daß ich die aufregendste Kulisse der Welt vor meiner Haustür hatte, die Skyline von New York, das Empire State Building und das Rockefeller Center, den Central Park und die Brooklyn Bridge, das wurde mir erst einige Wochen später klar, nachdem der erste Versuch mehr als enttäuschend ausgefallen war.

Vielleicht habe ich mir damals auch gesagt: Erst handeln, dann denken. Denn mir fehlte noch so ziemlich alles, was in Hamburg selbstverständlich gewesen war. Technik, ein Kameramann, ein Produzent oder Regisseur, der auch den Schnitt unserer Filme überwachen konnte. Die Wahl war auf einen jungen Mann gefallen, der angeblich viel vom Filmgeschäft verstand und den ich als ganz frühen »Yuppie« in Erinnerung habe: Aktenkoffer mit Zahlenschloß, Nadelstreifenanzug, weißes Hemd und dezente Krawatte. Er strahlte Zuversicht aus. Auf alle meine Fragen oder Bedenken hatte er nur eine einzige Antwort: »No problem«, kein Problem.

Die erste größere Aufgabe, die auf Mr. »No Problem« zukam, waren Vorbereitungen für ein Interview mit Perry Como, das wir nach mühsamen Vorverhandlungen – Mr. Como war kein besonders zugänglicher Herr – für einen bestimmten Tag arrangiert hatten. Die Aufnahmen sollten im Ziegfeld-Theater an der 6. Avenue stattfinden. Dort also, wo der große Showman Florenz Ziegfeld seine legendären »Ziegfeld Follies« präsentiert hatte, wurde nun allwöchentlich die »Perry Como Show« hergestellt. Der Sänger, der früher einmal Friseur gewesen war, seifte seine amerikanischen Zuschauer immer noch ein – musikalisch, versteht sich. Sie liebten ihn, auch wegen seiner betont lässigen Art. Da war nichts Aufregendes zu erwarten. Melodien, die man mitsingen konnte. Auf dem Bildschirm agierte ein sympathisch aussehender Mann, der immer ein wenig gelangweilt, vielleicht sogar schläfrig wirkte. Probieren wollte er nie. Die Zwischentexte, die er sprechen sollte, las er von sogenannten »Negern« ab. So nennt man die weißen Tafeln aus Karton, die zwei flinke Boys aus dem Produktionsteam so geschickt jonglierten, daß keiner auf die Idee gekommen wäre, Perry lese alles ab, einschließlich »Thank you and good night«.

Die Zusage, uns für ein kurzes Interview zur Verfügung zu stehen, hatte er nur deshalb gegeben, weil Ausschnitte aus sei-

Als »Lehrling« bei NBC: mit Dave Garroway in seiner »Today Show«, das spätere Vorbild für die »Schaubude«

Mit Perry Como im Ziegfeld-Theater, New York 1960

ner Show damals auch im Deutschen Fernsehen liefen. Eine Hand wäscht die andere. Bitte keine bohrenden Fragen. Das war die Bedingung gewesen. Mr. »No Problem« hatte einen hochroten Kopf. Er führte die Regie. Das Gespräch mit Perry plätscherte so dahin wie seine Musik. Über seine Anfänge im Friseursalon wollte er nichts mehr sagen. Schließlich fangen alle irgendwo einmal an. Mario Lanza hatte Mehlsäcke geschleppt und Lastwagen gefahren; Frank Sinatra hatte seinen Start in einer Bar im heimatlichen Hoboken im Staate New Jersey gehabt, direkt gegenüber von Manhattan, das ihm Jahre später, als er im Paramount am Times Square auftrat, jubelnd und schluchzend zu Füßen lag.

Für mich war das Interview trotz aller Einschränkungen ein kleiner »Knüller«. Eine persönliche Begegnung mit Perry Como hatte es im Deutschen Fernsehen noch nicht gegeben. Meine erste Sendung aus New York, die schon in einigen Wochen kommen sollte, hatte also mit Sicherheit wenigstens einen Star.

Mr. »No Problem« hatte darauf bestanden, das Gespräch mit Perry Como ganz allein zu schneiden. Ich hatte zögernd zugestimmt. Das war ein großer Fehler. Als ich nach zwei Tagen die Rohfassung sah, hätte ich schreien und heulen können. Perry Como war nur sekundenlang im Bild, ich dagegen beinahe pausenlos und immer in Großaufnahme. Mr. »No Problem« wollte zunächst gar nicht einsehen, daß er Unheil angerichtet hatte. »Wer kennt in Deutschland schon Perry Como?« war seine Entschuldigung. »Dich kennen die Leute, dich wollen sie sehen!«

In der darauffolgenden Nacht haben wir in mühevoller Sucharbeit aus dem Restmaterial, das am Boden lag, ein paar Perry-Como-Großaufnahmen retten können. Ob das die Lösung war? Wir konnten nur hoffen.

Dem »Schaubuden«-System entsprechend, das mir noch als Modell vorschwebte, hatten wir für die erste Sendung außer Perry Como eine Indianerin verpflichtet, die sich als Vogelstimmenimitatorin in Kanada angeblich einen großen Ruf erworben hatte. Und dann war da noch Andy Arcadi, ein Meister auf dem Akkordeon. Ich war verzweifelt und konnte es nicht fassen, wie diese Mischung zustande gekommen war.

Als die Sendung in Deutschland lief, zur besten Sendezeit um 21.15 Uhr, saß ich zitternd in meiner Wohnung hoch über dem Central Park. Hoffentlich schaut jetzt niemand hin, dachte ich, als ich mir die schwächsten Stellen der Sendung ausmalte. Deshalb also war jemand nach Amerika geschickt worden, um eine Vogelstimmenimitatorin im Indianerkostüm zu zeigen! Endlich waren die 45 Minuten vorüber. Wie würde man in Hamburg reagieren? Wie der Intendant, dem ich alles zu verdanken hatte?

Noch während ich damit beschäftigt war, mir in der Küche einen Kaffee zu kochen, klingelte das Haustelefon. »Sie haben ein Telegramm.« Der Boy von Western Union brachte es nach oben. »Herzlichen Glückwunsch zum ersten Versuch«, telegrafierte der Intendant, der damals Dr. Walter Hilpert hieß. Die Kritiker waren weniger freundlich. »Eine Sendung, die offenbar mit einem Holzbeil geschnitten worden ist, fahrig und ohne erkennbaren Zusammenhang.« Und: »Werner Baecker war ermüdend oft im Bild, besonders auffallend beim Gespräch mit Perry Como.«

Die nächtliche Rettungsaktion in der Küche von Mr. »No Problem«, wo seine vorsintflutliche Moviola stand, das damals noch übliche Schneidegerät in den USA, diese Rettungsaktion war also nur halb gelungen. Da gab es keinen Ausweg. Mr. »No Problem« mußte gehen.

Aber auch der private Alltag war noch nicht in Ordnung. Ich hatte geglaubt, ab Mitte Oktober sei in New York mit eisigen Nordweststürmen aus Alaska oder Kanada zu rechnen, die den Central Park in einen Winterwald verwandeln würden. Nichts davon. Heute weiß ich, daß es in New York bis Mitte November ziemlich warm bleibt, daß der eisige Nordwest erst im Januar in voller Stärke bläst. Aber dies war Oktober. Die Tagestemperaturen lagen immer noch bei etwa 25 Grad, wärmer als der Hamburger Sommer.

Ich lief also los und kaufte kurzärmelige Hemden und einen »Tropical Suit«, einen für die Tropen geeigneten Anzug, der seidig schimmerte und mir nach dreimaligem Tragen ziemlich unmöglich vorkam. Aber auf einem Cocktailempfang, zu dem Helena Rubinstein eingeladen hatte, mußte ich ihn notgedrungen tragen. Ich hatte keinen anderen Anzug. Ein Foto mit der berühmten Kosmetikdame, die ihr ganzes Hab und Gut in einem Kartoffelsäckchen tragen konnte, als sie vor vielen Jahren über die Einwandererinsel Ellis Island nach New York gekommen war (so jedenfalls erzählten es sich flüsternd die Leute auf der Cocktailparty), dieses Foto also erinnert mich nicht nur an Helena Rubinstein, sondern auch an meinen ersten amerikanischen Anzug, den ich bald danach dem puertoricanischen Botenjungen meiner chemischen Reinigung schenkte. Mario brauchte dringend einen Anzug für seine eigene Hochzeit. Das Baby, das längst unterwegs war, sollte doch möglichst erst nach der Trauung kommen. Also war Eile geboten.

Stolz zeigte mir Mario ein paar Wochen später das Hochzeitsfoto. Ich sollte es als Souvenir behalten. Da war noch einmal der »glänzende« Anzug zu sehen neben der hochschwangeren Braut in Weiß. Und eine Zigarre schenkte er mir auch. Eine mit blauem Band. Aha. Es war ein Boy geworden. Zwei Wochen nach der Hochzeit war Mario junior angekommen. So schnell geht das.

Eine polizeiliche Anmeldung ist in den Vereinigten Staaten nicht erforderlich. Hat man erst einmal den Stempel der Einwanderungsbehörde in seinem Paß und den weißen Abschnitt, den man bei der Ausreise wieder abgeben muß, kann der Neuling machen, was er will. Mit Einschränkungen, versteht sich. Arbeiten und Dollars verdienen darf er nur dann, wenn er ein entsprechendes Visum hat. Die Mexikaner, die sich zu Hunderten täglich über die Grenze nach Texas oder Kalifornien schmuggeln, sehen das ganz anders. Ohne »documentas« pirschen sie sich bis in die Gegend um Los Angeles vor oder bis Houston oder Dallas. Es gibt immer noch genügend Unter-

Cocktail bei Helena Rubinstein im »Tropical Suit«, Werner Baeckers erstem in New York erstandenen Anzug

nehmer, die Tellerwäscher brauchen und keine Fragen stellen. Die automatischen Car-Wash-Betriebe in Kalifornien lägen wahrscheinlich still, wenn es keine illegalen »Wetbacks« gäbe. (So nennt man die Mexikaner, die sich beim Durchwaten des Rio Grande nasse Hosen holen.) Die Stundenlöhne, auch wenn man sie schlechter bezahlt als alle Einheimischen, liegen immer noch höher als zu Hause in Mexiko. Das geht so lange gut, bis eine Razzia der Einwanderungsbehörde den Traum vom schnellen amerikanischen Glück brutal beendet. Zurück nach Tijuana.

Das konnte ich damals noch nicht wissen. Schließlich war ich auch ein Neuling. Viele Jahre später haben wir für »Bilder aus Kalifornien« die amerikanische Border-Patrol bei ihrer Menschenjagd auf mexikanische Grenzverletzer begleitet. Erschossen wird niemand. Hier gibt es keine Mauer. Ein Hubschrauber, der ganz niedrig flog, war die Bedrohung. Kein Glück, das aus den Wolken kommt. Heraus aus dem Versteck! Ergebt euch! Wir haben euch entdeckt! Drohend kam es auf spanisch aus den Lautsprechern des Hubschraubers. Die Erwischten standen zitternd und verdreckt vor den frisch gebügelten Männern der Border-Patrol. Keine Zeit für Sentimentalitäten, auch wenn einige Männer der Grenzpolizei vielleicht ein wenig Mitleid hatten. Denn bei den Burschen von drüben brach doch jedesmal eine Welt zusammen. Sie hatten, wie so viele, von einem Leben in Amerika geträumt, von ersparten Dollars, die sie nach Hause schicken wollten, von Farbfernsehern und gebrauchten Autos. Viele würden es bestimmt noch einmal versuchen. Denn so schnell begräbt man seine Träume nicht. Aber heute hatte man sie erwischt. Aus und vorbei. Handschellen und rein in den Transporter. Zurück nach Tijuana. Schade. Ich hätte es beinahe laut gesagt. Fazit (nicht nur für Mexikaner): Ohne »documentas« geht es nicht.

In der Rückschau war das alles ganz einfach und unkompliziert. Der Gang zum Steuerberater, der drüben »Certified Public

Accountant« heißt, ein paar Telefongespräche mit einem einzigen Versicherungsagenten, der für alles zuständig war. Für Feuer, Einbruch, Hausrat und Auto. »Wie gut, daß Sie am Central Park wohnen«, sagte er mir am Telefon. »Wir versichern nämlich nur dort, wo nicht allzuviel geklaut wird. In Ihrem Haus gibt es ja einen Doorman, der Tag und Nacht den Hauseingang bewacht.«

Der Steuerberater hatte mich gebeten, ihm so schnell wie möglich meine Social-Security-Nummer durchzugeben. Das ist die wichtigste Kennziffer, die ein Amerikaner haben kann. Sie begleitet den Steuerzahler bis an sein Lebensende, garantiert bei Erreichen der Altersgrenze möglicherweise einen Anspruch auf Rente, die nach Meinung vieler Leute aber niemals oder nur selten hoch genug ist, den gewohnten Lebensstandard aufrechtzuerhalten.

Eine schwarze »Maid«, eine Zugehfrau, hatte ich inzwischen auch. Sie war mir von Mrs. Miller empfohlen worden, der freundlichen Dame aus dem Mietbüro, die mir den Einzug in die möblierte Wohnung der Eheleute Hirsch ermöglicht hatte. Edith Adams, so hieß die Maid, legte von der ersten Sekunde an besonderen Wert darauf, nicht für irgendeine Scheuerfrau gehalten zu werden, die es in unserem großen Apartmenthaus natürlich zu Dutzenden gab. Edith hatte, und ich glaube, sie wußte das auch, eine verblüffende Ähnlichkeit mit der berühmten »Mammy« aus dem Film »Vom Winde verweht«, an der sich sogar die wilde Scarlett O'Hara gelegentlich die Zähne ausgebissen hatte. Natürliche Würde, stolzes Selbstbewußtsein.

Dafür gab es Gründe. Sie hatte sich ihren Bruder zum Vorbild genommen, der als Angehöriger der amerikanischen Kriegsmarine, der Navy, ins Weiße Haus abkommandiert worden war. Der gelernte Krankenpfleger bekam eine höchst delikate Aufgabe: Präsident Franklin Delano Roosevelt zu betreuen, der als Opfer der Kinderlähmung an den Rollstuhl gefesselt war. In einigen Berichten über die Konferenzen von Teheran (1943) und Jalta (1945), an denen außer Roosevelt auch Churchill und Stalin teilnahmen, wird »Prettyman«, die persönliche Ordonnanz des Präsidenten, mehrere Male erwähnt. Nach dem Tode Roosevelts im April 1945 wurde Ediths Bruder von Präsident Truman übernommen, der allerdings für den Navy-Mann keine rechte Verwendung hatte. »Zu baden brauchen Sie mich nicht«, soll Harry S. Truman am ersten Tage seinem schwarzen Diener zugerufen haben. Alle, die es hörten, haben natürlich gelacht. »Nein«, meinte Edith, als sie mir das alles erzählte, »die Roosevelts waren uns lieber.« Irgendwie war auch Edith auf die Christmas-Liste der ehemaligen First Lady geraten. Regelmäßig im Dezember kamen die Wünsche für ein frohes Weihnachtsfest und ein glückliches neues Jahr aus Hyde Park bei New York – von Eleanor Roosevelt.

Der weitläufige Kontakt mit der großen Welt der Politik, auf den Edith natürlich stolz war, blieb auf diese Weise erhalten. In den Tagen der Berlinkrise 1961, als die Mauer errichtet worden war, gab es in meiner Wohnung so viele Anrufe aus Deutschland, daß auch Edith leicht nervös wurde. »Something is wrong«, irgendwas ist nicht in Ordnung, murmelte sie vor sich hin. Sie wollte unbedingt die Vereinten Nationen besuchen, am New Yorker East River. »Die müssen doch wissen, ob es Krieg gibt oder nicht«, meinte sie. Ich wollte ihr den Spaß nicht verderben. Ganz in Rosa, mit einem schicken Blumenhut und einer Handtasche aus Plastik, machte sich Edith auf den Weg. Im Wolkenkratzer der Vereinten Nationen werden tagtäglich zahllose Touristen aus aller Welt herumgeführt. Heute also würde auch Edith dabeisein.

Am nächsten Tag, als sie mir von ihrem Ausflug erzählte, war sie immer noch voller Begeisterung. Sie hatte sich zwischen Rolltreppen und Wandelhallen verlaufen und war in der Cafeteria gelandet, wo sie bei gemischtem Salat, Apple-pie und Ice-cream und sehr viel Kaffee die ganze Welt vergaß, einschließlich Berlin. Alles für 2 Dollar und 90 Cent. »Da müssen Sie unbedingt auch mal essen«, riet sie mir. Sie strahlte immer noch. »Wird gemacht«, sagte ich, »spätestens bei der nächsten Krise gehen wir beide wieder hin.«

Greta Keller

Ohne Greta Keller wären die ersten Monate in New York noch viel schwieriger gewesen. Die berühmte Diseuse, die mit Welterfolgen wie »Wenn die Sonne hinter den Dächern versinkt« überall bekannt geworden war, unterhielt in New York auch eine kleine Penthouse-Wohnung. Zu Hause war sie natürlich in Wien. Aber Freunde hatte sie überall, besonders in New York. Es sprach sich herum, wenn »Greta in town« war, wenn sie Szegediner Gulasch kochen wollte. Da kamen einfach alle, die damals bekannt und berühmt waren (manche von ihnen mit dem Fahrstuhl, weil sie im Hause wohnten): Lotte Lenya, Vivien Leigh, Noël Coward, Van Johnson, Rudolf Nurejew, Sean Connery (lange vor seinem 007-Ruhm), Burt Bacharach und hin und wieder auch ein junger Mann namens Jerry Herman, von dem wir wußten, daß er Architekt war, der so zum Spaß gelegentlich auch Schlager schrieb. Sein erstes Musical: »Milk and Honey«, eine Geschichte, die in Israel spielte, war ein schöner Erfolg geworden.

Ich saß mit staunenden Augen dazwischen. Greta Keller, die in Hamburg mehrfach in der »Schaubude« aufgetreten war, hatte also nicht übertrieben. Sie kannte »Gott und die Welt«, und mein Notizbuch füllte sich mit den Telefonnummern von Leuten, die auf der Erde wohnten. Mit Scarlett O'Hara, will sagen Vivien Leigh, war ich für den nächsten Tag zum Lunch verabredet, Burt Bacharach sah keine Probleme, Marlene Dietrich für ein Interview zu kriegen. Schließlich war Burt ihr liebster Arrangeur und Dirigent, der sie auch auf ihrer Deutschlandtournee begleitet hatte.

Lotte Lenya, die ihre Freunde einfach »Lenya« nannten, niemals Lotte, hatte gerade in Berlin Brecht und Weill gesungen. Sie wollte nicht länger »nur« die Witwe von Kurt Weill sein, dem berühmten Komponisten der »Dreigroschenoper«, der 1950 in Amerika gestorben war. Lenya stand am Beginn einer »Nebenkarriere«. Das Filmen machte ihr Spaß. Im »Römischen Frühling der Mrs. Stone« nach einer Vorlage von Tennessee Williams hatte sie eine Kupplerin gespielt, die junge Gigolos an einsame Damen (oder Herren) vermietete.

Zwischen Gulasch und Apple-pie setzte sich Jerry Herman an das leicht verstimmte Klavier. Ein paar Melodien aus einem neuen Musical, das noch nicht »fertig« war, wollte er spielen. Heute weiß ich: Wir erlebten so etwas wie die Geburt von »Hello Dolly«, dem späteren Welterfolg. Und ich müßte lügen, wenn ich behaupten wollte, wir alle hätten sofort begriffen, daß hier ein Megahit entstanden war.

Aber mit dem Kennenlernen allein war's nicht getan. Stars solchen Kalibers wollen nicht ständig das Gefühl haben, von Menschen belauert zu werden, die über sie schreiben oder sie vor eine Fernsehkamera zerren wollen. Vivien Leigh hat nicht geahnt, daß ich mit meiner Lunch-Einladung auch die stille Hoffnung verband, mit ihr ein ausführliches Kameragespräch zu führen. Für sie war ich ganz einfach ein Freund von Greta Keller, ein Neuling in New York, zu dem man nett sein mußte. Außerdem wollte sie ihr Deutsch testen. Sie hatte eine Kinderschwester gehabt, die aus Deutschland stammte. Backe, backe Kuchen. Das konnte sie noch. Und an die schönen Verse von Matthias Claudius erinnerte sie sich auch: Verschon' uns Gott mit Strafen, und laß uns ruhig schlafen, und unseren kranken Nachbarn auch.

Bei Sardi's, dem Theaterrestaurant in der 43. Straße, wo an den Wänden die Karikaturen aller Schauspieler hängen, die je am Broadway aufgetreten sind, gab es allgemeines Hälserekken. Ja doch. Das war sie. Scarlett O'Hara. Der Oberkellner wies uns einen Tisch in der Ecke zu, an dem sonst nur Produzenten aßen. Telefonanschluß gab es da auch. Sie meldete sofort ein Gespräch mit London an. Der Mann, den sie erreichen wollte, hing natürlich auch an der Wand, ganz in unserer Nähe: Laurence Olivier. Einen gemischten Salat bestellte sie, einen gut durchgebratenen Hamburger, Mineralwasser und kein Brot.

Die Leute starrten immer noch. Ungewöhnlich für Sardi's, wo die Prominenz New Yorks doch täglich ein- und ausging. Aber Vivien war kein alltäglicher Star. Die Rolle der Scarlett

Vivien Leigh als Scarlett O'Hara in »Vom Winde verweht«

O'Hara hatte sie im Laufe der Jahre weltberühmt gemacht. Wirklich stolz aber war sie auf eine andere Leistung. In der Verfilmung des Tennessee-Williams-Dramas »Endstation Sehnsucht« hatte sie die Blanche DuBois gespielt, die an der Wirklichkeit zerbrochen war. Sie lebte von Illusionen und Träumen, die nicht einmal ihre eigene Schwester verstand. Ganz zu schweigen vom »Mann im Haus«, dem primitiven Stanley Kowalski, einem Sexprotz (Marlon Brando spielte ihn), der Blanche DuBois am Ende zum Verhängnis wird.

»Merkwürdig«, meinte sie zwischendurch, »manchmal ist mir so, als würden mich die Rollen einholen, die ich schon einmal gespielt habe.« Sie hatte das nur so gesagt, ohne, wie ich spürte, eine Antwort zu erwarten. London war da. Der Kellner brachte das Telefon. Wer damals in New York die Klatschspalten las, wußte natürlich, daß es in ihrer Ehe mit Laurence Olivier wieder einmal eine Krise gab. Das Gespräch mit London war nur kurz. Ihre Fröhlichkeit wirkte etwas forciert. Nein, nein, nach London komme sie nicht so bald, und er habe keine Zeit für New York? Good-bye, Darling.

Auch das war bekannt: Vivien Leigh hatte panische Angst vor dem Fliegen. Ohne Beruhigungsspritzen ging es nicht. Sie sagte etwas von Plänen für den Broadway. Eine Rolle in einem Musical habe man ihr angeboten, obwohl sie doch nie gesungen hatte. Russische Großfürstinnen, die das Schicksal nach Paris verschlagen hat, müssen nicht singen können, hatte der Produzent gemeint. Er versprach sich gutes »box office«, Andrang an der Theaterkasse. Scarlett O'Hara singt. Die Leute würden in hellen Scharen kommen. Das Stück sollte »Tovarich« heißen. Alles nicht sehr originell, wie Vivien meinte. Aber ein Erfolg am Broadway garantierte auf lange Zeit hohe Wochengagen. Die 30 000 Dollar, die man ihr für »Vom Winde verweht« gezahlt hatte, waren dagegen nur ein Taschengeld. Immerhin.

»Vom Winde verweht« wurde ein beispielloser Welterfolg. Auch Vivien Leigh als Scarlett O'Hara ist seitdem unsterblich geworden. Und ich hatte Lunch mit ihr gehabt. Wer in New York war sonst noch glücklich an diesem Tag?

New York, Anfang der sechziger Jahre. Noch lief ich mit den staunenden Augen eines Touristen durch die Stadt. Da war soviel zu entdecken.

Smiler's, das Lebensmittelgeschäft an der 7. Avenue, war Tag und Nacht geöffnet. WE NEVER CLOSE, stand in Neonbuchstaben über dem Eingang, und das war keine Übertreibung. Der Laden war niemals zu. Bei Smiler's habe ich nachts um 3 Uhr eingekauft, am ersten Weihnachtstag um 10 oder, wenn es sein mußte, auch in der Silvesternacht. Brot, Milch, frische Salate, TV-Dinner aus der Tiefkühltruhe, die nur aufzuwärmen waren und ziemlich scheußlich schmeckten. Immer standen Liefer-Boys bereit, das Zeug auch nach Hause zu tragen.

Aber nach gemütlichen Eckkneipen, Neighborhood-bars, suchte ich anfangs vergebens. An langen Theken, Schulter an Schulter, tranken die meisten schweigend vor sich hin, den Blick stur auf den Bildschirm gerichtet, der in einem »Käfig« von der Decke hing. Es gab damals viel Neues zu sehen. Da waren der junge Präsident und seine bildschöne Frau Jacqueline, Berichte aus Kuba über einen Fidel Castro, die beunruhigen konnten, und triumphierende Meldungen von sowjetischen Weltraumerfolgen. Juri Gagarin hieß der Mann, der mit dem Raumschiff »Wostok« als erster Mensch ins Weltall vorgestoßen war.

Und da Gespräche kaum zustande kamen, hatte ich Zeit, die vielen Sprüche zu lesen, Kostproben amerikanischen Humors, die hübsch gerahmt über der Theke hingen: Vermeiden Sie den Andrang um die Weihnachtszeit, trinken Sie lieber heute. Oder: Wir haben eine Vereinbarung mit den New Yorker Banken getroffen. Die Banken haben sich verpflichtet, niemals Bier auszuschenken, als Gegenleistung haben wir erklären müssen, keine Schecks anzunehmen. Nur Gott hat unser Vertrauen – alle anderen bezahlen bar.

In den Burleskhäusern der 42. Straße ging es damals noch ganz harmlos zu. Der ehemalige Oberbürgermeister La Guardia, für alle Zeiten geehrt durch einen Flugplatz, der seinen Namen trägt, hatte Striptease in New York verboten, unter klarer Mißachtung einer Tradition, die in den verrauchten Saloons der Pioniere und Goldgräber im »Wilden Westen« begonnen hatte. Die Mädchen zur Zeit von La Guardia, die die Männer da unten im Dunkeln erfreuen sollten, ließen niemals alle Hüllen fallen. Sie folgten damit dem Vorbild der legendären Striptänzerin »Gypsy« Rose Lee, die der Broadway in jenen Tagen in einem Musical zu hohen Ehren kommen ließ.

Ethel Merman spielte die resolute Mutter, die aus ihrer Tochter, einem zunächst häßlichen Entlein, einen bildschönen Schwan gemacht hatte. In der späteren Verfilmung hat Natalie Wood die schöne Tänzerin gespielt. Und Ethel Merman wurde durch Rosalind Russell ersetzt. So grausam kann nur Hollywood sein. Die Russell war vielleicht »schöner«, aber als stimmgewaltige »Röhre« war die Merman nicht zu überbieten. Der Film »Gypsy« wurde ein nur mäßiger Erfolg. Schadenfreude ist die schönste Freude. Ethel Merman aber blieb, was sie seit vielen Jahren gewesen war: die Königin des Broadwaymusicals.

In der 86. Straße, auf der Ostseite von Manhattan, gab es damals noch ein paar Beweise, daß hier die Deutschamerikaner einmal an ihre alte Heimat erinnert werden wollten. Kein Wunder also, daß es im Kino auch »Grün ist die Heide« gab, einen Erfolgsfilm aus den fünfziger Jahren mit Sonja Ziemann und Rudolf Prack. Im Tanzpalast »Lorelei« trafen sich die deutschen Turn- und Gesangvereine. Bei solchen Treffen ist ganz gewiß auch davon gesprochen worden, wie in der Silvesternacht 1899, also an der Schwelle des 20. Jahrhunderts, deutsche Massenchöre vor dem New Yorker Rathaus das neue Jahr begrüßten. Gesangvereine wie »Liederkranz« oder »Krakehlia« haben kräftig mitgesungen.

In unseren Jahrzehnten waren die Deutschen behutsamer geworden. Die jungen Einwanderer, die nach dem Zweiten

Weltkrieg kamen, als das deutsche Ansehen nicht nur in den USA unter den Nullpunkt gesunken war, wollten so schnell wie möglich als Amerikaner gelten. Über die schönen Gedichte, die in Brandmalerei auch in New Yorker Kneipen hingen, wo sich Landsleute aus der alten Heimat trafen, konnten die neuen Einwanderer nur lachen:

Noch hören wir der deutschen Eichen Rauschen,
noch lebt die deutsche Treue in uns fort,
und mußten wir die deutsche Heimat auch vertauschen,
noch halten heilig wir das deutsche Wort.

An der Heilighaltung des deutschen Wortes war auch die *New Yorker Staatszeitung* beteiligt, die aber im Laufe der Jahre viel von ihrer Bedeutung verloren hat. Nicht, weil sie plötzlich schlecht geworden war, sondern weil die jungen Einwanderer lieber nach den New Yorker Massenblättern griffen. Da stand mehr drin, was einen New Yorker interessieren konnte. Außerdem: Die tägliche Lektüre verbesserte das eigene Englisch. Aber wer am Montag unbedingt wissen wollte, wie in Deutschland das Fußballwochenende verlaufen war, der mußte die *Staatszeitung* kaufen. Die druckte den Tabellenstand. Und billige Flugreisen in die alte Heimat offerierte sie auch.

Im »Bavarian Inn«, dem bayerischen Restaurant, wurde die deutschsprachige Zeitung natürlich viel gelesen. Außerdem gab es da Weißwürste aus dem Hause Schaller & Weber, Blaukraut, Knödel, Enten (aus Long Island) und an besonderen Tagen auch Rindsrouladen. Für mich oft genug ein Grund, die bayerische Gaststätte aufzusuchen. Aus den Lautsprechern kam forsche Blasmusik, und die Kellnerinnen trugen Dirndl. Beinahe so wie in München. Besonders vor Weihnachten, wenn ich schwerbeladen aus dem Bremen-Haus gekommen war, wo es alles für den bunten Teller gab, was sich ein deutsches Gemüt am Weihnachtsabend wünschen kann, war das »Bavarian Inn« eine angenehme Zuflucht. Ein paar Häuser weiter: das »Café Hindenburg«. Im Schaufenster, neben Bienenstich und Berliner Pfannkuchen, stand im Silberrahmen das Bild des ehemaligen Reichspräsidenten, der den Schulkindern meiner Generation als »Sieger von Tannenberg« im Gedächtnis geblieben war. Der Besitzer der Konditorei achtete darauf, daß neben dem Bild des greisen Feldmarschalls immer frische Blumen standen. Keine aus Plastik oder Seide. Zu Hause fast vergessen, auf der 86. Straße in New York noch immer hoch verehrt.

Es wäre sicher ganz falsch, heute noch von einem politischen Einfluß der Deutschamerikaner zu sprechen. Das war nicht immer so. In den Jahren des Ersten Weltkrieges forderten die Leitartikler der deutschamerikanischen Zeitungen strikte amerikanische Neutralität. Sie waren also ganz entschieden auf der Seite der Deutschen und ihres damaligen Kaisers. Jeder, der für den Kriegseintritt der USA plädierte, war damit automatisch ein Gegner des deutschamerikanischen Blocks. Diese Haltung führte nach 1917, also nach dem Kriegseintritt der USA, zu einer betont antideutschen Epoche. Sogar das Wort »Sauerkraut« war plötzlich verpönt. Es wurde vorübergehend in »Liberty-cabbage«, Freiheitsgemüse, umgetauft.

Das ist lange her. Heute freuen sich die amerikanischen Politiker, besonders diejenigen, die zur Wiederwahl anstehen, wenn sie in der deutschen Steubenparade mitmarschieren können. Alles zu Ehren des Preußenbarons von Steuben, der durch seinen Einsatz ganz erheblich dazu beigetragen hat, daß der Kampf gegen die Kolonialherrschaft der Engländer gewonnen werden konnte.

In einem Buch über die Deutschamerikaner von Richard O'Connor wird der Baron nicht nur als brillanter Soldat charakterisiert, sondern ganz nebenbei auch noch als eine Art Baron von Münchhausen. Über seinen militärischen Werdegang soll Herr von Steuben mächtig geflunkert haben. Seine Behauptung, ein Generalleutnant gewesen zu sein, der mit einem Empfehlungsschreiben von Benjamin Franklin kam, ist umstritten. Sehr wahrscheinlich war von Steuben nichts weiter als ein vorzeitig pensionierter Hauptmann gewesen, für den der »alte Fritz« keine rechte Verwendung hatte. Das alles schmälert seine Verdienste nicht, die er sich um die stark angeschlagene Armee General Washingtons erworben hat. Denn dieser, General Washington, war begeistert von den Fähigkeiten eines Mannes, der kein Wort Englisch sprach. Von Steuben mußte alle seine Befehle durch einen Dolmetscher übersetzen lassen. Auf dem Kasernenhof machte er eine höchst ungewöhnliche Figur, denn er übte schließlich Funktionen aus, die normalerweise einem Unteroffizier oder Obergefreiten zukamen, und das in der Uniform eines Generals! Ohne Dolmetscher wäre er verloren gewesen. Der mußte sogar seine Flüche und Beschimpfungen übersetzen, wenn auf dem Exerzierplatz wieder einmal partout nichts klappen wollte.

Ganz nebenbei: In seiner knapp bemessenen Freizeit soll der Baron von Steuben beim Scheine einer Kerze das Handbuch für die Ausbildung amerikanischer Rekruten geschrieben haben, das dem Vernehmen nach auf der Militärakademie von West Point auch heute noch gilt. Kaum anzunehmen, daß die Rekruten, gleich, welcher Nationalität, die nach Steubens Instruktionen durch Schlamm und Hindernisse kriechen müssen, den alten Baron im stillen immer noch verehren. Das bleibt der Parade vorbehalten, die einmal im Jahr, im September, auf der 5. Avenue stattfindet.

Im Gegensatz zu heute war New York Anfang der sechziger Jahre eine ungefährliche Stadt. Meine blauen Hemden, die damals für Fernsehauftritte ein absolutes »Muß« waren, kaufte ich an der 125. Straße, im tiefsten Harlem, ganz in der Nähe des Apollo-Theaters, wo viele der ganz Großen aus dem Showbusineß entdeckt worden waren: Ella Fitzgerald, Duke Ellington, Lionel Hampton. Montags gab es da regelmäßig eine »Talent Show«. Jeder, der sich für begabt oder berufen hielt, konnte da mitmachen. Pfeifkonzerte und Buhrufe waren in Kauf zu nehmen. Denn Veranstalter und Zuschauer wußten nur allzugut, daß es nicht jeden Montag eine neue Ella geben konnte, und für fehlendes Talent gab's keinen Pardon.

Sonntags fuhr ich ab und zu mit der U-Bahn nach Brooklyn.

Mit Arthur Miller und seiner Frau Inge Morath

Mit Wernher von Braun in Huntsville, Alabama

Haltestelle Clark Street. Da stand (und steht) das St.-George-Hotel, ein Riesenkomplex, eine Stadt für sich. Mit U-Bahn-Anschluß, Tanzsälen, Restaurants und Coffee-Shops. Überall noch Spuren verblichener Eleganz. Das Hotel hatte bessere Tage gesehen. Die Nachbarschaft war immer noch gut. Da wohnten damals so prominente Leute wie Arthur Miller und Norman Mailer. Der Blick auf Manhattan von der Fußgängerpromenade über den East River war überwältigend, besonders an den Wochentagen und in der Dämmerung, wenn in den Wolkenkratzerbüros noch alle Lichter brannten.

Aber sonntags war es das Salzwasser-Schwimmbad im Erdgeschoß des Hotels, das die Leute anzog. Eine fröhliche Schau der Unbekümmertheit. In den Hauptrollen: die Boys und Girls aus Brooklyn. Natürliche Lebensfreude, keine verkrampften Gefühle. Sie alle lebten schon längst in einer Welt, die ohne Sex nicht denkbar war. Und smart waren sie auch. Die Boys und Girls aus Brooklyn, schwarz, braun und gelb, wußten ganz genau, warum so viele weiße Gäste sonntags aus Manhattan kamen: Ärzte, Rechtsanwälte, UN-Diplomaten. Ach, wie gut, daß niemand weiß ... Anonymität, totales Abschalten. Badelust am Sonntagnachmittag mit all den Erinnerungen an die berühmten Badetempel von Budapest und Istanbul. Aber in New York waren es nicht die dickbäuchigen Männer, die nach jeder Schwitzeinlage literweise Bier oder Wasser trinken mußten, hier bestimmten die Boys aus der Nachbarschaft den Lauf der Dinge. Vor allem im Dampfbad, wo man sich nur schrittweise voranarbeiten konnte. Außer Umrissen war da wenig zu erkennen. Zu hören war nur das leise Rauschen, das aus den Dampfventilen kam. Hin und wieder aber auch die laute Stimme eines Jungen, der sich zum Sprecher seiner Spezies machte: »No pay, no play!« Das war deutlich genug: Wer mit uns spielen will, der muß bezahlen. Zustimmendes Gekicher aus allen Ecken.

Später, oben im Coffee-Shop, als Hector seiner Angelina Coke und Ice-cream kaufen wollte, staunte das Mädchen über den Zehn-Dollar-Schein, den Hector aus der Hosentasche zog.

»Ich weiß, woher du das Geld hast.« Sie lachte dabei, und er lachte mit. Nächsten Sonntag würden sie wiederkommen. Smarte Kids aus Brooklyn.

Anmerkung für neugierig gewordene New-York-Besucher: Das Schwimmbad existiert nicht mehr. Jetzt gibt es an dieser Stelle einen Health Club mit raffinierten Geräten für Bodybuilder und kaltem Neonlicht. Ganz modern und ganz gewöhnlich.

In der ersten Zeit hatte ich oft ein schlechtes Gewissen, wenn ich abends untätig vor dem Fernseher in meiner Wohnung saß. Das Musical »Bye-bye Birdie« hätte ich sehen können, das war eine Parodie auf Elvis Presley; in der Carnegie Hall dirigierte Leopold Stokowski, und die war nur drei Minuten von meinem Haus entfernt; im Kino ein neuer Film mit Marilyn Monroe; Jazz in der Village und Eishockey im Madison Square Garden; der erste Hitchcock-Film »Blackmail« mit Anny Ondra, 1929 in London gedreht, als Sondervorstellung im Museum of Modern Art; Liederabend mit Hermann Prey; und Anneliese Rothenberger in »La Bohème« in der alten Metropolitan Opera an der 38. Straße, dort also, wo schon Caruso, Lauritz Melchior und Lotte Lehmann gesungen hatten.

Aber übers Fernsehen sollte ich schließlich auch berichten, also war es sicher ganz in Ordnung, daß ich gelegentlich abends zu Hause blieb. In der Beurteilung der damals besten Sitcom-Serie, so nennt man die halbstündigen, von Reklame unterbrochenen Situationskomödien, habe ich mich nicht geirrt. Denn die 39 Folgen dieser Serie, die mich vor über dreißig Jahren begeistert hatten, sind auch heute noch zu sehen. Nacht für Nacht, gegen 23 Uhr, läuft eine Folge der »Honeymooners« im New Yorker Kanal 11, der dem Massenblatt *Daily News* gehört.

Jackie Gleason, in Deutschland durch einige Filme bekannt geworden, spielte da einen Autobusfahrer auf der Madison Avenue, der mit seiner Frau Alice in einem sogenannten »cold water flat« in Brooklyn wohnte. Die Küche war gleichzeitig auch das Wohnzimmer. Alles, was auch schon in den fünfziger Jahren in den USA zum Küchentraum einer Hausfrau gehörte, fehlte hier: kein Eisschrank, keine elektrische Waschmaschine, kein Geschirrspüler. Der Blick nach draußen war geplante Trostlosigkeit. Feuerleitern und laute Nachbarn.

Jackie Gleason alias Ralph Kramden spielte einen dicken Polterer mit rauher Schale, der ständig davon träumte, eines Tages »etwas Großes« auf die Beine zu stellen. Als er der New Yorker Transportbehörde den Vorschlag machte, die Staus auf der Madison Avenue durch eingeschränkten Autobusverkehr zu reduzieren, war er der erste, der seinen Job verlor. Der Bus, den er fuhr, wurde stillgelegt. Was immer er tat oder plante, alle seine Träume zerplatzten regelmäßig wie große Seifenblasen. Am Ende jeder Folge war es dann Alice, seine Frau, die ihm wieder Mut machte. Sie war immer wieder bereit, dem geborenen »looser«, dem Verlierer, alles zu verzeihen, sogar den Vorwurf, den er ihr in einer besonders turbulenten Folge an den Kopf warf: »Ich weiß, warum du mich geheiratet hast, Alice! Es war die Busfahreruniform. Die hatte es dir angetan!«

Die Serie stand (und steht) mit Jackie Gleason, der in seinem Nachbarn Norton, einem Kanalarbeiter, gespielt von Art Carney, einen ebenbürtigen und hinreißend komischen Partner gefunden hatte. Fünf oder sechs Autoren arbeiteten an den Drehbüchern, und man kann sich ausmalen, »how much fun«, wieviel Spaß, diese frühen Pioniere der amerikanischen Fernsehunterhaltung beim Schreiben gehabt haben müssen. Ihnen ging es nicht um eine »message«, eine Botschaft. Der soziale Hintergrund, die armselige Wohnung in Brooklyn mit Blick auf den Hinterhof waren nur Kulisse, vor der die Nachbarn »von nebenan« agieren sollten. Entscheidend für den lang andauernden Erfolg waren (und sind) die ausgefeilten Dialoge, bei denen jede Pointe »saß«. Inzwischen weiß man es: Das war zeitloser Humor, der die Jahrzehnte überdauern konnte. In synchronisierter Fassung würde die Serie viel, wenn nicht alles von ihrer Komik verlieren. Das Brooklyn-Amerikanisch kann nicht durch die gepflegt artikulierenden Hochdeutschartisten in unseren Synchronstudios ersetzt werden. Aber mit knappen Stichworten als Untertitel in den dritten Programmen? Ich glaube, daß auch außerhalb der USA die Leute sofort verstehen würden, warum die 39 Folgen der »Honeymooners«, in Schwarzweiß gedreht, auch nach nahezu 40 Jahren immer noch Amerikas beliebteste Fernsehserie sind.

Ich hatte einen giftgrünen künstlichen Tannenbaum gekauft, der einen merkwürdigen Geruch verbreitete. Keine Spur von Tannenduft. Mit irgendeiner chemischen Lösung war der Baum besprüht worden, um ihn feuerfest zu machen. Auch der Schnee, der aus der Sprühdose kam, änderte nichts an diesem Zustand. Es blieb bei Weihnachtsgrüßen von I.G. Farben. Die Geschäfte in der 86. Straße konnten mich einigermaßen entschädigen. Da gab es alles, was sich ein deutscher Mensch am Heiligen Abend wünscht: echte Tannenzweige aus kanadischen Wäldern, Weihnachtsstollen aus München und Mandelspekulatius aus Hannover.

Aber zu einem ersten (und einsamen) Weihnachtsabend an meinem Kamin hoch über dem Central Park ist es nicht gekommen. Greta Keller überbrachte die Einladung ihres Freundes Herbert Blumenthal, Besitzer des Nobelrestaurants »Le Bijou« in der 4. Straße des Künstlerviertels Greenwich Village. Er würde für Greta und mich am 24. Dezember eine kleine Weihnachtsparty geben. Seine Köche, die an diesem Abend natürlich zu Hause feiern wollten, hatten vorgekocht: Ente mit Orangensauce, wilder Reis, zum Nachtisch Fruchtsalat und Sachertorte. Es gibt nichts auf der Welt, was es nicht auch in New York gibt. Also auch Sachertorte.

Herbert Blumenthal, der aus dem Ruhrgebiet stammte, war den Nazis rechtzeitig entkommen. Der Anfang in New York war verzweifelt schwer gewesen. Er hatte als Schuhverkäufer gearbeitet und heimlich davon geträumt, eines Tages Bühnenmanager an einem Broadway-Theater zu sein. Er hatte zum Glück nicht allzulange träumen müssen. Elisabeth Bergner, die nach ihrer Emigration auf Londoner Bühnen Triumphe gefeiert hatte, schickte sich an, auch den Broadway zu erobern. Für die Dauer ihres New Yorker Gastspiels wurde Herbert Blumenthal ihr Bühnenmanager. Freunde, Emigranten wie er, hatten ihn der Bergner empfohlen.

Der Mann, der gelernt hatte, vom Wochenlohn eines Schuhverkäufers zu existieren, sparte nun eisern jeden Dollar, der sich erübrigen ließ. Mit dem Ergebnis, daß er seinen Freunden eines Tages diese Einladung schicken konnte: Herbert Blumenthal präsentiert »Le Bijou«. Dinner bei Kerzenlicht. Französische Küche. Das neue Restaurant, plüschig und ungeheuer gemütlich, war sofort eine kleine gastronomische Sensation. Sogar die Garbo soll sich hier hinter ihrer großen Sonnenbrille und einer gebratenen Ente versteckt haben.

Herbert, der wenig Französisch sprach, machte dennoch eine hervorragende Figur – auch wenn der blaue Blazer, den er am liebsten trug, am Bauch ein wenig spannte. Süßigkeiten waren seine Leidenschaft. Alle Gäste wurden von ihm mit einem »Bonsoir« begrüßt. Das kam fließend und beinahe ganz französisch. Aber dann mußte oft der Oberkellner die Unterhaltung weiterführen, wenn die Gäste darauf bestanden, in französischer Sprache nach einem schönen Tisch zu fragen. Der Oberkellner war in Paris zur Welt gekommen, der hatte keine Probleme. Herbert stammte aus Essen. Das konnte (und wollte) er nicht verleugnen. Da war keine Spur von Bitterkeit, wenn er über die Vergangenheit sprach.

Das Leben in Amerika hatte es schließlich doch noch gut mit ihm gemeint, und nun sollten alle, die ihm nahestanden, auch ihren Anteil daran haben. Nur so war seine Großzügigkeit zu verstehen, mit der er seine Freunde verwöhnte. Sie durften »anschreiben« lassen. Das ließen einige sich nicht zweimal sagen, denn sie wußten, Rechnungen schickte er nur selten oder nie. Das konnte nicht gutgehen. Aber an diesem Weihnachtsabend 1960 gab es noch keine Sorgen. Er war ganz so, wie ihn Greta Keller geschildert hatte. Ein gütiger und glücklicher Mensch, der mit sich und der Welt zufrieden war.

Nun gab es natürlich auch Gäste, die nicht nur wegen seiner

berühmten Ente kamen. Wer lange genug an seiner Bar saß, gleich hinter dem Eingang, der hatte alle Aussichten, von interessanten und wichtigen Leuten »gesehen« zu werden. Hier waren schließlich so mächtige Broadway-Produzenten wie Harold Prince oder David Merrick gesichtet worden, nicht zu vergessen den Besitzer des damals berühmten Nachtclubs »Blue Angel«, von dem man wußte, daß er ein Herz für den Nachwuchs hatte. Er aß beinahe jeden Abend im »Le Bijou«, und er ging selten allein nach Hause. Da waren einfach zu viele »Hopefuls«, hoffnungsvolle Girls (und Boys), die sich die Chance, für irgend etwas entdeckt zu werden, nicht entgehen lassen wollten. Was tut man nicht alles für seine Karriere.

Die Dame, die lange Monate regelmäßig an einem Tisch etwas abseits gesessen hatte, wollte anonym bleiben. Für den Betrieb an der Bar hatte sie ein verständnisvolles Lächeln. Sie hatte das alles hinter sich. Es war Pola Negri. Herbert wußte, daß sie vorübergehend in Schwierigkeiten geraten war. Kein Kellner durfte ihr eine Rechnung präsentieren.

Ein glücklicher Zufall hat mich mit Edmund Reek junior zusammengeführt. Sein Vater, Edmund Reek senior, hatte jahrelang die »Fox' Tönende Wochenschau« produziert und dafür mehrere »Oscars« erhalten. Durch die immer stärker werdende Konkurrenz der täglichen Nachrichtensendungen des Fernsehens hatte die Fox-Kinowochenschau an Bedeutung verloren. Denn wenn es um schnellste Aktualität ging, war das Fernsehen den Leuten von Fox und allen anderen, die Kinowochenschauen produzierten, weit voraus.

Ein häßlicher Backsteinbau an der 54. Straße, Ecke 10. Avenue, der wie eine Fabrik aussah, war das Hauptquartier der »Fox' Tönenden-Wochenschau«. Triste Fassaden auch in der Nachbarschaft. Hier wohnten Puertoricaner, die ziemlich genau dem Bild entsprachen, das die »West Side Story« vermittelt hatte. An heißen Tagen saßen sie biertrinkend vor den Haustüren. Aus den offenen Fenstern laute spanische Musik, die aus dem Radio kam, dazu kreischende Kinder, die zum

Ärger der Polizei alle Feuerhydranten aufgedreht hatten. Zu verstehen war es ja. New York kann unerträglich heiß sein, und so ein dicker Wasserstrahl aus dem Hydranten bei 34 Grad im Schatten mußte die wahre Wonne sein.

Ich glaube nicht, daß die Nachbarn wußten, welche »Schätze« im Dachgeschoß der Fox-Fabrik gelagert waren. Denn hier befand sich, sorgsam bewacht und betreut, das größte und vermutlich auch vollständigste Archiv mit Wochenschauberichten aus aller Welt. Sogar Bismarck vor dem Reichstag, vor der Jahrhundertwende gedreht, war da zu besichtigen. Die Chronik des 20. Jahrhunderts in Bildern, mit allen Höhepunkten und Katastrophen. Der einzige Kameramann, der die Explosion des Luftschiffes »Hindenburg« in Lakehurst 1937 gefilmt hatte, gehörte zum Wochenschauteam der 20th Century Fox.

Einige Herren bei Fox luden mich zum Mittagessen ein. Wir trafen uns im Restaurant White's an der 57. Straße, wo auch Harry S. Truman mit Tochter Margaret zu lunchen pflegte, wenn er in New York war. Sie erwähnten das sicher nur, um mir zu beweisen, daß sie mich nicht in irgendein Restaurant geführt hatten. Sie interessierten sich für unser Konzept: ein Großstadtmagazin von latenter Aktualität zu produzieren. Wäre das nicht auch das Format, das die Kinowochenschau ersetzen könnte? Die Frage stand im Raum. Ich habe nicht weiter darüber nachgedacht.

Sogar Darryl F. Zanuck, einer der letzten großen Filmmoguln in Hollywood, ließ sich von mir in seinem New Yorker Büro berichten, was ich dem Deutschen Fernsehen so alles anzubieten gedenke.

Es kam wie aus der Pistole geschossen: »Natürlich auch ein Interview mit Ihnen, Mr. Zanuck. Ich gehöre jetzt immerhin zur Fox-Familie, sogar im internen Telefonverzeichnis stehe ich drin.«

Er mußte lachen. Der Mann sah genauso aus, wie ich mir einen Hollywood-Gewaltigen schon immer vorgestellt hatte: Napoleongröße, energisches Kinn, stechende Augen, dicke Havanna. Aber er hatte Humor, das machte ihn sympathisch.

Er steckte mitten in den Vorbereitungen zu seinem Mammutfilm über die zweite Front: »The Longest Day« (Der längste Tag), der 1962 in die Kinos kam.

»Wenn das Ding fertig ist«, meinte er, »brauchen wir eine Menge Publicity. Kann mir schlecht vorstellen, daß ihr Germans scharf auf solche Filme seid, bei denen es euch an den Kragen geht. Immerhin. Gut zu wissen, daß Sie in unserem Telefonbuch stehen.«

Mr. Zanuck war nicht der Mann, der leicht die Fassung verlor. In den fünfziger Jahren, als auch die amerikanische Filmindustrie durch die Konkurrenz des Fernsehens über rückläufige Besucherzahlen zu klagen hatte, reagierte Zanuck mit Kino im Großformat: Cinemascope. Da konnte der lächerlich kleine Bildschirm im Wohnzimmer nicht mithalten. Seine Filme wurden immer breiter, und dreidimensional wurden sie auch. Als skeptische Presseleute die Frage stellten, ob er, Mr. Zanuck, wirklich daran glaube, daß sich die Leute eine unbequeme Plastikbrille auf die Nase setzen würden, um seine 3-D-Erzeugnisse zu bewundern, meinte Darryl F. Zanuck kalt: Die Leute hängen sich auch Klodeckel um den Hals. Es kommt nur darauf an, wie wir es ihnen sagen, wie das Produkt verkauft wird. Eine goldene Regel, nach der die amerikanische Werbeindustrie immer noch hervorragend funktioniert.

Meine technischen Probleme war ich also los. Dafür hatten wir jetzt Ed Reek junior und das Team von Fox-Movietone. Die Büroräume, die uns die Firma Fox in ihrer Wochenschaufabrik zur Verfügung stellte, waren mehr als bescheiden. Zugige Fabrikfenster, die jahrelang nicht geputzt worden waren, schlecht funktionierende Heizkörper. Durchreisende Herren des NDR-Verwaltungsrats, darunter auch der ehemalige Hamburger Bürgermeister Sieveking, zeigten sich betroffen. Ich handelte mir sogar einen leichten Tadel ein. »Zu Hause würden Sie doch mit Sicherheit ein weit besseres Büro haben. Wie wollen Sie in diesen Räumen repräsentieren? Schließlich vertreten Sie doch in New York eine große deutsche Fernsehanstalt!«

Ich hielt es für diplomatischer, nichts zu sagen. Schon in

Mit Paul Newman

»My Fair Lady« Julie Andrews und ihr Musical-Direktor Franz Allers im Parc Sheraton New York

meiner NBC-Zeit waren mir die recht bescheidenen Arbeitsplätze der Amerikaner aufgefallen. Selbst Starjournalisten saßen in fensterlosen Löchern, die nicht viel größer waren als Besenkammern. Unsere Pluspunkte waren mir wichtiger: das große Wochenschauarchiv, die Studioanlagen im Erdgeschoß, wo damals viele Spielfilme entstanden. Als mir eines Morgens Barbra Streisand auf dem Korridor begegnete und mich mit einem freundlichen »How are you?« begrüßte, kam mir der ganze Bau sofort viel attraktiver vor. Für Barbra hatten sie ein privates Klo gebaut, das war eine ihrer Bedingungen gewesen, und in ihrer Garderobe gab es neue Polstermöbel. Aber als Sammy Davis jr. in unserer Fabrik seinen Film »A Man Called Adam« drehte, mußte er da pinkeln, wo alle pinkelten.

Paul Newman, der gemeinsam mit Jackie Gleason die Hauptrolle in dem Film »The Hustler« spielte, war noch ansprechbar. Er war durchaus bereit, für ein Interview ins nahe Sheraton-Hotel zu kommen, wo uns eine Terrasse mit Blick auf Manhattan zur Verfügung stand. Und als Jahre später in unserem Bau der Horrorfilm »The Exorcist« gedreht wurde, hatten wir das vom Teufel besessene Mädchen (Linda Blair) in seinem grauenerregenden Make-up so oft auf der Treppe gesehen, daß uns der fertige Film nicht mehr erschüttern konnte.

William Friedkin, der Regisseur, lud uns alle zu einer rauschenden Weihnachtsparty ein. Champagner und Whisky wurden kistenweise verteilt, alle rechneten mit einem Riesenerfolg. Sie haben sich nicht geirrt. Und da ich Mr. Friedkin versprochen hatte, über die »Exorcist«-Premiere auch in unserer Sendung für das Deutsche Fernsehen zu berichten, wurden wir »Freunde fürs Leben«. Mit Ende der Dreharbeiten verschwand auch Mr. Friedkin. Ich habe ihn nie wiedergesehen.

Unsere Büros, das hatten unsere VIP-Besucher offenbar bewirkt, waren inzwischen durch bewilligtes Geld aus Hamburg dem »heimatlichen Standard« angepaßt. Nun hatte auch ich ein schwarzes Ledersofa und einen richtigen Schreibtisch, eine Leselampe und ein Marilyn-Monroe-Poster an der Wand. Barbra Streisand hätte neidisch werden können. Sie hatte uns längst wieder verlassen. Zurückgeblieben waren nur das schon erwähnte private Klo und ein ziemlich mäßiger Film, den wir höflicherweise nicht näher beschreiben sollten.

Es war klar, daß alle Ereignisse um die Metropolitan Opera in unseren Berichten aus New York eine wichtige Rolle spielen müßten. Der »Opernclub«, damit meine ich die Stardirigenten und die gefeierten Stimmen, ist nicht erst in unserem Jetzeitalter »international« geworden. Die Besetzungslisten der heutigen Met mit Namen wie Pavarotti oder Placido Domingo, Hildegard Behrens, Christa Ludwig, Eva Marton , Montserrat Caballé oder Kiri Te Kanawa könnten ebenso selbstverständlich in den Schaukästen vor der Wiener Staatsoper, der Mailänder Scala oder dem Nationaltheater in München hängen. Es mag überraschen, daß schon vor bald hundert Jahren, so um 1893, die Met einen Opernstar aus Polen importierte. Die Dame hieß Marcella Sembrich. In New York war sie nicht einmal den Inhabern von Logen im »Goldenen Hufeisen« ein Begriff. Aber ihr ging ein guter Ruf voraus. Das hatte genügt, ihr für die Spielzeit eine Gage von 25 000 Dollar zu garantieren, was heute einer Summe von 200 000 Dollar entsprechen würde.

Aber wo Geld keine Rolle spielte, konnten sich die Astors, die Belmonts oder die Vanderbilts nicht nur eine Sopranistin aus Polen leisten, sondern auch deutsche Opernfachleute, die den künstlerischen Ruf des Hauses mitbegründen sollten. Leopold und Walter Damrosch waren solche. Am liebsten hätten die reichen New Yorker Opernfans Richard Wagner geholt. Aber der schickte seinen Protegé, einen Mann namens Anton Seidl, der »gewissenhaft und werktreu und sehr pedantisch« mit den Werken des großen Meisters umging. Für ein Programmheft ließ sich Anton Seidl in einem weißen Anzug ablichten, vor wallenden Vorhängen und inmitten zahlreicher Lorbeerkränze. In der Hand hielt er eine Partitur. Es kann nur eine von Richard Wagner gewesen sein.

Aber das Gaslampen-New-York von damals brauchte die

Oper nicht nur zur seelischen Erbauung. In den Wintermonaten, wenn die Oper spielte, waren Mrs. Caroline Astor und andere Ladys der New Yorker Society jeden Montagabend um 9 Uhr in ihren Logen zu besichtigen. Die Leute auf den billigen Plätzen reckten die Hälse. Das war also die Frau, gemeint war die Astor, die den Schmuck der unglücklichen Marie Antoinette trug. Und nicht nur den. Lästermäuler fanden, die diamantenübersäte Millionärsgattin gleiche einem wandelnden Kronleuchter, einem »walking chandelier«. Was auf der Bühne vor sich ging, war in den ersten Jahren für die Damen und Herren der feinen Gesellschaft von nur sekundärer Bedeutung. Die kamen hauptsächlich wegen der Pause, in der sie bewundert werden wollten.

Konnte sich unter solchen Umständen überhaupt ein sachverständiges Opernpublikum bilden, etwa wie in Milano oder Paris? Henry T. Finck, ein Leitartikler für die *Evening Post,* hatte schwerste Bedenken. Er schrieb im Jahre 1888: »Amerika hat viele arme Nichtstuer und eine genügende Anzahl reicher Leute, die entweder den ganzen Tag schlafend im Bett verbringen oder sonstwie ihre Zeit vertrödeln. Diese Leute sind abends dann, in der Oper, ausgeruht und hellwach, unersättlich in ihrem Wunsch nach anspruchsvoller Unterhaltung. Der typische Amerikaner, gleichgültig, ob er arm oder reich ist, leistet harte Arbeit. Sein strapaziertes Gehirn ist am Abend ganz einfach zu müde, um vier Stunden lang ein Bühnendrama mit schwerer Musik und komplizierten Texten über sich ergehen zu lassen.«

Bei allem Respekt vor der Meinung des Mr. Finck aus dem Jahre 1888, in Amerika hat sich eine Operngemeinde gebildet, die von Jahr zu Jahr größer wird. Nicht nur in New York, wo die Italiener und die Deutschen die treibenden Kräfte waren, sondern auch in San Francisco, in Santa Fé oder in Houston oder in Dallas, kurz, überall, wo Opernaufführungen stattfinden. Das war nicht vorauszusehen, als die Metropolitan Opera am 22. Oktober 1883 ihre erste Spielzeit mit der Oper »Faust« von Gounod eröffnete.

Bei der Eröffnung der neuen Metropolitan Opera im Lincoln Center, 1966

Für die Operngeschichte der USA hat das erste Programmheft natürlich eine besondere Bedeutung. Und irgendwie fiel der Glanz der Premiere auch auf eine gewisse Mademoiselle Louise LaBlache, die, wie es im Programm ausgedruckt heißt, »freundlicherweise bereit gewesen war, die Partie der Marta kurzfristig zu übernehmen«. Der Mut der jungen Dame, auf tagelanges Proben zu verzichten, ist also belohnt worden. In der Opernhistorie der USA hat Louise LaBlache ihren festen Platz. Im vergilbten Opernprogramm vom 22. Oktober 1883, das sorgsam unter Glas gehütet wird, ist sie die einzige, der man für »freundliches Entgegenkommen unter schwierigen Verhältnissen« gedankt hat.

Aber dieser Rückblick auf die Anfänge der Oper in New York wäre nicht vollständig ohne einen Hinweis auf die »Academy of Music« in der 14. Straße, wo es seit 1854, also dreißig Jahre vor der Met, Opernaufführungen gegeben hatte. Die Veranstalter waren sehr stolz darauf, daß die meisten Opern, Gängiges aus Italien oder Deutschland, schon ein Jahr nach ihrer europäischen Premiere in New York zu hören und zu sehen waren. Der amerikanische Dichter Walt Whitman, ein Verdi-Fan, schrieb über »Ernani«, eine seiner Lieblingsopern: »Wenn sich der Vorhang hebt und die machtvolle Musik ertönt, fühlt man sich versetzt in eine andere, schönere Welt.«

Das waren die Fans, die die Zukunft der Oper garantieren konnten. Wer Italienisch sprach, hatte sogar noch mehr davon. Der erste Generalintendant der Met, Henry E. Abbey, faßte den Entschluß, alle Opern in italienischer Sprache zu präsentieren, auch die deutschen. »Lohengrin« von Richard Wagner war in New York zunächst nur in Italienisch zu hören. Das änderte sich radikal, als Leopold Damrosch, unterstützt von seinem Sohn Walter, die Leitung des Opernhauses übernahm. Nun begann die deutsche Epoche der Met, die sich durch mehrere Spielzeiten behaupten konnte. Es sah damals fast so aus, als wollten sich die Herren Damrosch für die erlittene Schmach »rächen«, so hehre Wagner-Texte wie »Aus Glanz und Wonne komm' ich her« in fremder Zunge hören zu müssen. Die Herren Damrosch beschlossen, und New York nahm es stillschweigend hin, fortan jede Oper in deutscher Sprache zu präsentieren. Auch so beliebte Paradestücke wie »La Traviata« und »Rigoletto«. Deutsch mußten sie gesungen werden und damit basta.

Nun ließen auch die Namen der Solisten auf den ersten Blick erkennen, woher sie kamen: Auguste Seidl-Kraus, die in den »Meistersingern« zu hören war, Marianne Brandt als Leonore in »Fidelio« und Anton Schott, Tenor, der als Siegmund in der ersten »Walküre«-Produktion die Kritiker überzeugen konnte. Mochte er als Darsteller auch »hölzern« und linkisch sein, als Tenor war er erste Klasse. Die Brünhilde kam aus Bayreuth. Sie hörte auf den wohlklingenden Namen Amalia Materna. Aber niemand wußte genau, ob sie in Wirklichkeit nicht Emilie Geisenheimer hieß.

Meine ersten Begegnungen mit berühmten Sängern, die an der Metropolitan Opera gesungen hatten, fanden in der »Schaubude« des Norddeutschen Rundfunks statt. Viele der Großen – es waren nicht nur Opernsänger –, die aus Abscheu vor den Nazis rechtzeitig ins Ausland gegangen waren, kamen damals langsam wieder zurück, wenn auch zunächst nur besuchsweise. War das wirklich inzwischen ein anderes Deutschland geworden?

Lotte Lenya kam Ende der fünfziger Jahre nach Berlin und Hamburg. Die damals entstandenen Schallplatten ihrer Songs von Brecht und Weill haben Maßstäbe gesetzt, an denen die jungen Talente unserer Tage ungerechterweise gemessen werden. Das sollte man lassen. Denn – die Lenya war einmalig.

Von Berlin aus kam sie in meine »Schaubude« nach Hamburg. Ihr Deutsch war etwas »rostig« geworden, denn mit Kurt Weill, ihrem Ehemann, hatte sie in den Jahren der Emigration kaum ein deutsches Wort gewechselt. Das war sein Wunsch gewesen. Seine Bitterkeit über die verlorene Heimat saß tief. Der Bruch mit dem Land, in dem seine »Dreigroschenoper« entstehen konnte, hätte ihn schöpferisch vernichten können. Aber dann ging es trotz allem weiter. Seine Kritiker mögen bemängelt haben, daß dem »amerikanischen Weill« später die scharfen Konturen fehlten, daß seine Musik plötzlich verbindlicher oder melodiöser klang. Keine Angst. Lenya konnte auch das singen. Ihr »September-Song« ging den Leuten unter die Haut. Das gilt auch heute noch.

In der »Schaubude« in Hamburg sang sie im Playback-Verfahren den Bilbao-Song mit dem Text von Brecht: »Brandylachen waren, wo man saß, auf dem Tanzboden wuchs das Gras. Und der grüne Mond schien durch das Dach. 'ne Musik gab's dort, da wurde was geboten für sein Geld! Joe, mach die Musik von damals nach ... Es war das Schönste, es war das Schönste, es war das Schönste auf der Welt!« Bei Brecht war der Mond noch rot, Lenya hatte ihn grün gemalt. Am Ende des kurzen Interviews (in der »Schaubude« waren die Gespräche selten länger als vier Minuten) wußten wir beide, daß das der Beginn einer wunderbaren Freundschaft war.

Lenya war nicht die Frau, die in Erinnerungen lebte. Das alte Bauernhaus am Bach in der Nähe von New York, dort, wo Kurt Weill bis zu seinem Tode im Jahre 1950 seine Melodien für das amerikanische Musiktheater komponierte, war für Lenya keine Zuflucht gewesen, in der sie seligen Träumen nachhing. Ihre Ehe mit Kurt Weill war im Laufe der Jahre eine rein sachliche Zweckgemeinschaft geworden. Sie brauchten sich gegenseitig. Als Weill starb, war Lenya bestens auf die Rolle vorbereitet, die plötzlich auf sie zukam: Verwalterin seines musikalischen Nachlasses zu sein. Sie wußte alles über Copyright. Sie verhandelte mit Anwälten und Musikverlegern in aller Welt, und sie mußte auch entscheiden, welche Bühnen am ehesten geeignet waren, Werke wie »Die Dreigroschenoper« oder »Die sieben Todsünden« zu produzieren. Da kam es schließlich nicht nur auf den guten Willen an. Geld und talentierte Darsteller mußten auch vorhanden sein.

Heute, viele Jahre später, kann ich nur bewundern, mit welcher Disziplin sie ihre privaten Katastrophen vor aller Welt verborgen hielt. Zum Erstaunen ihrer engsten Freunde hat sie

Mit Anna Moffo vor der Metropolitan Opera

nach dem Tode von Kurt Weill noch zweimal geheiratet: intelligente, künstlerisch begabte, aber total lebensuntüchtige Männer, die aus ihrer homosexuellen Veranlagung kein Geheimnis machten. Von George Davis läßt sich immerhin sagen, daß er in den frühen fünfziger Jahren die Lenya auf ihre zweite Karriere vorbereitet hat. Aber es stellte sich bald heraus, daß Lenya auch in der Rolle der Beschützerin gefordert war. Wenn spät das Telefon läutete, ahnte sie Schreckliches. Auf seinen Streifzügen durch die New Yorker »Nächte voller Seligkeit« war George einige Male in Matrosenkneipen am Times Square und in Brooklyn zusammengeschlagen worden. Er hätte es wissen müssen: Nicht jeder kam dafür in Frage.

Schlimmer war beinahe noch die Ehe mit dem Maler Russell Detwiler, einem Alkoholiker, der sich im wahrsten Sinne des Wortes zu Tode trank. Aber ihn hatte sie am meisten geliebt. »Er brauchte mich mehr als alle anderen.«

Wenn sie mich in New York anrief oder kurz mal eben für eine Tasse Tee in meiner Wohnung am Central Park »vorbeikam«, bevor sie in ein Kino ging, war sie fast immer bester Laune. Es hatte ihr gutgetan, daß sie plötzlich mehr war als »nur« die gefeierte Interpretin der Songs von Brecht und Weill. Der Broadway wollte sie auch. In der Musicalsensation »Cabaret«, frei nach Isherwoods »Berlin-Stories«, spielte sie die Zimmervermieterin Fräulein Schneider. Es wurde ein Riesenerfolg. Über 1000 Vorstellungen in drei Jahren, und Lenya wurde kein bißchen müde.

Das Brook House, ihr schönes Haus am Bach in upstate New York, konnte sie nur an spielfreien Tagen (montags) besuchen. Während der Woche schlief sie in ihrem kleinen Studio in 450 East 54. Straße, dort also, wo sie »alle« gewohnt hatten oder noch wohnten: Greta Keller, Hermione Gingold, Sean Connery (als diskreter Hausgast bei einer American beauty), Van Johnson, Noël Coward und Rudolf Nurejew. Sehr gut möglich, daß ich einige vergessen habe.

Eines Tages war sie wieder am Telefon.

»Glaubst du, Wernerchen, daß ich eine böse russische Kommissarin spielen sollte, die mit versteckten Giftpfeilen und Schlagringen umgehen kann und dem James Bond ständig auf den Fersen sein muß? Immerhin, Sean Connery wird mein Partner sein!«

»Ich gratuliere«, habe ich nur gesagt, »da gibt's doch nichts zu überlegen.«

»Liebesgrüße aus Moskau« wurde besonders für die Lenya ein Riesenerfolg. Nun kamen die Drehbücher aus allen Ecken. Sie hatte nach dem »Römischen Frühling der Mrs. Stone« einen Film gewählt, in dem Burt Reynolds ihr Partner war.

»Hör zu«, jubelte sie wieder einmal am Telefon, »alle Weiber werden mich beneiden, denn stell dir vor: In einer Szene muß ich den Kerl massieren!«

Durch einen Anruf aus Deutschland hatte ich einen Sonderauftrag erhalten. Einen Fernsehnachruf für die »Stunde X« sollte ich liefern. Mit »Stunde X« werden die Würdigungen für bedeutende Persönlichkeiten umschrieben, die beim Eintreffen einer Todesnachricht sofort gesendet werden können. In diesem Falle ging es um die Lenya. Als ich ihr sagte, in Deutschland wollen sie wieder einmal eine Fernsehsendung mit uns beiden, winkte sie ab. Ich mußte ihr nichts erklären. Sie wußte auch, warum ich sie auf den kleinen Friedhof schleppen wollte. Ein paar Herbstblumen für das Grab von Kurt Weill. Da hätte sie beinahe gestreikt. »Sollen die Leute wirklich glauben, daß ich ständig auf den Friedhof renne?«

Aber dann sagte ich etwas vom orchestral gespielten September-Song, der so gut in die Stimmung passen würde. Und sie mußte lachen.

»Da wird kein Auge trocken bleiben. Also gut. Her mit den Blumen! Was tut man nicht alles aus Freundschaft.«

Zum Abschluß des fröhlichen Friedhofbesuchs gab's Kaffee und Kuchen im Haus am Bach. Im Kamin prasselte ein Holzfeuer. Aber nun war sie doch ein wenig nachdenklich geworden.

»Der Vorhang schließt sich langsam«, meinte sie, und ich versprach, dem Sender vorzuschlagen, das gut gelungene

Die Freundschaft überdauerte Jahre: mit Lotte Lenya im Garten ihres Hauses in upstate New York

Mit Lauritz Melchior 1960

Lenya-Porträt auch schon »vorher« einmal zu senden – »also nicht erst dann, wenn ich gestorben bin«, ergänzte sie mich.

Man hat es »vorher« gesendet, an einem Sonntagabend nach 22 Uhr. Auch in ihrem Abschiedsprogramm war sie in bester Form. Sie schilderte den Augenblick, als Kurt Weill sie ein wenig schüchtern gefragt hatte: »Fräulein Lenya, wollen Sie meine Frau werden?« Das war während einer Ruderbootfahrt über den Wannsee gewesen. Durch eine ungeschickte Bewegung war seine Brille ins Wasser gefallen. »Wäre das nicht passiert«, meinte Lenya lachend, »hätte er sich die Sache mit dem Heiratsantrag vielleicht noch einmal überlegt.« Eine Postkartenschönheit war sie doch nie.

Lotte Lenya starb am 29. November 1981 in New York. Sie hatte Weill um mehr als dreißig Jahre überlebt. Die Abschiedssendung hätte kaum einen besseren Titel haben können: »Es war das Schönste, es war das Schönste, es war das Schönste auf der Welt.« Auf ihren Schallplatten, die unvergänglich sind, singt sie das immer noch. Sie kann nicht nur das Ballhaus und den grünen Mond über Bilbao gemeint haben.

Man kann es den Zuschauern im norddeutschen Flachland nicht verübeln, daß sie mit dem angekündigten Namen Lauritz Melchior zunächst so gut wie gar nichts anzufangen wußten. Auch er kam in die »Schaubude« des Norddeutschen Rundfunks, und ich habe ihn mit Herzklopfen erwartet.

Alles, was ich in dicken Wälzern über die Operngeschichte dieses Jahrhunderts im Zusammenhang mit Lauritz Melchior gelesen hatte, war ungewöhnlich, um nicht zu sagen: sensationell. Er galt in seinen besten Jahren an der Metropolitan Opera und erst recht danach als »der größte Heldentenor aller Zeiten«. »Nie zuvor«, schrieb der amerikanische Kritiker Michael Scott, »hat es eine solch machtvolle Tenorstimme gegeben, so dunkel timbriert und zugleich so brillant. Bis heute hat er keinen Nachfolger gefunden. Im Vergleich zu anderen Tenören, die alles aufzubieten haben, kommt Melchior mit beiläufiger, fast unverschämter Leichtigkeit ans Ziel. Definiert man den

Begriff ›Heldentenor‹ nach den von ihm gesetzten Maßstäben, so gibt es in diesem Jahrhundert keinen anderen Heldentenor.«

Nach solchen Lobeshymnen, dachte ich, wird sicher ein schwieriger Herr daherkommen, der mit Glacéhandschuhen zu behandeln ist. Melchior, in Dänemark geboren, war mit seiner deutschen Frau, die er »Kleinchen« nannte, nach Berlin und in die Bundesrepublik gekommen. Ich wußte schon nach zehn Sekunden, daß ich einem fröhlichen, total uneitlen Menschen gegenüberstand. Ein Wikinger wie aus dem Bilderbuch, ein Siegfried ohne Schwert, ein Nikolaus im Zivilanzug. Alle diese Bezeichnungen wären zutreffend gewesen. Aber in den vier Minuten, die uns für das Interview in der »Schaubude« zur Verfügung standen, mußte er der »größte Heldentenor aller Zeiten« sein.

Frau Cosima Wagner persönlich hatte wie ein weiß gekleidetes Gespenst in ihrer Bayreuther Loge gethront, als der junge Mann aus Kopenhagen vorsingen sollte. Sie hatte gnädig genickt. Das war die Entscheidung gewesen. Später nannte sie ihn den »großen Dänen« und den »schönsten Parsifal«, den sie je gehört hatte. Das war 1924, als er diese Rolle zum erstenmal bei den Bayreuther Festspielen sang. Aber in der »Schaubude« wollte er ganz etwas anderes singen. Frau Cosima wäre empört gewesen. Hollywood hatte aus dem »Heldentenor im Ruhestand« einen Filmstar gemacht. In Filmen wie »Two Sisters From Boston« oder »The Stars Are Singing« spielte er das, was er wirklich war: einen älteren Herrn mit schlohweißem Haar, einen Schwerenöter, der immer noch mit Vergnügen jungen Mädchen nachschaute.

In der »Schaubude« bestand er darauf, einen Schlager zu singen, den Mario Lanza in dem Film »Der große Caruso« populär gemacht hatte: »Because«. Das hörte sich wundervoll an, tröstete aber gewiß nicht die Puristen, die eine Schallplattenaufnahme aus dem Jahre 1937 wie eine seltene Kostbarkeit hüteten: das Liebesduett aus »Tristan und Isolde«, das er gemeinsam mit Kirsten Flagstad gesungen hatte. Nach Meinung der meisten Experten war das ein seltener Glücksfall für die Schallplatte gewesen und als künstlerische Gesamtleistung unwiederholbar.

An diesem Samstagabend in Hamburg interessierte er sich nach der »Schaubude« aber nur noch für Bier und Aquavit aus Dänemark. Da es damals bereits ziemlich sicher war, daß mich der Norddeutsche Rundfunk für einige Zeit nach Amerika schicken würde, lud er mich ein, unter allen Umständen bei ihm »vorbeizukommen«. Er wohnte hoch oben in den Bergen zwischen Hollywood und Burbank, am Mulholland Drive. Ich kam 1961 zu seiner Freude nicht nur »vorbei«. Ich brachte auch ein Kamerateam und den Regisseur Hans Scholz mit. Die Sendung, die damals entstand, soll auf Wunsch der »Lauritz Melchior Heldentenor Foundation« aus Anlaß seines 100. Geburtstages im Jahre 1990 auch im amerikanischen Fernsehen gezeigt werden. Melchior hat sich bis zu seinem Tode im Jahre 1973 aktiv um die Förderung geeigneter Tenöre (idealerweise sollten es »verrutschte Baritone« sein) für das schwierige »Heldenfach« verdient gemacht. Daß seine Stiftung immer noch existiert, mag als Beweis dafür gelten, daß die Bemühungen weitergehen.

Aber ganz unabhängig von Melchior und seiner Stiftung haben auch andere Tenöre in den schwierigen Wagnerrollen triumphieren können. René Kollo, der einige Male mein Fernsehgast gewesen ist, war ein vielumjubelter Lohengrin in einer Everding-Inszenierung an der Metropolitan Opera. Nach einigem Hin und Her gestattete ihm die Met sogar, sein Kostüm ein einziges Mal auch außerhalb des Opernhauses zu tragen. In der riesigen Kathedrale St. John the Divine auf der New Yorker Westseite, einer Kirche, die in ihren Dimensionen mit der Peterskirche im Vatikan verglichen werden kann, sang René Kollo für eine unserer Weihnachtssendungen im Playback-Verfahren die Arie aus dem Brautgemach: »Aus Glanz und Wonne komm' ich her.«

René Kollo war Lauritz Melchior, soviel ich weiß, nur einmal begegnet. Ein total »unkünstlerisches« Treffen, wie mir René Kollo später erzählte. Melchior, auf dem Wege zu einer

Eisbärenjagd und entsprechend kostümiert, hatte nicht die geringste Lust verspürt, sich über Wagner oder Heldentenöre zu unterhalten. Eine sicherlich treffende Beobachtung, die auch ich, der ich sein Haus »The Viking« auch ohne Fernsehkameras im Laufe der Jahre mehrfach besuchen durfte, nur bestätigen kann. Dröhnendes Gelächter über seine eigenen Anekdoten beim Abendessen. Schweres Tafelsilber und überall Kerzen. Die gesamte Decke des Speisezimmers war eine einzige Fläche aus antiquiertem Glas, in dem sich die Lichter von Burbank und Hollywood spiegelten.

Bei seinem ersten Auftreten an der New Yorker Met hatte ihm ein Polizist den Zutritt zum Bühneneingang verwehren wollen.

»Da dürfen nur Künstler rein«, hatte der »Cop« gesagt.

»Aber ich bin doch ein Künstler«, protestierte Melchior, »ich muß da heute singen.«

Der Polizist lachte ihn aus. »Das kann jeder sagen. Hauen Sie ab, bevor ich Sie verhafte.«

Was sollte er machen. Melchior sang die ersten Takte aus dem Prolog zum »Bajazzo« von Leoncavallo mitten auf der Straße. Da war der Polizist, der vermutlich nie in seinem Leben eine Oper gehört hatte, unsicher geworden.

»Man, can you sing! Mann, können Sie singen. Können Sie mir verzeihen, daß ich Ihnen nicht glauben wollte?«

Über die meisten Kolleginnen und Kollegen von der Opernbühne hatte er nur Gutes zu berichten. Aber mit Maria Jeritza, der gefeierten Primadonna aus Wien, hatte er während einer Aufführung von »Tosca« ein kleines Problem gehabt.

»Die wußte natürlich, daß sie mit ihren langen blonden Haaren und mit ihrer herrlichen Stimme alle Blicke auf sich zog. Trotzdem versuchte sie, mich an diesem Abend auf die Seite abzudrängen, wo kein Scheinwerfer hinkam. Da hab' ich ihr gehörig in den Allerwertesten gekniffen und ihr zugeflüstert: ›Mit mir machst du das nicht.‹ Danach war ich eine Zeitlang Luft für sie, aber beschwert hat sie sich nicht. Die hatte natürlich ein schlechtes Gewissen. Denn die Beleuchter

alte New York vom Anfang des Jahrhunderts nachgebaut
en, rüttelte der Santa Ana, der heiße Wind, der aus der kali-
ischen Wüste kommt, an Fenstern und Türen der Kulissen,
nur für die paar Filmminuten der großen Parade auf der
traße gebaut worden waren. Auch hier war der Verfall mit
alkuliert.
it diesen Bemerkungen bin ich den zu schildernden Ereig-
n ein wenig vorausgeeilt. Hollywood war in langen Jahr-
ten ein Zauberwort. Der Kinopalast mit der Wurlitzeror-
ar der perfekte Rahmen für die Erzeugnisse der Traumfa-
Wie glücklich war der Zwölfjährige (ich), als nach langen
aten des Wartens endlich der Briefumschlag mit dem Post-
el Los Angeles zu Hause ankam: das Autogramm von
ne Dietrich. Mit grüner Tinte hatte sie ihren Namen
rieben, und ich war ganz sicher, daß der Namenszug
nicht irgendein Stempelabdruck war. Natürlich werden
heute noch Autogramme gesammelt. Aber die Faszina-
die das Kino in der Vorfernsehzeit für Millionen gehabt
t schon lange eine Sache von vorgestern. Das gab's nur
, das kommt nie wieder.
nzig oder noch mehr Kabelkanäle in der Wohnung
dafür gesorgt, daß es kaum noch Höhepunkte und
selten wirklich aufrüttelnde Erlebnisse gibt. Das mei-
s die Bildschirme in aller Welt zu bieten haben, versinkt
ühlseinerlei von Hospitälern, Schwestern und Ärzten,
en, Verfolgungsjagden, privaten Detektiven, die immer
r sein müssen als die Polizei, bösen Weinbaubesitzerin-
d verbotenen Liebeleien. Unfrohe Gesichter aus der
Heavy Metal« machen laute Musik, und aus allen Ecken
künstlicher Nebel, als wären sich alle, die heute Fernse-
hen, in einem Punkt besonders einig: Ohne Nebel geht
ehr. Was nur werden sie in zwanzig Jahren machen,
ie unfrohen Gesichter Bärte tragen und selbst Hans
eine Fans mehr hat?
hon gesagt, ich bin den Ereignissen um Jahre voraus-
.

hatten ja auch gemerkt, daß sie mich ins Abseits schieben wollte.«

Im New Yorker Trump Tower, der vermutlich teuersten Ladenpassage dieser Welt, entdeckte ich vor einiger Zeit in einem Souvenirshop, in dem hauptsächlich Erinnerungen an den Broadway und an die Metropolitan Opera zu haben sind, auch eine signierte Künstlerpostkarte von Lauritz Melchior als »Lohengrin«. Aus Neugier fragte ich nach dem Preis. 300 Dollar wollte der Mann dafür haben. Soviel war sein Namenszug inzwischen also wert. Natürlich habe ich die Postkarte nicht gekauft. Bei meinem letzten Besuch in seinem Hause hatte mir Lauritz Melchior die berühmte Schallplatte geschenkt, die die Opernfachleute wie ein Kleinod hüten: Flagstad und Melchior mit dem Liebesduett aus »Tristan und Isolde«. Da die Platte als Geschenk verpackt war, entdeckte ich seine Widmung erst viele Wochen später: »Dem unverwüstlichen Werner. Zum Andenken an die Viking-Tage, und daß er nie meine Stimme vergißt. Lauritz Melchior.«

Ich danke ihm immer noch für seine Großherzigkeit und für seine Freundschaft. Und ein bißchen stolz bin ich schon, wenn ich in der Opernpause in den Wandelgängen der Met auch das Porträt von Lauritz Melchior entdecke, das bei meinen Besuchen in seinem Haus in Hollywood noch in seinem Arbeitszimmer hing. »Eines Tages, wenn ich gestorben bin«, hatte er mir damals gesagt, »wirst du dieses Bild in New York wiedersehen.« Er hatte es der Metropolitan Opera vermacht, wo ihm der bleibende Platz in der Ruhmeshalle der Oper sicher ist: Lauritz Melchior als größter Heldentenor aller Zeiten.

California, here we

Wer wirklich erfahren möchte, wie riesi
den Vereinigten Staaten sind, der sollte
nen, von dem er ein Leben lang zehren k
– heute ist das AMTRAK – von New
via Chicago. Ich habe diese Fahrt Anf
unternommen.

Das gab es also nicht nur im Kino d
stars wie Ginger Rogers mit viel Gep
nia-Bahnhof an der 33. Straße in New
der Luxuszug, der sich »Twenty Centu
davor, an den offenen Türen, schwarz
ßen Jacken, die den Passagieren beim
ter die Kabinen für die Nacht herrich

Mag sein, daß im Kino auch noch
Bahnsteigen ließ sich besonders gut s
leicht an die Musical-Bestandsaufna
die vor ein paar Jahren unter dem Ti
in allen Kinos der Welt zu sehen war
denen Fred Astaire schwerlich übers
tig, vor der verfallenen Dekoration
im Studiogelände von MGM ein
Auch über die Vergänglichkeit des

Der Swimmingpool, in dem E
Venus« mit ungeheurem Aufwand
tricks ihre Runden gedreht hatte,
gefährden, war längst von Unkrau
Century Fox, wo sie für Barbra

hatten ja auch gemerkt, daß sie mich ins Abseits schieben wollte.«

Im New Yorker Trump Tower, der vermutlich teuersten Ladenpassage dieser Welt, entdeckte ich vor einiger Zeit in einem Souvenirshop, in dem hauptsächlich Erinnerungen an den Broadway und an die Metropolitan Opera zu haben sind, auch eine signierte Künstlerpostkarte von Lauritz Melchior als »Lohengrin«. Aus Neugier fragte ich nach dem Preis. 300 Dollar wollte der Mann dafür haben. Soviel war sein Namenszug inzwischen also wert. Natürlich habe ich die Postkarte nicht gekauft. Bei meinem letzten Besuch in seinem Hause hatte mir Lauritz Melchior die berühmte Schallplatte geschenkt, die die Opernfachleute wie ein Kleinod hüten: Flagstad und Melchior mit dem Liebesduett aus »Tristan und Isolde«. Da die Platte als Geschenk verpackt war, entdeckte ich seine Widmung erst viele Wochen später: »Dem unverwüstlichen Werner. Zum Andenken an die Viking-Tage, und daß er nie meine Stimme vergißt. Lauritz Melchior.«

Ich danke ihm immer noch für seine Großherzigkeit und für seine Freundschaft. Und ein bißchen stolz bin ich schon, wenn ich in der Opernpause in den Wandelgängen der Met auch das Porträt von Lauritz Melchior entdecke, das bei meinen Besuchen in seinem Haus in Hollywood noch in seinem Arbeitszimmer hing. »Eines Tages, wenn ich gestorben bin«, hatte er mir damals gesagt, »wirst du dieses Bild in New York wiedersehen.« Er hatte es der Metropolitan Opera vermacht, wo ihm der bleibende Platz in der Ruhmeshalle der Oper sicher ist: Lauritz Melchior als größter Heldentenor aller Zeiten.

California, here we come

Wer wirklich erfahren möchte, wie riesig die Entfernungen in den Vereinigten Staaten sind, der sollte sich ein Erlebnis gönnen, von dem er ein Leben lang zehren kann: mit der Eisenbahn – heute ist das AMTRAK – von New York nach Los Angeles via Chicago. Ich habe diese Fahrt Anfang der sechziger Jahre unternommen.

Das gab es also nicht nur im Kino der dreißiger Jahre: Filmstars wie Ginger Rogers mit viel Gepäck auf dem Pennsylvania-Bahnhof an der 33. Straße in New York, ein chromglänzender Luxuszug, der sich »Twenty Century Limited« nannte, und davor, an den offenen Türen, schwarze Schaffner in blütenweißen Jacken, die den Passagieren beim Einsteigen halfen und später die Kabinen für die Nacht herrichteten.

Mag sein, daß im Kino auch noch Fred Astaire dazukam. Auf Bahnsteigen ließ sich besonders gut steppen. Und wer sich vielleicht an die Musical-Bestandsaufnahme von MGM erinnert, die vor ein paar Jahren unter dem Titel »That's Entertainment« in allen Kinos der Welt zu sehen war, der konnte den alt gewordenen Fred Astaire schwerlich übersehen, als er, etwas wehmütig, vor der verfallenen Dekoration eines solchen Luxuszuges im Studiogelände von MGM ein paar Worte sagen mußte. Auch über die Vergänglichkeit des Ruhms.

Der Swimmingpool, in dem Esther Williams als »badende Venus« mit ungeheurem Aufwand an Menschen und Kameratricks ihre Runden gedreht hatte, ohne Make-up und Frisur zu gefährden, war längst von Unkraut überwuchert. Und bei 20th Century Fox, wo sie für Barbra Streisand und »Hello Dolly«

das alte New York vom Anfang des Jahrhunderts nachgebaut hatten, rüttelte der Santa Ana, der heiße Wind, der aus der kalifornischen Wüste kommt, an Fenstern und Türen der Kulissen, die nur für die paar Filmminuten der großen Parade auf der 14. Straße gebaut worden waren. Auch hier war der Verfall mit einkalkuliert.

Mit diesen Bemerkungen bin ich den zu schildernden Ereignissen ein wenig vorausgeeilt. Hollywood war in langen Jahrzehnten ein Zauberwort. Der Kinopalast mit der Wurlitzerorgel war der perfekte Rahmen für die Erzeugnisse der Traumfabrik. Wie glücklich war der Zwölfjährige (ich), als nach langen Monaten des Wartens endlich der Briefumschlag mit dem Poststempel Los Angeles zu Hause ankam: das Autogramm von Marlene Dietrich. Mit grüner Tinte hatte sie ihren Namen geschrieben, und ich war ganz sicher, daß der Namenszug echt, nicht irgendein Stempelabdruck war. Natürlich werden auch heute noch Autogramme gesammelt. Aber die Faszination, die das Kino in der Vorfernsehzeit für Millionen gehabt hat, ist schon lange eine Sache von vorgestern. Das gab's nur einmal, das kommt nie wieder.

Zwanzig oder noch mehr Kabelkanäle in der Wohnung haben dafür gesorgt, daß es kaum noch Höhepunkte und höchst selten wirklich aufrüttelnde Erlebnisse gibt. Das meiste, was die Bildschirme in aller Welt zu bieten haben, versinkt im Gefühlseinerlei von Hospitälern, Schwestern und Ärzten, Schurken, Verfolgungsjagden, privaten Detektiven, die immer schlauer sein müssen als die Polizei, bösen Weinbaubesitzerinnen und verbotenen Liebeleien. Unfrohe Gesichter aus der Ecke »Heavy Metal« machen laute Musik, und aus allen Ecken kommt künstlicher Nebel, als wären sich alle, die heute Fernsehen machen, in einem Punkt besonders einig: Ohne Nebel geht nichts mehr. Was nur werden sie in zwanzig Jahren machen, wenn die unfrohen Gesichter Bärte tragen und selbst Hans Moser keine Fans mehr hat?

Wie schon gesagt, ich bin den Ereignissen um Jahre vorausgeeilt . . .

Vorher: mit Esther Williams 1955

Nachher: 30 Jahre später

Der Zug, der uns über Nacht zunächst bis Chicago bringen sollte, hatte im Schneckentempo das Häusermeer von New York hinter sich gelassen. Er fuhr jetzt etwas schneller an den Ufern des Hudson entlang, Richtung Norden. West Point tauchte auf, irgendwann würden Albany und Buffalo folgen, vielleicht sogar die Niagarafälle. Der Schaffner in der blütenweißen Jacke schüttelte den Kopf. »You will be sleeping by then«, Sie werden dann längst schlafen. Im Speisewagen roch es nach charcoal-gegrillten Steaks und Kaffee. Beinahe hätte ich laut gesungen: »Warum ist es am Rhein so schön« – der Blick aus dem Fenster vermittelte verblüffende Parallelen. Kein Wunder, daß Hollywood-Produzenten in den Kriegsjahren, als viele Antinazifilme hergestellt werden mußten, auch die Berge und Wälder am Hudson als deutsche Ersatzkulisse benutzt hatten.

Inzwischen war es draußen dunkel geworden, und der Schaffner hatte den »drawing room«, das Abteil also, das sich durch ein paar Handgriffe vom Wohnzimmer in ein komfortables Schlafzimmer verwandeln ließ, für die Nacht vorbereitet. Aber der Schlaf, den der Mann in der blütenweißen Jacke prophezeit hatte, wollte sich nicht so schnell einstellen. Ein voller Mond legte einen matten Glanz über die Landschaft. Vom Bett aus, bei hochgezogenen Rollos, konnte ich den Himmel sehen, weiße Wolken vor tiefschwarzem Hintergrund, in dem die Sterne blinkten. Es konnte nicht ausbleiben, sie mußten sich einstellen, die Erinnerungen an die erste Eisenbahnfahrt quer durch Amerika im Gefangenentransport.

Dies war anders. Das frisch bezogene Bett, die Karaffe mit dem Eiswasser, die der Schaffner vorsorglich in Reichweite aufgestellt hatte, all das vermittelte ein Gefühl von Fürsorge und unendlicher Geborgenheit. Auch die heulenden Signale des Zuges trugen dazu bei. Das war Amerika, und den Wilden Westen würde ich vom Polstersessel aus betrachten können, ohne maskierte Posträuber, ohne Superman John Wayne und ohne Pistolenduelle vor dem Sheriff-Office von Dodge City. Im Halbschlaf glaubte ich »Albany« gehört zu haben, den Namen der Hauptstadt des Staates New York. Es würde eine lange Nacht. In Chicago sollten wir erst gegen 11 Uhr morgens sein. Also schlafen und träumen. Good night, sweet dreams . . .

Nicht alles kann süß gewesen sein, was ich da geträumt habe. Drei Tage und drei Nächte waren wir unterwegs gewesen. Die Nummernschilder der Autos aus den verschiedenen Staaten, die man vom Fenster aus sehen konnte, hatten uns die ungefähre Route angedeutet: West Virginia, Indiana, Missouri, Oklahoma und schließlich New Mexico! Der Zug hielt auf freier Strecke, kein Bahnhof, irgendwo in der Ferne ein paar Häuser. Verbrannte Erde, Wüste. Die Pessimisten hatten ihren großen Tag. »Hier werden sie uns fertigmachen. Schwerstarbeit in Steinbrüchen oder so. Das mit dem Pullmanzug war doch nur ein fauler Trick. Und diese Hitze!«

Die Bewacher waren alle blutjung und reichlich nervös. Hatten die Angst? So viele Nazis auf einmal. Aber wir hatten keine Angst. Die schmale Beringstraße als Zufahrt nach Sibirien wollten wir einstweilen vergessen. Dies war New Mexico, irgend jemand rief sogar: »Wo sind die Señoritas?« Zu dumm, daß man keine Landkarte hatte. Lag New Mexico nicht nördlich von Texas? Und war die südliche Spitze von Texas nicht auch die Grenze nach Mexiko, wo es Tequila und »richtige« Señoritas gab? Aber wer hatte jetzt schon die Muße, darüber nachzudenken. Irgendwo am Horizont waren langgestreckte Bauten auszumachen. Das mußte das Lager sein. Auch die Wachtürme waren zu erkennen. Im Westen, da, wo jetzt die Sonne unterging, eine massive Bergkette im blauen Dunst des frühen Abends. Sehr viel später haben wir erfahren, daß dies die Sacramento Mountains waren.

Das Lager war ganz neu. Amerikanische Pioniere hatten es aus dem Boden gestampft. Viel Stacheldraht, Tore und Sicherheitszonen überall – und: drei verschiedene Wohnbereiche, streng durch doppelten Stacheldraht voneinander getrennt. Die Offiziere sollten (und wollten) unter sich bleiben, und auch die meisten Unteroffiziere, die auf ihren Dienstgrad pochten und jeden Gedanken an irgendeine Beschäftigung von sich wiesen, wurden isoliert.

Der Rest, ein zusammengewürfelter Haufen aus Unteroffizieren und Mannschaften, wurde dem Lager 2 zugeteilt. Mir war die Entscheidung »Wollen Sie arbeiten oder nicht?« erspart geblieben. Ich hatte fehlerfrei »Good morning« (und sicher noch einiges mehr) sagen können. Das hatte dem Captain imponiert. »You are going to be an interpreter, Sie werden Dolmetscher.« So kam ich ins gemischte Lager Nummer 2.

Mein erster Auftrag war einfach genug. In den Küchen der Kriegsgefangenen-Kompanien arbeiteten amerikanische Soldaten, die so schnell wie möglich von deutschen Köchen, Bäkkern, Fleischern und Tellerwäschern abgelöst werden sollten. Nach etwa drei Tagen schon, nachdem alle kapiert hatten, daß für die Arbeitskommandos keine Butterbrote, sondern »Sandwiches« gemacht werden mußten, daß Aufschnitt »cold cuts« hieß und daß man unter »pie« Tortenböden aus Mürbeteig mit eingelegten Äpfeln oder Pfirsichen zu verstehen hatte, fand ich meinen Job recht langweilig. Aber ich hatte erfahren, daß ich dafür 80 Cent pro Tag erhalten sollte, auch an Sonn- oder Feiertagen. Mit anderen Worten: etwa 24 Dollar im Monat! Langweilig?

Sergeant Bill, der über alles die Oberaufsicht hatte, wurde nicht müde, mich über Deutschland auszufragen. Um drei Ecken herum hatte auch er ein paar Verwandte, die vor vielen Jahren aus Bayern eingewandert waren. Und nachdem er erfahren hatte, daß es bei mir zu Hause an Festtagen immer Streuselkuchen gegeben hatte, »crumb cake« in Amerika, lächelte er geheimnisvoll, als sei ihm plötzlich eine Idee gekommen. Am nächsten Morgen, als ich gegen 5 Uhr die Küche betrat, um beim Sandwich-Machen zu helfen, roch es nach frisch gebackenem Kuchen. »Here is your crumb cake«, meinte Sergeant Bill triumphierend, »da hast du deinen Streuselkuchen.« Und als er merkte, daß ich meine Rührung kaum verbergen konnte, wurde er plötzlich ganz sachlich. Es klang fast wie ein Befehl: »Okay, you mother's boy, du Muttersöhnchen. Bilde dir bloß nicht ein, daß ich den Kuchen nur für dich gebacken hab' – mindestens die Hälfte davon gehört mir.«

Wie schnell man sich doch an das Gute gewöhnen kann. Die Amerikaner hielten sich zunächst streng an die Bestimmungen der Genfer Konvention: Kriegsgefangene waren genauso zu behandeln wie die eigenen Soldaten. Nur in den ersten Tagen staunten unsere Landser. Dann war alles selbstverständlich. Auch der Speiseplan, der am »Schwarzen Brett« hing. Einen Vorgeschmack hatten wir ja schon im Lager bei Oran bekommen. Corn-flakes und Rührei zum Frühstück, Hühnchen und »mashed potatoes« (Kartoffelpüree) zum Lunch, »cold cuts« oder Frankfurter Würstchen mit Kartoffelsalat zum Dinner. Nachtisch, Eiscreme oder Fruchtsalat, gab es fast immer, und als Getränk standen Eistee oder Kaffee in großen Kannen auf den Tischen.

Auch mit der Hitze New Mexicos ließ sich leben, denn selbst bei 35 Grad im Schatten blieb die Luft trocken. Keine Waschküchenfeuchtigkeit. Irgendwo sollte es in dieser Gegend ein Sanatorium für Lungenkranke geben, hörten wir. Auch ein Beweis, daß dies ein gesundes Klima war. Nur nach Sonnenuntergang wurde es kalt. In den Baracken, in denen wir wohnten und schliefen, standen thermostatgesteuerte Gasheizer, die sich nachts automatisch einschalteten, wenn draußen die Temperatur auf unter 12 Grad Celsius gesunken war.

Was ich hier schildere, hat sich 1943 zugetragen. Wir waren die ersten deutschen Kriegsgefangenen auf amerikanischem Boden. Wir hatten großes Glück gehabt. Mehr Glück jedenfalls als alle, die später kamen, die gegen Ende des Krieges die katastrophalen Verhältnisse auf den Rheinwiesen erdulden mußten. Die chaotischen Zustände, die der totale Zusammenbruch der deutschen Verbände ausgelöst hatte, dazu Regen und Nachschubschwierigkeiten, all das war den Amerikanern über den Kopf gewachsen. Sagten sie.

Ich hatte schnell begriffen, daß mein Schulenglisch in aller Eile aufgebessert werden mußte. Wenn sich die amerikanischen Soldaten, die aus den Südstaaten stammten, Begriffe wie

»Mother-fucker« oder »Cock-sucker« an den Kopf warfen, half mir auch das Nachschlagen im Wörterbuch nicht weiter. Natürlich kamen wir schnell dahinter, daß es im Straßenjargon der Amerikaner hinreißend treffende, wenn auch obszöne Schimpfwörter gibt, für die mein unschuldiges Wörterbuch keinen Platz gefunden hatte.

Mein ernsthaftes Selbststudium der englischen Sprache begann mit dem Lesen amerikanischer Zeitungen. Die *New York Times* war auch dabei. Worte, die ich nicht verstand, und das waren am Anfang recht viele, schrieb ich in eine Kladde. Nach etwa einer Stunde begann ich dann mit dem Nachschlagen im Dictionary. Mühsam ernährt sich das Eichhörnchen. Beachhead, das war ein Brückenkopf (bei Anzio), surrender, das war kapitulieren. Und airstrikes, das waren Luftangriffe auf Hamburg, Berlin, Köln und das Ruhrgebiet.

Das stand aber nicht nur in der *New York Times,* das stand auch in einem tapfer formulierten Brief der Mutter, die den kleinen Luftschutzkoffer mit den Sparkassenbüchern und dem Familienstammbuch immer griffbereit neben dem Bett aufbewahrte. »Wir müssen oft nach unten«, schrieb sie außerdem, und damit hatte sie natürlich den Luftschutzkeller gemeint. »Sorge Dich um uns nicht zu sehr. Bleibe gesund und komme bald nach Hause.«

Auf dem spezialpräparierten Briefpapier des Internationalen Roten Kreuzes schrieb ich ihr, so schnell ich konnte. Unter anderem auch, daß es bei uns im Lager sogar Streuselkuchen gegeben hatte. Ich wußte, das würde die beste Nachricht sein, die ich nach Hause schicken konnte.

Es hatte sich im Lager schnell herumgesprochen, daß ich in meiner Baracke abends vor dem Schlafengehen aus der *New York Times* vorlas. Vor allem die Frontberichte. Getreu dem Grundsatz, der auch heute noch jeden Tag auf der Titelseite steht: »All The News That's Fit To Print« (hier wird alles gedruckt, was sich zur Veröffentlichung eignet), erschienen während des Krieges auf der zweiten Seite dieser Zeitung alle Verlautbarungen über den Fortgang der Kampfhandlungen,

Freund oder Feind, »friedlich« nebeneinander: das Kommuniqué aus dem alliierten Hauptquartier, der Heeresbericht der Roten Armee aus Moskau, Verlautbarungen der britischen Admiralität und selbstverständlich auch der tägliche Bericht des Oberkommandos der Wehrmacht, hier natürlich ganz ohne Fanfaren oder Beethovens Fünfte.

Mein Publikum wurde von Abend zu Abend größer. Für die meisten Landser schien es erstaunlich zu sein, daß einer von ihnen die fremde Zeitung lesen konnte. Ich war schnell so etwas wie eine Informationsquelle geworden, auf die sie nicht verzichten wollten. Den besorgten Bäckermeister aus Mainz, der sich eigentlich nur dafür interessierte, ob seine Heimatstadt bombardiert worden war, konnte ich (1943) fast immer beruhigen. Schwieriger war es mit den Hamburgern. Die konzentrierten Luftangriffe auf die Hansestadt mit Brandbomben, die einen Feuersturm auslösten, wurden nicht nur aus London gemeldet. Der OKW-Bericht aus Berlin meldete sie auch. Ich ertappte mich schnell bei dem unguten Gefühl, nur noch Negatives über den Fortgang des Krieges berichten zu können.

Und dann kam Anzio! Die Amerikaner waren in Italien gelandet, sie hatten einen Brückenkopf erkämpft. Nach dieser Nachricht gab es eisiges Schweigen unter meinen Zuhörern, bis sich ein Fähnrich erhob. Arrogant, hochgewachsen und blauäugig.

»Herr Feldwebel«, rief er mir zu, »Ihre Berichte stehen im krassen Widerspruch zu den Meldungen, die wir aus dem Offizierslager hören. Die haben dort ein Kurzwellengerät, mit dem sie jeden Sender der Welt empfangen können. Stalingrad ist wieder fest in deutscher Hand, mit dem Einmarsch in Moskau ist stündlich zu rechnen, und unsere Kriegsmarine, vor allem U-Boote, sind in Richtung amerikanische Küste ausgelaufen. Meine Kameraden und ich sind fest davon überzeugt, daß wir Weihnachten in einem siegreichen Deutschland feiern werden. Aber dann geht es Ihnen, Herr Feldwebel, an den Kragen. Darauf können Sie sich verlassen. Denn Sie wissen doch ganz genau, daß die Zeitung, aus der Sie Ihre zersetzenden Nachrichten vorlesen, nur für dieses Lager gedruckt wird.«

Ich brauchte ein paar Sekunden, bis ich begriffen hatte, was da gesagt worden war: Die Amerikaner ließen mit riesigem technischen Aufwand eine Sonderausgabe der *New York Times* mit optimistischen Nachrichten (für die Alliierten) nur für unser Lager drucken!

»Wenn Sie das wirklich glauben«, sagte ich schließlich, »was Sie da soeben behauptet haben – eine Zeitung, die nur für dieses Lager gedruckt wird, mit Lügen über Anzio und Luftangriffen auf deutsche Städte –, dann tun Sie mir von Herzen leid, dann habe ich Ihnen und Ihren Freunden nichts mehr zu sagen.«

Ich war mehr traurig als empört. Dr. Goebbels wirkte also immer noch, sogar hinter amerikanischem Stacheldraht.

Ein paar Wochen später trafen verstaubt und müde neue Gefangene vor dem Lagertor ein.

»Wo kommt ihr denn her?« riefen einige den Neuankömmlingen zu.

»Aus Anzio.«

Aus Anzio: Die Amerikaner waren also tatsächlich in Italien gelandet. Nun hätte ich den Fähnrich fragen können: »Was sagen Sie nun?« Aber ich zog es vor, gar nichts zu sagen. Mein Entschluß stand fest: nie wieder Presseschau. Dafür war ich für eine andere Idee zu begeistern gewesen, die vom amerikanischen Lagerpfarrer kam: Wir sollten eine Theatergruppe gründen.

Geld für Instrumente, Kostüme und Dekorationen war vorhanden. Die Lagerkantine, in der jeder Insasse im Monat für durchschnittlich fünf oder sechs Dollar einkaufen konnte, warf natürlich bescheidene Gewinne ab, die die amerikanische Lagerverwaltung für »community purposes«, zur Bereicherung des Alltagslebens im Camp, zur Verfügung stellte. Irgendwann also würden wir nach Roswell fahren, um dort Kleider und hochhackige Schuhe, Modeschmuck, Lackschuhe für die Herren, weiße Smokingjacken und Rüschenhemden einzukaufen. Nicht zu vergessen: Make-up.

Der Inhaber des Drugstores an der Main Street hat sich dann

in der Tat eines Tages gebührend gewundert, als ein paar von Militärpolizisten bewachte Kriegsgefangene nach Lippenstiften und Puderquasten fragten.

»What's going on?« wollte Mr. Perkins, der Besitzer des Ladens, wissen. »What are these guys up to? Was haben diese Burschen vor? Haben wir die Kerle deshalb um die halbe Welt nach New Mexico gebracht, damit sie sich hier die Lippen anmalen können?« Aber er lachte dabei, und die Militärpolizisten lachten auch. Wir versprachen Mr. Perkins, ihn zur Premiere unserer »Special Show« einzuladen. Die Vorstellungen würden im amerikanischen Kino stattfinden, also außerhalb der Stacheldrahtzäune. Aber soweit war es noch lange nicht.

Ich sollte die Texte schreiben. Schließlich war ich nicht umsonst 1938 in Berlin gewesen, ein theaterbesessener Rekrut, der mit klobigen Stiefeln und »Hosen in denselben« glücklich gewesen war, einen Stehplatz im »Admiralspalast« am Bahnhof Friedrichstraße zu ergattern, wo die »Dubarry« von Millöcker-Mackeben in großer Ausstattung lief, wo man später Johannes Heesters in der »Lustigen Witwe« bewundern konnte.

Eines Tages hatte mir unser »Spieß«, der Hauptfeldwebel, eine Karte für das Wehrmacht-Wunschkonzert geschenkt, das damals aus einem großen Sendesaal des Funkhauses an der Masurenallee gesendet wurde. Heinz Goedecke hieß der Reichsrundfunksprecher mit der sonoren Stimme, der an diesem Abend eine Einleitung sprach, über die ich immer noch lachen kann: »Wo alles dient dem guten Zweck, da fehlt auch nicht Marika Rökk.« Und dann kam sie, zur Freude der Frontsoldaten, jung und schlank und wunderschön. Ich glaube, sie hat damals »In einer Nacht im Mai« gesungen, aus dem ersten deutschen Farbfilm »Die Frau meiner Träume«. Meine Stubenkameraden haben mich an diesem Abend sehr beneidet. Ich hatte Marika »persönlich« und ganz aus der Nähe gesehen. Als ich ihr das viele Jahre später auf dem Gelände der Bavaria in Geiselgasteig erzählte, wo die Rökk mit anderen Damen aus seligen Ufa-Tagen eine Rolle in dem Film »Die letzten Geschichten von Schloß Königswald« spielte, reagierte sie ziemlich frostig.

»Daß Sie das noch wörtlich wiederholen können ... Ich hatte es längst vergessen.«

Aber wirklich »verliebt« waren wir damals – ich meine die Rekrutenstube in Berlin-Reinickendorf, U-Bahn-Station Seestraße – in Clara Tabody, den Operettenstar aus Budapest. Sie spielte die Hauptrolle in »Maske in Blau« von Fred Raymond. Wenn das Geld für eine Eintrittskarte nicht reichen wollte, habe ich oft ganz allein gegen Schluß der Vorstellung in der Eingangshalle des Metropol-Theaters in der Behrensstraße gestanden. Ich wollte das Finale miterleben. Die Beschließer rissen kurz vor Schluß immer die Türen auf, so daß man draußen den Jubel hören konnte. Über allem die Stimme der Tabody: »Ja, das Temperament, ja, das Temperament, das liegt mir so im Blut ...« Und wenn sich dann herausstellte, daß ich bei aller Freude auch noch über eine Mark und fünfzig verfügen konnte, fuhr ich hochbeglückt »mit der Rolltreppe ins Mokka-Efti« (so stand es auf den Reklameflächen in allen U-Bahnhöfen). Die ganze Seligkeit für eine Reichsmark: ein Kännchen Kaffee und ein Stück Kuchen, Swing-Musik von Bernhard Etté. Ich tanze mit dir in den Himmel hinein. Das Tegeler Gelände und der schreckliche Unteroffizier aus Breslau, das würde erst am anderen Morgen kommen.

Was für eine Stadt, dieses Berlin im Jahre 1938! Furtwängler in der Philharmonie, Gründgens am Gendarmenmarkt. Heinrich George und Zarah Leander im Ufa-Palast am Zoo und überall Filme mit Hans Moser und Adele Sandrock. Loni Heuser »und die anderen Sensationen« in der Scala am Wittenbergplatz (Lutherstraße), Rosita Serrano im »Wintergarten«. Noch war es den Nazis nicht gelungen, alle Lebensfreude zu zerstören. Und am Funkturm, in der Deutschlandhalle, jubelten die Berliner bei »Himmelblauen Träumen«, einer Auto-Revue von Robert Stolz. Himmelblaue Träume? Wie lange noch? Die jüdischen Mitbürger wußten es schon. Die Reichskristallnacht im November hatte mit ihren Scherben jede Illusion kaputtgemacht.

Ich war wie so oft am Stacheldrahtzaun entlanggelaufen, als der rettende Einfall kam. »Die oder keine« würden wir spielen, in Anlehnung an die Hentschke-Schmidseder-Operette, die ich natürlich auch im Berliner Metropol-Theater gesehen hatte. Die Erben der Herren Hentschke und Schmidseder bitte ich an dieser Stelle ausdrücklich um Verzeihung. Wir haben einen schrecklichen Salat aus der Revue gemacht. Geblieben war eigentlich nur der Titel. Die Musik war eine Mischung aus Kaffeehaus, Kurkonzert in Westerland und Texas. »Das gibt es nur in Texas« war unser Hauptschlager, den wir auch im Finale sangen. Dann sangen natürlich alle mit, auch die amerikanischen Zuschauer, für die dieser Song so etwas wie eine zweite Nationalhymne geworden war.

Die meisten Texte hatte ich für die Hauptfigur geschrieben, die auch in der Berliner Originalfassung vorgekommen war. Freifrau von Dobermann hieß sie, und als Heiratsvermittlerin mußte sie allerhand Unheil stiften. Gespielt wurde die »Dame« von einem Unteroffizier aus Dresden, der selbst ein wenig erschrak, als er sich zum erstenmal verkleidet im Spiegel sah: »Mensch, seh' ich toll aus!« Die blonde Perücke, der Modeschmuck, das hautenge Kleid, das an den »richtigen« Stellen ausgepolstert worden war, die hochhackigen Pumps und die weißen Handschuhe hatten aus ihm eine Illusion gemacht, über die jeder staunen mußte. »In meiner Baracke kann ich mich sooo nicht sehen lassen«, konstatierte er ganz richtig, »denn dann werden die Kerle wild.«

Auch die Amerikaner hatten verfügt, daß alle Kostüme im Theater unter Verschluß zu halten waren. Fürchteten sie einen Fluchtversuch im roten Fummel? Kaum. Die Amerikaner hatten an anderes gedacht. Denn sie ließen uns in den ersten Tagen auch darüber aufklären, daß »homoerotische« Handlungen nach dem amerikanischen Militärstrafrecht verboten seien. Ein Sergeant verlas die entsprechenden Bestimmungen, und man hatte ihm angemerkt, daß ihm der ganze Vortrag ziemlich peinlich war. Unter den Zuhörern wurde gekichert. Die meisten hatten doch längst entdeckt: solange man zwei Hände hatte und Fotos von Betty Grable...

Der Versuch, deutsche Kriegsgefangene in New Mexico zum Baumwollpflücken einzusetzen, ist im Laufe des zweiten Halbjahres 1943 gescheitert. Die Afrika-Boys, wie die Amis uns nannten, leisteten so etwas wie passiven Widerstand. Sie ließen sich morgens, wohlversorgt mit Sandwiches und Eistee, auf die Baumwollfelder fahren. Aber wenn sie nachmittags ins Lager zurückkamen, waren sie weit unter der Tagesnorm geblieben. Ich weiß nicht mehr, wie laut sie das ausgesprochen haben, aber eines Tages mußte ich dem Lagerkommandanten eine kurze Botschaft des deutschen Lagersprechers übersetzen: Mit Baumwollpflücken sind früher Sklaven beschäftigt worden. Das könne keine Tätigkeit für Kriegsgefangene im Sinne der Genfer Konvention sein. »Beschäftigen Sie unsere Männer nach ihren Fähigkeiten, Sie werden fortan keine Schwierigkeiten mehr haben.«

Der amerikanische Oberst reagierte gelassen. Ich hatte ihn von seiner menschlichsten Seite kennengelernt. Morgens, wenn er frisch gebügelt in sein Büro kam, fragte er mich oft: »Lebt deine Mutter in Hamburg, lebt sie im Ruhr-Valley, lebt sie in Köln?« Ich kam natürlich schnell dahinter, warum er diese Fragen stellte. Er hatte im Radio die Frühnachrichten gehört. Die amerikanische Luftwaffe hatte über Nacht die verschiedensten Ziele in Deutschland angegriffen. Er schien erleichtert, wenn ich ihm sagen konnte, daß meine Mutter in einer Kleinstadt lebe, weitab von den großen Städten. »Let's hope she is safe, wollen wir hoffen, daß es ihr gutgeht.« Es war seine schrecklichste Stunde gewesen, als er einigen Kameraden aus Hamburg die schlimme Nachricht übermitteln mußte: Angehörige, Vater, Mutter und Geschwister, bei Luftangriffen ums Leben gekommen. Es war schwer, sich das Inferno auszumalen.

Hier in New Mexico war alles so friedlich: Sonnenglut über der Wüste, blauer Dunst über den Bergen am Abend. Ich besaß inzwischen längst ein Radio. Weiß gestrichen und rot umrändert. Nachts, über Kurzwelle, die Stunde der Sehnsucht. Tanzmusik aus New Orleans, und Sonntag nachmittags mein bester

Sprachlehrer, dem ich wirklich, wenn's um angewandtes Englisch geht, viel zu verdanken habe: Jack Benny, der Komiker. Er sprach ziemlich langsam und spielte in seiner Radiorolle einen besonders geizigen Zeitgenossen, der sich einen schwarzen Diener namens Rochester hielt.

Zur regelmäßigen Besetzung seiner Show gehörte auch der irische Tenor Dennis Day, der eines Tages von einem total Unbekannten namens Frank Sinatra abgelöst werden sollte.

Mr. Benny, der Geizkragen, wollte ihm (laut Manuskript) ein Honorar von 30 Dollar zahlen, worauf Sinatra zu entgegnen wagte: »Mr. Benny, ich habe eine merkwürdige Angewohnheit, ich esse dreimal am Tag.«

»Okay«, meinte Jack Benny, »pay him 40, zahl ihm 40.«

Frank Sinatra sang außerdem, neben Joe Stafford, auf der Lucky-Strike-Hitparade, die jeden Samstagabend bei CBS lief. Aber den größten Spaß bereitete uns der Nachrichtensprecher der lokalen Radiostation KMED Roswell. Der Stimme nach ein schon älterer Herr, der seine liebe Not mit all den fremden Namen hatte, die da von den diversen Kriegsschauplätzen über den Ticker auf seinem Schreibtisch landeten.

Eines Tages dann, ohne jede Vorankündigung, reagierten die Amerikaner auf den passiven Widerstand beim Baumwollpflücken: Das ganze Lager wurde versetzt. Wieder ein Pullmanzug mit gepolsterten Sitzen, wieder allgemeines Staunen über die atemberaubende Schönheit der amerikanischen Landschaft. Es ging, den Nummernschildern der Autos nach zu urteilen, quer durch Kalifornien in Richtung Norden. Das neue Lager hieß Camp White, etwas nördlich der kalifornischen Grenze in der Nähe der Städte Klamath Falls und Medford. Wir waren im Bundesstaat Oregon. Das war kein Lager, eigens für Kriegsgefangene gebaut. Camp White war die große Durchgangsstation für die amerikanische Armee, die ihre diversen Verbände im pazifischen Raum zu versorgen hatte.

Hier trat nun wirklich ein, was der deutsche Lagersprecher dem amerikanischen Oberst in New Mexico vorgeschlagen hatte: Die Deutschen wurden entsprechend ihren Fähigkeiten eingesetzt, als Kraftfahrzeugmechaniker, Bäcker, Fleischer, Tischler, Zahnarzthelfer und Krankenpfleger. Der neue Lagerkommandant hieß Captain Pauls, ein grimmig aussehender Mann, der bei näherer Betrachtung aber ganz freundlich und umgänglich war. »Werner«, sagte er mir am dritten oder vierten Tag im neuen Lager, »tell your guys this: I want them to have discipline like in Kaiser Wilhelm's army. I know what I am talking about. My grandfather came from the old country.« Da hatten wir's. Disziplin bat er sich aus – wie in der Armee von Kaiser Wilhelm. Ich weiß, wovon ich rede, fügte er hinzu, mein Großvater kam von da drüben.

Wir alle hatten den Eindruck, daß dieses Lager, Camp White, die vermutlich letzte Station unserer Gefangenschaft war. Was also mit der Zeit anfangen? Ich entschied mich für ein Fernstudium, einen »correspondence course« im Fach »Journalismus«, also Zeitungswissenschaft, bei der University of Oregon, die ihren Sitz in Eugene hatte. Natürlich durfte ich das Lager nie verlassen. Die Aufgaben, die Professor Turnbull stellte, kamen per Post. Mit meinem keineswegs perfekten Englisch war es nicht ganz einfach, aus vorgeschriebenen Stichworten über Unfälle oder Verbrechen eine »news story« zu fabrizieren. Was ich nie vergessen habe und was den heutigen Jungredakteuren, die für Massenblätter arbeiten, sicherlich als erstes Gebot mit auf den Weg gegeben wird: Der einleitende Absatz, das »lead-in«, muß schon so inhaltsreich und interessant sein, daß der Leser gar nicht anders kann – er muß weiterlesen.

Professor Turnbull, den ich nie gesehen habe, wurde allmählich so etwas wie ein »penpal«, ein Brieffreund, der mir immer wieder Mut machte. »Wenn ich mir vorstelle«, schrieb er einmal an den Rand einer Arbeit, »daß Englisch nur Ihre zweite Sprache ist, dann schneiden Sie im Vergleich zu meinen amerikanischen Studenten wirklich sehr gut ab. Ich habe Ihre Arbeit mit B+ zensiert.« Nach »B+« kam nur noch »A« als Prädikat für allerbeste Leistung.

Warum, sagte ich mir eines Morgens, als ich mich wieder einmal in einer stillen Ecke der Bibliothek mit amerikanischen

Zeitungsartikeln herumquälte, warum mache ich nicht nebenbei auch eine deutsche Lagerzeitung? Die Idee zündete nicht nur bei mir, sie zündete auch bei unserem »Intelligence Officer«, einem schwergewichtigen Mann namens Hecht, der trotz amerikanischer Uniform ein waschechter Wiener geblieben war. Perfekt in unserer Sprache, immer zu Witzen aufgelegt. Ich hatte mich schnell mit ihm verständigt: Ich mache das Blatt, hatte ich ihm gesagt, und Sie lesen alle Manuskripte, bevor wir sie drucken. Er hat, soweit ich mich erinnern kann, nur ein einziges Mal von seinem Zensurrecht Gebrauch gemacht.

Er stolperte über ein, wie mir damals schien, harmloses Gedicht eines Autors, der Wolf von Niebelschütz hieß, ein Gedicht über den Frieden, nach dem wir uns alle sehnten. Aus der Erinnerung: Der Friede wird wärmend strahlen und enden alle Qualen. Soldaten werden dann die Kinder spielen, und du wirst ihnen zeigen, wie man's macht. (Womit der aus dem Krieg heimgekehrte Mann gemeint war.) Ich gebe zu, vor dem Hintergrund eines schrecklichen Völkermordens war der letzte Satz, der mit den Kindern, denen wir das Soldatenspielen beibringen wollten, alles andere als harmlos. Also weg damit. Die spätere Bundeswehr war 1944 noch nicht vorauszusehen.

Die graphische Gestaltung unserer Lagerzeitung hatte ein Mann übernommen, den ich auch heute noch bewundere: Erwin Lange aus dem Raum Essen. Als Antifaschist war er in ein Strafbataillon gekommen. Ein Wunder, daß er überlebt hatte. Er wirkte asketisch und immer voller Tatendrang. Nur Englisch zu lernen war ihm nicht genug. Er lernte auch Russisch, als wolle er auf alles vorbereitet sein. Für ihn war der Krieg schon längst verloren, eine Meinung, die er nur mit wenigen Vertrauten teilen konnte. Denn unser Lager war ein »gemischtes« Lager, Unteroffiziere und Mannschaften, Nazis, Antinazis und Neutrale. Es gab keine hitzigen politischen Debatten. Die Nachrichten, die von den Fronten durchsickerten, waren schlecht genug.

Für mich war Erwin viel mehr als »nur« der graphische

Gestalter, der unserer Zeitung den Titel »Heimat« gegeben hatte. Redaktionelles Mitspracherecht hatte er natürlich auch. Autoren, die bei den Nazis verboten waren, sollten bei uns den Vorrang haben: Werfel, Zweig, Feuchtwanger, Thomas Mann. Nicht mit erhobenem Zeigefinger, sondern wie selbstverständlich im bunten Allerlei, das diese Zeitung anzubieten hatte.

Ich habe damals nicht ahnen können, daß unser Bemühen nicht nur von Mr. Hecht aus Wien mit Interesse beobachtet worden ist, sondern auch von Mrs. Eleanor Roosevelt. Die damalige First Lady soll, wie ich viele Jahre später erfahren habe, ein besonderes Interesse daran gehabt haben, alle Bemühungen um eine Re-education, also Umerziehung, der deutschen Kriegsgefangenen nach Kräften zu unterstützen. Das mag erklären, warum eine Kopie unserer Zeitung, die einen Beitrag von mir enthielt, mit dem sicherlich nicht einfachen Versuch, den vielschichtigen Roman »Der Zauberberg« von Thomas Mann zu deuten, ohne große Umwege in die Hände des Dichters gelangen konnte, der damals am San Remo Drive in Pacific Palisades lebte.

Am 1. Dezember 1945 schrieb Thomas Mann einen Brief an den Lagerkommandanten von Camp White, der meinen Einstieg beim Nordwestdeutschen Rundfunk im Jahre 1947, damals noch von der englischen Besatzungsmacht kontrolliert, so unendlich leichtgemacht hat. Thomas Mann schrieb: Die Zeitung enthält einen sympathischen und gut geschriebenen Artikel über mein Buch »Der Zauberberg«. Ich habe nicht nur diesen Artikel mit dem größten Interesse gelesen, sondern auch die übrigen Beiträge. Das hohe Niveau der Zeitung hat mich beeindruckt: Sie ist bildend, unterhaltend und amüsant zugleich und muß für die Insassen des Camps eine Quelle höchst willkommener geistiger Anregung sein. Ich möchte Sie bitten, verehrter Mr. Fahey [Lagerkommandant], Herrn Werner Baecker meinen besten Dank zu übermitteln und ihm zu sagen, daß er mir mit seinen Zeilen großes Vergnügen bereitet hat. Very sincerely yours: Thomas Mann. Der eingerahmte Brief hängt als wichtigste Erinnerung an die entscheidenden

THOMAS MANN

1550 SAN REMO DRIVE
PACIFIC PALISADES, CALIFORNIA

December 1, 1945

Mr. John R. Fahey
Ninth Service Command
1913 SCU HQ Prisoner of War Camp
Camp White, Oregon

Dear Mr. Fahey:

Through your gracious intervention, the editor of the prisoner-of-war paper "Heimat" has sent me a very kind letter, together with a copy of his paper, containing a sympathetic and well-written article about my book "The Magic Mountain". I have not only read this article, but the whole issue with the greatest interest, and was impressed by the high level the editor or editors have given their paper. Its contents is varied, educational, entertaining and amusing, and surely offers the inhabitants of the camp a source of highly welcome spiritual recreation.

I want to ask you, dear Mr. Fahey, to express to Mr. Werner Baecker my best thanks and to tell him that he has given me great pleasure with his communication.

Very sincerely yours

Thomas Mann

Brief Thomas Manns mit Dank an Werner Baecker für dessen Artikel über den »Zauberberg«

Jahre meines Lebens in meiner Münchner Wohnung im Arabella-Haus.

Der Brief des Dichters hatte bei den Amerikanern wie eine Bombe eingeschlagen. Ich konnte nicht ahnen, warum mich zwei Militärpolizisten eines Morgens ins Hauptquartier brachten. Nervös stand ich dem Colonel gegenüber, der in den ersten Sekunden ganz auf militärisches Protokoll bedacht zu sein schien. Aber dann strahlte er plötzlich. »Sit down, setzen Sie sich, ich habe Ihnen etwas mitzuteilen.«

Und dann gestand er mir, daß ich, der PW aus Nazi-Germany, ihm eine besonders große Freude gemacht hatte. Von irgendeiner Stelle im War Department in Washington sei ihm ein Lob ausgesprochen worden, das sich nur positiv auf seine Karriere auswirken könne. Und alles nur deshalb, weil sich dieser Dichter da, »What was his name again?« – yes, Thomas Mann, weil sich dieser Dichter da so lobend über die Zeitung ausgesprochen habe, für die er ja schließlich die volle Verantwortung trage. Für den Colonel hatte die Zeitung »Heimat« ab sofort höchste Priorität. Wir mußten sie mit Kisten und Kasten, Vervielfältigungsmaschinen und Druckerschwärze sogar mit in ein Zeltlager nach Idaho transportieren, wo wir für einige Wochen zur Kartoffelernte eingesetzt waren. Ich weiß also sehr genau, woher sie kommen, die riesigen Idaho-Potatoes, die das Steakhouse »Gallagher's« in der 52. Straße in New York mit Butter oder Sauerrahm serviert.

Und dann saß ich eines Tages wieder in einem Pullmanzug, diesmal aber ganz allein, nur von zwei Militärpolizisten bewacht. In der Nacht hatten mich schreckliche Schmerzen aus dem Schlaf gerissen. Die Wachen wurden alarmiert, und im Hospital hatten Röntgenaufnahmen ergeben, daß in der linken Niere ein ziemlich großer Stein saß, der sich auf dem normalen Wege nicht entfernen würde. »Wir werden Sie nach Utah schikken müssen«, entschied der Stationsarzt. »Dort gibt es einen Urologen, der Sie vermutlich schon bald operieren wird.« Warum nach Utah? Der Arzt fügte hinzu, daß nach den Informationen des Internationalen Roten Kreuzes amerikanischen Kriegsgefangenen in Deutschland, darunter auch abgeschossenen Bomberpiloten, beste ärztliche Betreuung sicher sei. »We do likewise, wir wollen uns ähnlich verhalten.«

Das General Hospital lag in Brigham City. Es hatte nur eine einzige Station, etwa 50 Betten, für deutsche und japanische Kriegsgefangene. Auf der Eisenbahnfahrt hatten wir einen stundenlangen Aufenthalt in Portland, der großen Hafenstadt am Pazifik. Die beiden Militärpolizisten, die sich mit mir während der Fahrt das Schlafabteil hatten teilen müssen (ich im Einzel-, die beiden im Doppelbett), wußten plötzlich keinen Rat. Sie konnten doch schlecht mit mir durch die Stadt spazierengehen. Das hätte Aufsehen erregt. So landete ich denn, mit Zustimmung der örtlichen Polizei, für einige Stunden im Gefängnis, in einer riesigen Auffangzelle, in der Alkoholiker, Taschendiebe und Straßenräuber auf ihre Vernehmung warteten. Das war ein Schock, dem ich nicht gewachsen war. Stunden totaler Hilflosigkeit. Ich verweigerte das Mittagessen, was meine Mitgefangenen nicht verstehen konnten. Aber als ich ihnen dann erzählte, warum ich hier sei und daß mir eine Operation bevorstehe, versuchten sie mich zu trösten. »You will be out of here in no time, du wirst im Nu wieder draußen sein, komm, trink wenigstens einen Schluck Wasser.«

Gegen 5 Uhr holten mich meine beiden Militärpolizisten wieder ab. Sie schienen ein schlechtes Gewissen zu haben. Besonders der als Sanitäter ausgebildete, der natürlich froh war, daß sich im Laufe des Tages bei mir keine neue Kolik eingestellt hatte. Sie brachten mich in ein italienisches Restaurant, als wollten sie mich für die Stunden im Gefängnis entschädigen. Es gab Spaghetti und Meatballs (Fleischklöße) und sogar einen leichten Rotwein. Anschließend natürlich auch Eiscreme. Die beiden gaben sich alle Mühe, mich wie einen »Buddy« zu behandeln. Das mag am Wein gelegen haben. Für mich war die Welt wieder halbwegs in Ordnung. Nach einer weiteren Nacht im Schlafwagen würden wir am nächsten Nachmittag in Salt Lake City sein.

Die erste Begegnung mit dem Chef der Urologie des General Hospital war eindrucksvoll. Mit mehreren Assistenzärzten, von einigen Krankenschwestern flankiert, erschien der Doktor im Dienstrang eines Obersten an meinem Bett. »I saw your pictures, ich habe Ihre Röntgenaufnahmen gesehen. Da gibt es nur einen Weg: Ich muß operieren. Do you trust me? Wollen Sie mir vertrauen?« Das war eine Anspielung auf die Forderung eines Oberfeldwebels, der sich zum Sprecher der deutschen Patienten gemacht hatte. Er wollte durchsetzen, bei jeder Operation als »Observer«, also als Beobachter, im Operationssaal dabeizusein. Ich bin immer noch erstaunt, daß die Amerikaner damals eine solche Forderung überhaupt zur Kenntnis genommen haben.

Dr. Riba fragte mich also, und er lachte ein wenig dabei: »Sie wünschen sich keinen Beobachter, der mich bei meiner Arbeit kontrollieren soll?«

»No, Sir!«

Dr. Riba mußte gemerkt haben, daß ich keine Sekunde lang überlegt hatte. Er lachte und klopfte mir auf die Schulter. »Don't worry, my boy, I'll take care of you. Keine Sorgen, mein Junge, ich pass' auf dich auf.«

Ungefähr nach einer Woche war das Schlimmste überstanden. Ich langweilte mich in meinem Bett, übersetzte chinesische Gedichte ins Deutsche und drehte viel an meinem Radio. Die Amerikaner und Engländer waren in Nordfrankreich gelandet. Die zweite Front war also da, und im Juli kam das sensationelle Attentat auf Adolf Hitler. Sogar im General Hospital des Staates Utah wurden wir auf Weisung des Internationalen Roten Kreuzes über einen Befehl des Oberkommandos der Wehrmacht informiert, wonach der bisher übliche militärische Gruß, rechte Hand an die Mütze und linke Hand an die Hosennaht, ab sofort durch den Hitlergruß zu ersetzen sei. Heil Hitler im amerikanischen Hospital? Das hat nicht einmal der Oberfeldwebel riskiert, der bei allen Operationen dabeisein wollte.

Dann ein Ereignis, das mir wie ein Wunder erschien. Ich bekam eines Tages Krankenbesuch, und er saß mindestens

30 Minuten an meinem Bett. Das ganze Hospital schien an diesem Tage auf dem Kopf zu stehen. Ich hatte es in der Zeitung gelesen: Gary Cooper, der Hollywoodstar, war zu einer Filmpremiere in Salt Lake City »persönlich anwesend«. Es war beinahe selbstverständlich, daß er auch den verwundeten amerikanischen Soldaten im General Hospital in Utah einen Besuch abstatten würde. Aber den deutschen Kriegsgefangenen? Später hat es mir die Stationsschwester erzählt. Es hatte viel Wirbel hinter den Kulissen gegeben. Der Administrator des Hospitals, ein Armeegeneral, hatte Gary Cooper die Genehmigung zum Besuch unserer Station nicht erteilen wollen. Aus Sicherheitsgründen. Aber Gary Cooper war hart geblieben. Er kannte Berlin, und er kannte Marlene Dietrich. »Ich habe keine Angst vor den deutschen Boys«, hatte er dem Administrator sagen lassen. »Ich will die Burschen sehen.«

Da ich für die Stationsschwester so ziemlich der einzige war, der sich einigermaßen in Englisch ausdrücken konnte, steuerte sie mit dem berühmten Gast schnurstracks auf mein Bett zu. Mrs. Cooper war auch dabei. Sie lächelte verlegen, als sie ein paar Tafeln Hershey-Schokolade auf den Nachttisch legte. »I hope you like it. Ich hoffe, Sie mögen das.« Da konnte sie ganz sicher sein. Gary Cooper war erstaunt, daß ich offenbar alle seine Filme gesehen hatte, vor allem natürlich »Marokko«, wo ihm Marlene auf Strümpfen in die Wüste folgte. (Gary spielte einen Fremdenlegionär.) »Der Trouble war«, erzählte er mir, »daß die ganze Bande Deutsch sprach und ich kein Wort verstand.« Damit meinte er Joseph von Sternberg, der besonders bei »Marokko«, dem ersten Film der Dietrich in den USA, alles darangesetzt hatte, seinen Schützling Marlene so gut wie möglich zu verkaufen. Das ging fast auf die Kosten der anderen. »Daß ich schließlich auch ein paar Großaufnahmen bekam«, erinnerte sich Cooper, »war reiner Zufall.« In »Desire«, einem Film mit Gary Cooper und Marlene Dietrich, der 1936 entstanden war und der auch heute noch in Deutschland unter dem unpassenden Titel »Perlen des Glücks« läuft, in diesem Film hatte es sich herausgestellt, was man unter idealen Partnern versteht. Ernst Lubitsch war der Produzent gewesen. Die »chemistry« zwischen der »Femme fatale« aus Europa und dem unschuldigen Amerikaner, der mehr von Autos verstand als von raffinierten Weibern, war überwältigend.

»I hope you will get home safely someday, that goes for all of you.« Mit diesem Wunsch verabschiedete sich der Star: Kommt alle eines Tages gesund nach Hause. Ich brauchte eine Weile, bis ich begriffen hatte, was sich da in den letzten dreißig Minuten ereignet hatte. Ein Hollywoodstar, einer der ganz Großen, hatte an meinem Bett gesessen, und seine Frau hatte mir Schokolade mitgebracht.

Als Gary Cooper, eben 60 Jahre alt, im Mai 1961 starb, wollte ich ihm natürlich in meiner Fernsehsendung aus New York einen Nachruf widmen. Aber dazu brauchte ich Filmausschnitte, die nur über die Firma Paramount zu bekommen waren. »Filmausschnitte wollen Sie haben?« ließ sich eine erstaunte Stimme am anderen Ende der Leitung bei Paramount vernehmen. »Soweit wir von hier aus (New York) übersehen können, laufen zur Zeit in deutschen Kinos keine Filme mit Gary Cooper, die wir in irgendeiner Form propagieren möchten. Deshalb können wir Ihre Bitte leider nicht erfüllen. Warum benutzen Sie für Ihren Nachruf nicht einfach Standfotos? Davon gibt es doch genug.« Mrs. Cooper und ihre Tochter Maria, die ich einige Tage später in einem New Yorker Hotel wiedersah – sie erinnerte sich genau an den Hospitalbesuch in Utah im Sommer 1944 –, war über die Kaltschnäuzigkeit der Filmleute überhaupt nicht erstaunt. Sie hatte nichts anderes erwartet.

Die Ereignisse überschlugen sich im Frühling 1945. Roosevelt war überraschend gestorben, der neue Präsident hieß Harry S. Truman. Deutschland stand kurz vor dem Zusammenbruch. In wenigen Tagen, sagte ich mir, würde ich einen Leitartikel schreiben müssen, über das Unabänderliche, das auf uns alle zukam. Keine leichte Aufgabe in einem Lager, wo einige an Sonntagen ihre selbstgeschneiderten Wehrmachtsuniformen spazierenführten, immer am Stacheldraht entlang mit verträumten Blicken auf die nahen Berge und in der Hoffnung auf eine erträgliche Zukunft. In Deutschland hatten die Amerikaner nicht nur Städte und Dörfer überrollt, sie waren auch auf die Vernichtungslager gestoßen, in denen Hunderttausende gehungert hatten und zu Tode gekommen waren. Hatten wir das gewußt? Waren wir stille Mitwisser gewesen? Die Amerikaner waren plötzlich unsicher geworden.

Ich habe nie erfahren können, wer die Idee hatte. Aber an einem Nachmittag im April brachten sie uns in ein Kino außerhalb des Stacheldrahts, das normalerweise den Amerikanern vorbehalten war. Als das Licht ausging und die ersten Bilder über die Leinwand flimmerten, verbreitete sich lähmendes Entsetzen. Man sah einen angewiderten General Eisenhower, Leichenberge in Belsen oder Buchenwald, verhungerte Elendsgestalten in gestreifter Sträflingskleidung, gestürzte Nazibewacher, die von den Amis mit Fußtritten oder Stockschlägen unter dem Jubel der Überlebenden durch die Lagerstraßen getrieben wurden. Das Grauen, das uns da entgegenschlug, dauerte etwa dreißig Minuten, und wir hatten kaum bemerkt, daß zwischendurch ein paar Fotografen ihre Blitzlichtkameras auf uns richteten, auf uns, die Zuschauer. Die entwickelten Bilder, das habe ich auf Umwegen erfahren, zeigten Reaktionen, die die Amerikaner im Camp White fest davon überzeugten: Das können sie nicht alle gewußt haben, das hat sie genauso tief erschüttert wie die amerikanischen Soldaten unter ihrem General Eisenhower, der sich angeblich erst danach geschämt haben soll, deutscher Abstammung zu sein ...

An diesem Abend, als es in den meisten Baracken ganz still war – der Schock saß allen tief in den Knochen –, habe ich Teile des Leitartikels entworfen, der vor meinem Gewissen auch heute noch bestehen kann:

»Mai 1945

... Der Krieg, der am 1. September 1939 an der deutsch-polnischen Grenze seinen Anfang nahm, hat ein unvorstellbares Ende gefunden. Nicht einmal mit dem unglücklichen Ausgang von 1918 läßt sich die Lage des heutigen Tages vergleichen. Damals kehrte die deutsche Armee in eine unberührte Heimat zurück, heute stehen wir vor den Trümmern unserer Städte und Dörfer, über die Amerikaner, Engländer, Franzosen und Russen die vollziehende Gewalt ausüben. Unsere Selbständigkeit in Entschlüssen hat mit den Worten ›bedingungslose Kapitulation‹ aufgehört zu bestehen ...

Dort, wo heute noch niemand weiß, was der morgige Tag bringen wird, wartet eine Aufgabe, die durch uns, die Überlebenden dieses blutigen Ringens, gelöst werden muß. Nicht durch verzweifelte Taten, nicht durch Spaltung in politische Gruppen oder Grüppchen können wir die Erwartungen erfüllen, vor die wir heute gestellt sind. Ruhe und Selbstvertrauen und eiserne Disziplin müssen uns selbst in dieser schwärzesten Stunde unseres Lebens erfüllen, die trotz aller Trauer und Verzagtheit von dem Willen durchglüht sein soll, daß ein neues Leben erstehen muß, ein neues Leben aus Ruinen. So wahr uns Gott helfe.«

Back to the sixties, zurück (oder besser: vorwärts) zu unserer Eisenbahnfahrt Anfang der sechziger Jahre: Nach dreieinhalb Tagen waren wir in Kalifornien angekommen.

In Chicago, wo es einen Zwischenaufenthalt von mehreren Stunden gab, hatten wir den »Union Pacific« bestiegen, einen Luxuszug, der mit seinem zweistöckigen Speisewagen unter einer Glaskuppel die Traumreise garantierte: Amerika zu beiden Seiten wie ein aufgeschlagenes Bilderbuch. Alle Jahreszeiten im Schnelldurchlauf. Grüne Wiesen, sonnenverbrannte Felder, einsame Farmen, gelber und weißer Wüstensand, Schnee und Eis in den Bergen von Colorado. Als die ersten Palmen sichtbar wurden, konnte es bis Kalifornien nicht mehr weit sein.

Langsam schlich sich bei mir ein Gefühl der Ernüchterung ein. Dies war keine Urlaubsreise. Auf meinem Wunschzettel standen Namen, die mir bis vor kurzem noch unerreichbar schienen: Lotte Lehmann, die berühmteste aller »Marschallinnen« aus dem »Rosenkavalier«, die in Santa Barbara lebte; die Berliner Theaterlegende Fritzi Massary; und als erste, weil sie nur noch wenige Tage im Hause von Douglas Fairbanks jr. zu Gast war, Gloria Swanson, die sich gern »den größten Stummfilmstar aller Zeiten« nennen ließ, ein Titel, den ihr höchstens Pola Negri streitig machte.

Zwischen diesen Damen, die bei Paramount unter Vertrag gestanden hatten, war nie viel Liebe verschwendet worden. Die Swanson, die ältere Rechte geltend machen konnte, hatte sich mit einer Forderung durchgesetzt, die selbst in den »verrückten« Jahren der Traumfabrik als ungewöhnlich galt. Nicht einmal zufällig wollte die Swanson ihrer Rivalin begegnen, die eigentlich Apolonia Chalupec hieß und aus Polen stammte. Deshalb bestand die Swanson darauf, daß für beide Stars separate Eingangstore zum Filmgelände gebaut wurden: ein Swanson-Gate und ein Negri-Gate. Die Publicityabteilung tat ihr Bestes, die »Feindschaft« der beiden immer wieder hochzuspielen. Hollywoods Klatschtanten waren dankbar für jede Einzelheit, und noch in den sechziger Jahren wußten die alten Pförtner in ihren blauen Uniformen bei Paramount, daß es hier irgendwann tatsächlich einmal so etwas gegeben hatte: ein Swanson-Tor und ein Negri-Tor.

Pola Negri war inzwischen fast vergessen. Hollywood hatte ihr nicht verzeihen können, daß sie in den Hitler-Jahren noch einmal nach Berlin gegangen war. Der »Führer« persönlich hatte entschieden, daß im Falle Negri die Abstammung (sie war Zigeunerin) keine Rolle spielen sollte. Willy Forst machte mit ihr »Mazurka«, ein höchst effektvolles und tränenreiches Melodrama, in dem außer der Negri noch Ingeborg Theek, Paul Hartmann und Albrecht Schönhals zu sehen waren. Nach diesem Filmausflug ins Dritte Reich war Pola in Amerika für eine Weile Persona ingrata.

Zum Glück hatte sie in New York gute Freunde. Besonders Vera Kálmán sprach ihr immer wieder Mut zu. Madame Kálmán war es auch, die ihr viele Jahre später, als Pola wohlbehütet im Hause ihrer Freundin Margaret West in San Antonio in Texas lebte, dringend empfahl, sich von mir fürs Deutsche Fernsehen interviewen zu lassen. Polas »Memoirs of a Star« waren gerade in Amerika erschienen.

»Pola, wie dumm kannst du nur sein?« schrie Vera Kálmán erbost durchs Telefon nach Texas. »Es kann dir gar nichts Besseres passieren, als von ihm interviewt zu werden.« Und dann gab Vera Kálmán mir den Hörer resigniert in die Hand.

»Ich weiß, wer Sie sind«, flüsterte die Negri, »ich habe schon viel von Ihnen gehört, auch von Fritzi Massary. Aber bedenken Sie bitte, ich bin alt und krank. Mein Publikum soll mich so in Erinnerung behalten, wie ich einmal war: rassig und bildschön. Sollte ich eines Tages meine Meinung ändern, werden Sie der erste sein, der sofort nach San Antonio kommen kann.«

Ihre Stimme klang einschmeichelnd und sexy, ihr Deutsch war nahezu perfekt. Natürlich war ich enttäuscht. Wie oft kann man schließlich eine Frau befragen, die ein stürmisches Verhältnis mit Charlie Chaplin gehabt hatte, die bei der Beerdigung von Rudolph Valentino mindestens dreimal ohnmächtig am Sarg zusammengebrochen war?

Gloria Swanson, die schon ein Star gewesen war, als die ersten Stummfilme in Bretterbuden entstanden, hatte nicht lange überlegt: Sie würde sich freuen, uns in Hollywood zu empfangen. Durch Billy Wilders Film »Sunset Boulevard«, 1950 gedreht, war sie zum zweitenmal weltberühmt geworden. Sie hatte eine alt gewordene Stummfilm-Diva gespielt, die sich noch einmal als »Salome« versuchen wollte.

Unterstützt wurde sie dabei von einem arbeitslosen Drehbuchschreiber, der in guten Tagen an ein paar belanglosen Filmen mitgewirkt hatte. Aber nun stand ihm das Wasser bis zur Kehle. Die Gläubiger wollten sein Auto pfänden. Durch einen Zufall landete er in der Villa der Diva, wo ihn die Karikatur eines preußischen Barons (Eric von Stroheim), der hier als Diener fungierte, in die Geheimnisse des Hauses einweihte. Madame hatte entschieden: Der junge Mann (William Holden) mußte bleiben, er sollte ihr beim Schreiben eines Drehbuchs für »Salome« helfen. Aber dabei blieb es natürlich nicht. Der Altstar verliebte sich in den jungen Mann, der sich eine Weile mit der Rolle des Gigolos abzufinden schien.

Mag sein, daß sich in der schnellen Aufzählung alle diese Ereignisse – Selbstmordversuche, Eifersuchtsszenen, eine gespenstische Silvesterparty, bei der Glorias »junger Mann« der einzige Gast war – wie die Zutaten zu einem Dreigroschenroman lesen. Aber was Billy Wilder daraus gemacht hat, gilt auch heute noch als große Filmkunst, als ein erschütterndes Dokument über die Fragwürdigkeit des Ruhms, über die Herzlosigkeit der Traumfabrik, in der nur die Erfolge des Augenblicks zählen.

Man mußte die Figur der alternden Diva gar nicht erst erfinden, Joan Crawford hat es auch erlebt. Als Louis B. Mayer, der Boß von Metro-Goldwyn-Mayer, zu der Überzeugung gekommen war, Miss Crawford sei für seine Firma so etwas wie »Kassengift« geworden, zögerte er keinen Augenblick, sie fristlos aus ihrem Vertrag zu entlassen. Er war nicht einmal bereit gewesen, die heulende Joan, die das alles nicht fassen konnte, als bescheidene Geste der Höflichkeit an ihren Wagen zu begleiten, der auf dem Parkplatz stand. Für MGM war Joan Crawford ein »closed chapter«, ein abgeschlossenes Kapitel. Um neue Gesichter war man in Hollywood nie verlegen.

Als es Anfang der sechziger Jahre in New York zu einer kurzen Begegnung mit Joan Crawford kam, konnte sie längst wieder lachen. Sie war inzwischen durch Heirat mit einem Chairman of the Board »Mrs. Pepsi-Cola« geworden. Ihrem Manager hatte ich versprechen müssen (das war ihr ausdrücklicher Wunsch), keine Frauen mitzubringen. Vielleicht hatte sie den Schock, durch eine Jüngere und Schönere bei MGM abgelöst worden zu sein, immer noch nicht überwunden. Aber was sich die Leute über ihren Reinlichkeitsfimmel erzählten, schien zu stimmen. Die Polstermöbel waren von Cellophan überzogen, und das Kamerateam hatte die Schuhe ausziehen müssen. Wenigstens an dieser Stelle scheint die adoptierte Tochter Chri-

Zu Besuch in Joan Crawfords New Yorker Wohnung

Mit Bing Crosby im New Yorker Waldorf Astoria

stina, die später ein böses Buch über ihre »liebe Rabenmutter« schrieb, die ganze Wahrheit gesagt zu haben.

Bei Gloria Swanson war alles anders. Sie war im zarten Alter von 17 Jahren nach Hollywood gekommen und durch die »One-Reeler«, die Kurzfilme, die Mack Sennet massenweise produzierte, schnell berühmt geworden. Sie war für das damalige Kino »the girl next door«, das Mädchen von nebenan, blauäugig und fröhlich, kein »männermordender Vamp«. Die »Verruchten« aus Europa kamen später: Pola Negri vor allem, vor der kein Mann sicher war, Marlene Dietrich und Greta Garbo. Die »Göttliche« saß auf dem Olymp. Sie blieb in langen Jahren, wie sie immer war: unnahbar, mysteriös und unvorstellbar schön.

Aber so »unschuldig« die Swanson im Kino auch wirken mochte, privat war sie alles andere als ein Mauerblümchen. Als ihre große Karriere (sie war gerade 33 Jahre alt geworden) in Schwierigkeiten geriet, hatte sie bereits einige Ehen hinter sich – mit dem damals weltberühmten Schauspieler Wallace Beery und auch mit einem französischen Adeligen, der sich Marquis de la Falaise nannte. Aber diese Ehe, dachten viele, war auch als eine Antwort an Pola Negri zu verstehen, die in Paris einen gewissen Prinzen Serge Mdivani geheiratet hatte. Was du kannst, kann ich schon lange. Gloria als Marquise, Pola als Prinzessin. Später, in ihrer eigenen Lebensbeichte, hat die Swanson zugegeben, jahrelang auch die Freundin des mächtigen Joseph P. Kennedy gewesen zu sein, der mit großer Hartnäckigkeit ein besonderes Ziel verfolgte: Er wollte seinen Sohn John Fitzgerald als Präsident der USA im Weißen Haus zu Washington sehen. Wie man weiß, ist ihm das gelungen.

Mit einem gemieteten Buick Special und wie immer mit Herzklopfen und Lampenfieber suchte ich im Labyrinth der verschlungenen Wege in den Hügeln über Hollywood nach dem Haus, in dem die Fernsehbegegnung mit dem »größten Stummfilmstar aller Zeiten« stattfinden sollte. Ich hatte Miss Swanson am Telefon erläutern müssen, wie die Begegnung geplant war. »Vor allem muß dabei herauskommen«, hatte sie gesagt, »daß ich ganz anders bin als die Verrückte aus dem ›Sunset Boulevard‹, die sich jeden Abend ihre eigenen uralten Filme zeigen läßt. Schließlich bin ich schon seit langem eine erfolgreiche Geschäftsfrau in Sachen Mode und ›health food‹. Ich stehe mitten im Leben.«

Wäre sie bereit, hatte ich vorsichtig angefragt, noch einmal für uns eine Treppe herunterzugehen, gewissermaßen als Parodie auf die große Schlußszene ihres Films »Sunset Boulevard«, der in Deutschland »Straße der Dämmerung« hieß? Wer den Film gesehen hat, kann die Szene nicht vergessen haben: Die Diva, längst von allen guten Geistern der Wirklichkeit verlassen, hatte in rasender Eifersucht ihren Gigolo erschossen. Als sie die vielen Kameras der Wochenschauen sah, die sich das grausige Schauspiel nicht entgehen lassen wollten, glaubte sie plötzlich, daß ihr großer Auftritt als »Salome« unmittelbar bevorstünde. Niemand wollte ihr diese Illusion zerstören, nicht einmal die Polizei von Los Angeles, die geduldig im Garten der Villa darauf wartete, bis ihr die berühmte Diva von vorgestern in ihrem Salome-Wahn glückselig in die Arme lief.

Gloria Swanson hatte nicht lange überlegt. »Sounds like a nice idea, hört sich gut an«, hatte sie am Telefon gesagt. »Und ein langes Kleid, ähnlich wie im Film, habe ich auch.«

Plötzlich wurde mir klar, daß ich mich gründlich verfranzt hatte. Das Kamerateam, das vorausgefahren war, vor allem aber die Swanson, würden ungeduldig auf mich warten. Ein paar mexikanische Gärtner, die die Rasen der Villen besprengten, schüttelten den Kopf. Von Gloria Swanson hatten sie nie etwas gehört. Aber beim motorisierten Briefträger hatte ich Glück.

»Follow me, folgen Sie mir«, sagte er lachend, »ich habe eine Menge Briefe für die Dame. Außerdem, ich weiß nicht, ob Sie's wissen, in dem Haus wohnt auch George Hamilton, das ist der Kerl, der immer so ausschaut, als läge er den ganzen Tag in der Sonne.«

Also los. Die Architekten des Hauses hatten sich auch hier durch den englischen Tudorstil beeinflussen lassen, grau und

Im Gespräch mit Gloria Swanson, dem größten Stummfilmstar aller Zeiten, über ihr sensationelles Comeback in »Sunset Boulevard«

Die berühmte Schlußszene von »Sunset Boulevard«

düster die Fassade, ein merkwürdiger Kontrast zur ewigen Sonne Kaliforniens. Aber wer hatte jetzt schon Zeit, über den Geschmack der früheren Besitzer nachzudenken. Vom Regisseur fing ich mir strafende Blicke ein. Mindestens dreißig Minuten hatte ich alle warten lassen. Was erst würde Gloria Swanson sagen!

Ich mußte nicht lange spekulieren. Im langen Abendkleid (war es Goldlamé?) schritt sie durch die Eingangshalle, in der linken Hand eine rote Nelke. Das hätte man filmen müssen, aber die Kamera lief noch nicht.

»Madam«, stotterte ich verlegen, »ich muß mich bei Ihnen entschuldigen, »ich hab' mich ganz schrecklich verfahren.«

Gloria lachte. »Don't worry, machen Sie sich keine Sorgen«, hörte ich zu meinem Erstaunen. »Das passiert den meisten, die dieses Haus zum erstenmal suchen. Aber sagen Sie mir, Sie sehen so abgehetzt aus, haben Sie schon gefrühstückt?«

Und bevor ich ja oder nein sagen konnte, nahm sie mich an die Hand und zog mich in die Küche. Ein Donnerwetter hatte ich erwartet. Und nun dies: Aus dem Movie-Star war plötzlich eine mütterliche Hausfrau geworden. Ich saß immer noch reichlich verdattert auf einem Hocker in der Frühstücksecke, während sie mir Orangensaft, gebutterten Toast und Kaffee zuschob.

Das Zwischenspiel in der Küche war dem Team natürlich nicht verborgen geblieben. Ein Fotograf, der für eine Rundfunkzeitschrift ein paar Bilder liefern sollte, stand plötzlich mit schußbereiter Kamera in der Küchentür.

»Mann, soviel Glück auf einmal«, rief er begeistert, »Gloria Swanson in der Küche!«

Aber da spielte sie nicht mit. Im Bruchteil einer Sekunde war sie wieder »der größte Stummfilmstar aller Zeiten«! »Raus mit Ihnen, junger Mann«, schrie sie. Sie schien wirklich erbost zu sein. »Fotos von mir am Küchenherd darf und wird es niemals geben. Wollen Sie mich ruinieren?«

Der Fotograf trat blitzschnell und erschrocken den Rückzug an. Mir hatte sie zugeblinzelt, und nun lachten wir beide.

Nein, sie war und blieb ein Star der alten Schule. Wenig Verständnis für »die jungen Dinger von heute«, die man in Jeans und T-Shirt beim nächtlichen Einkauf im Supermarkt sehen konnte.

Und dann, als die Kameras liefen, kam sie wie vereinbart die Treppe herunter, fast genauso wie in dem berühmten Film. Den Text, den sie gesprochen hatte, beherrschte sie immer noch: Sie entschuldigte sich bei den Millionen, die da »unten im Dunkeln« saßen, womit die Kinobesucher in aller Welt gemeint waren. »Sie haben viel zu lange auf mich warten müssen. Aber das ist nun vorbei. Nach ›Salome‹ kommen andere Filme. Ich werde Sie nie wieder verlassen.« Im Film war das ein erschütternder Abschluß gewesen, bei uns sollte es komisch sein.

Ich begrüßte sie am Fuße der Treppe, und sie beeilte sich, den Zuschauern zu versichern, daß sie die Rolle der Norma Desmond zwar sehr gern gespielt hätte, aber mit ihr persönlich habe das alles nichts zu tun. Der abgeschlossenen Karriere als Filmstar weine sie keine Träne nach. »Wie war das eigentlich, als Sie Filme mit Rudolph Valentino machten, dem unvergessenen Idol aus den goldenen Tagen des stummen Films?«

»Werner, ich muß Sie korrigieren. Rudi hat Filme mit *mir* gemacht. Ich war der Star. Mein Name stand ganz oben.« Auch das sagte sie mit einem verschmitzten Lächeln. Ganz so ernst nahm sie das alles nicht mehr.

Großes Lob für den Meisterregisseur Cecil B. De Mille, mit dem sie sechs Filme gedreht hatte. De Mille über Gloria: »Sie hatte etwas, was alle die anderen nicht hatten. Für mich war sie der Movie-Star par excellence.« De Mille hatte seinen Schauspielern jede Freiheit gelassen. Er dachte nicht daran, ihnen bestimmte Szenen vorzuspielen. »Ihr seid die Schauspieler, ich bin der Regisseur.« Sie sollten einfach drauflosspielen. Wenn's ihm nicht gefalle, würden sie es früh genug erfahren.

Natürlich sprachen wir auch über Pola Negri und die angebliche Feindschaft, von der die Hollywood-Klatschtanten jahrelang gelebt hatten. Jetzt, viele Jahre später, reagierte Gloria

Swanson voller Milde und Güte. »Das hatten sich vor allem die Publicity-Leute ausgedacht. Ich freue mich für Pola, daß es ihr wieder gutgeht, daß man ihr sogar, obwohl sie doch inzwischen schrecklich alt geworden ist, noch einmal eine Filmrolle angeboten hat. Lassen Sie uns die Geschichte mit der Feindschaft ein für allemal begraben.«

Dieses Zitat aus meinem Interview steht unter Quellenangabe auch in einem gewaltigen Hollywood-Bilderbuch: »Four Fabulous Faces« (Swanson, Garbo, Crawford, Dietrich), das 1970 bei Galahad in New York erschienen ist. Dennoch, trotz aller Friedensbeteuerungen, so steht es auch im Nachsatz des erwähnten Buches: Man wird niemals über die Karriere der Gloria Swanson sprechen können, ohne gleichzeitig auch an Pola Negri zu denken.

Wenn man den Geschichten glauben kann, die ich im »Le Bijou« von Herbert Blumenthal in der 4. Straße in Greenwich Village gehört habe, dann gab es am Ende der stürmischen Affäre Chaplin/Negri einen Zwischenfall, über den die Eingeweihten jahrelang gelacht haben.

Charlie Chaplin war Anfang der zwanziger Jahre zum erstenmal nach Berlin gekommen, zu einer Zeit, als die Figur des »Little Tramp« in Deutschland noch nicht allzu populär war. Das hatte ihn ziemlich verärgert. Bei der festlichen »Dubarry«-Premiere im Berliner Ufa-Palast, Hauptrolle Pola Negri, Regie Ernst Lubitsch, war Chaplin nicht viel mehr als ein »sehr geehrter Gast aus Hollywood«, keineswegs aber schon das »einzige Genie«, das die Filmindustrie in diesem Jahrhundert hervorgebracht hat. Bei der anschließenden Premierenfeier machten ihn die Gastgeber natürlich auch mit Pola Negri bekannt. Sie muß einen ungeheuren Eindruck bei ihm hinterlassen haben.

Als ihn die amerikanischen Reporter bei seiner Rückkehr nach New York fragten: »Was hat Sie denn in Europa am meisten beeindruckt?«, mußte Charlie nicht lange überlegen.

»Pola Negri!« rief er, und seine Augen strahlten.

Pola Negri

Natürlich gab das eine Schlagzeile, und Pola, noch in Berlin, reagierte blitzschnell. Sie betrachtete sich als Charlies Verlobte. Per Brief oder per Telefon soll sie ihm eingeredet haben, daß es in Europa in solchen Fällen üblich sei, der Angebeteten einen Ring zu schenken.

»Okay«, hatte Charlie schließlich nicht gerade begeistert gesagt, »sobald du in New York bist [Sie kam im Herbst 1922 per Schiff, ihr erster Hollywoodfilm hieß ›Bella Donna‹], läßt du dich zu Harry Winston fahren. Der hat seinen Laden an der 5. Avenue. Such dir was Schönes aus!«

Das mußte er Pola nicht zweimal sagen. Der Ring war nicht nur schön, er war auch teuer, und Charlie soll dem Vernehmen nach kräftig geschluckt haben, als kurz danach die Rechnung kam.

In ihrem bei Doubleday erschienenen Buch »Memoirs of a Star« gibt es ein Foto von Pola und Charlie beim Golfspielen 1923 in der Nähe von Pebble Beach. Ein überaus elegantes und offenbar glückliches Paar. So also gingen die Frauen damals auf den Golfplatz: diamantenbesetzte Baskenmütze, karierte Cashmere-Jacke und weiße Schuhe. Kaum zu glauben, daß der junge Mann daneben im modischen Sweater, der zu schwarzen Schuhen auch Gamaschen gewählt hatte, als Berufskleidung ausgewetzte Schuhe, viel zu weite Hosen, ein kleines Stöckchen und eine Melone trug, eben das Kostüm, das ihn als »Little Tramp« weltberühmt gemacht hat.

Alles schien in bester Ordnung. Aber irgendwann tauchte ein junger Schauspieler auf, der sich Rod LaRoque nannte. Als Typ hatte ihn Hollywood in das Fach des »Latin Lover« eingeordnet: dunkle Haare, grüne Augen, schlank und immer braun gebrannt. Fast so schön wie Rudolph Valentino. Im New Yorker »Le Bijou«, wo ich die Geschichte nicht nur einmal hören mußte, waren sich die Eingeweihten ganz sicher.

Charlie Chaplin, der damals »Goldrausch« in der Wüste von Arizona drehte, hatte Pola in flagranti erwischt, als er eines Abends unangemeldet und vorzeitig nach Hause kam. Mit einem jungen Mann, der genauso aussah wie der soeben beschriebene Rod LaRoque. War es Rod LaRoque? Who cares? Wen interessiert das noch? Aber den tobenden Charlie hatte die ganze Nachbarschaft gehört. Der erschrockene Liebhaber war aus dem Fenster gesprungen und unversehrt in einem Blumenbeet gelandet, Hemd und Hose flogen hinterher.

»Raus mit dir, raus mit dir«, soll Charlie immer wieder gerufen haben. Und damit war Pola gemeint. »Bevor du für immer dieses Haus verläßt . . . den *Ring* will ich wiederhaben.«

Im Bruchteil einer Sekunde streifte sie ihn ab und warf ihn, Charlie traute seinen Augen nicht, im hohen Bogen in den dunklen Garten.

»Zum Teufel mit deinem Ring. Hol ihn dir, wenn du ihn finden kannst.«

Inzwischen war auch das Personal alarmiert. Der Gärtner, die Köchin, das Stubenmädchen und der Chauffeur. Stundenlang mußten alle suchen, mit Taschenlampen und Pechfackeln. Der Ring war und blieb verschwunden.

Jahre später hat es dann auch Charlie erfahren müssen, warum ein paar Leute immer noch lachten. Pola hatte irgend etwas in den Garten geschleudert, aber doch nicht den kostbaren Ring aus dem Hause Harry Winston. Bis ans Ende ihrer Tage hat sie ihn getragen.

Cocktail- und andere Partys

New Yorker Cocktailpartys haben einen besonderen Vorteil, den ich schnell zu schätzen lernte: Sie sind zeitlich begrenzt. Wenn auf der Einladung steht: »We request the pleasure to see you between 6 pm and 8 pm«, wir freuen uns, Sie zwischen 6 Uhr und 8 Uhr bei uns zu sehen, dann ist das ganz wörtlich zu verstehen. Die Gastgeber würden leichte Signale des Unmuts von sich geben, sollten sich einige der Gäste auch über die angegebene Uhrzeit hinaus »festgeredet« oder »festgetrunken« haben.

Die meisten Begegnungen dieser Art, veranstaltet von Konsulaten verschiedener Nationen für durchreisende Minister oder Parlamentsabgeordnete, zeichnen sich durch besondere Zähflüssigkeit aus. Es ist eben nicht leicht, mit einer Diplomatenfrau aus Taiwan oder Pakistan aus heiterem Himmel eine interessante Konversation vom Zaun zu brechen, die ohnehin nur ein paar Minuten dauern kann. Da sind einfach zu viele Leute, denen man wenigstens im Vorbeigehen zunicken muß. Also hello und good bye. Ich habe mich oft vor solchen Veranstaltungen gedrückt oder bin, wenn meine Anwesenheit unumgänglich war, nach einigen Minuten wieder verschwunden, nachdem ich den Gastgeber oder die Gastgeberin in der »receiving line« gebührend begrüßt und meinen Namen in das ausliegende Gästebuch eingetragen hatte.

Kann es sein, daß ich wegen meiner Ungeselligkeit bei einigen Vertretern unseres eigenen diplomatischen Dienstes in Ungnade gefallen war? Die Urkunde zum Bundesverdienstkreuz Erster Klasse, das mir Bundespräsident Scheel im November 1978 verliehen hatte, wurde mir erst viele Monate später durch einen Stellvertreter überreicht.

Aber auch auf dem gesellschaftlichen New Yorker Parkett gab es rühmliche Ausnahmen. Über Einladungen aus dem Hause Wechmar habe ich mich immer gefreut. Rüdiger Freiherr von Wechmar hat in New York auf mehreren diplomatischen Ebenen gewirkt. Er ist Pressekonsul gewesen, Direktor des German Information Center, Botschafter der Bundesrepublik bei den Vereinten Nationen, zweimal Präsident des Weltsicherheitsrates und schließlich auch Präsident der UN-Vollversammlung. Auf seinen Partys ließen sich Kontakte herstellen, die auch für meine Arbeit wichtig waren. Ich habe ihn oft bewundert, wenn er strahlend, von seiner eleganten Frau Susanne flankiert, die Gäste begrüßte. Sie alle durften den Eindruck haben: Dieser Mann hat sich nur auf mich gefreut.

Intimer und herzlicher noch als seine Cocktails waren die kleinen Dinnerpartys, bei denen fast immer höchst interessante Begegnungen und Gespräche zustande kamen. Françoise Gilot, die längst mit Dr. Jonas Salk verheiratet war und möglichst wenig (oder gar nicht) über ihre langen Jahre mit Picasso sprach, interessierte sich eingehend für meine Fernseharbeit. In einem solchen Team, meinte sie, wäre ihr Sohn Claude vermutlich besser aufgehoben als in seinem Bestreben, sich als Fotograf ausgefallener Objekte einen Namen zu machen.

Claude Picasso hat sich tatsächlich einige Male mit mir ausführlich unterhalten. Das war zu der Zeit, als die französischen Gerichte noch nicht entschieden hatten, ihn und seine Schwester Paloma als rechtmäßige Kinder (und Erben) des großen Mannes anzuerkennen. Jugendbilder von Pablo Picasso offenbarten die verblüffende Ähnlichkeit. Auch ganz ohne die französische Justiz: Claude Picasso ist der Sohn seines Vaters. Er hatte damals eine junge New Yorker Schauspielerin geheiratet. Sie lebten beide in einer bescheidenen Wohnung in der Nähe der Houston Street am Rande des neuen Künstlerviertels SoHo. Natürlich habe ich ihn in einer Folge von »New York, New York« vorgestellt: als Ehemann, der morgens frische

Brötchen beim italienischen Bäcker holte, als Werbefotograf, der Hunde und Autos abzulichten hatte, und als Standfotograf für eine Andy-Warhol-Idee, die nie verwirklicht worden ist.

Warhol und sein Filmemacher Paul Morrissey spielten mit dem Gedanken, den »Blauen Engel« noch einmal zu verfilmen, allerdings mit anderen Vorzeichen. Die Jannings-Rolle, den Professor Raat, hätte eine Frau gespielt, möglicherweise Bette Davis, und als verhängnisvolles Objekt der Begierde, also für die Marlene-Dietrich-Rolle, war Joe Dallesandro vorgesehen, wertvolles Mitglied der Warhol-Factory, der damals noch den Ruhm in Anspruch nehmen konnte, der erste Jungmann gewesen zu sein, der seinen knackigen Hintern in eine Kamera von Andy Warhol halten durfte. Als wir ihn interviewten und von Claude Picasso fotografieren ließen, behielt er ausnahmsweise die Hosen an. Im alltäglichen Betrieb der Factory, damals noch in der Nähe des Union Square, war Joe trotz seines Filmruhms ein Mitarbeiter wie alle anderen, was hin und wieder bedeuten konnte: Er mußte die Büros ausfegen und die Papierkörbe leeren. In der Factory gab es eben nur einen Star, und der hieß Andy Warhol.

Bei einer anderen Dinnerparty im Hause Wechmar war ich der Tischnachbar von Margaret Truman, der einzigen Tochter des ehemaligen Präsidenten, der allen Kritikern Ohrfeigen angedroht hatte, die es wagen sollten, Schlechtes über die Gesangskunst seiner Tochter zu schreiben. Harry S. Truman hatte eben nur diese eine Tochter, und er hat sie über alles geliebt. Auch Margaret Truman hat ihren Vater über alles geliebt. Das ist nachzulesen in ihrem persönlichen Buch »Harry S. Truman«, das 1973 bei William Morrow in New York erschienen ist. Die Idee, eine Karriere als Sängerin anzustreben, hatte Margaret Truman längst begraben. Sie war die Frau von Clifton Daniel geworden, der damals einer der leitenden Redakteure der *New York Times* war. Danach schrieb sie mit Erfolg sogar einige Krimis, und nur ein paar Neider mögen gemunkelt haben, daß da wahrscheinlich der schreiberfahrene Ehemann ein bißchen mithalf.

Sie hat sehr gelacht, als ich ihr von meiner Begegnung mit ihrem Vater erzählte. Es war nämlich ein Treffen mit einigen Hindernissen gewesen. Das State Department in Washington hatte mich im Sommer 1954 zu einer Sechs-Wochen-Reise durch die Vereinigten Staaten eingeladen. Es war die erste Reise als »freier Mann« nach dreieinhalbjähriger Kriegsgefangenschaft für den damals noch jungen Rundfunkredakteur der politischen Abteilung des NDR in Hamburg. Das »Itinerary«, der Reiseplan, war in Washington ausgearbeitet worden. Und ich hatte den Wunsch geäußert, den Expräsidenten besuchen zu dürfen, der ein Office im Federal Building (Außenstellenbüros der Bundesregierung) in Kansas City, Missouri, unterhielt.

Kein Problem, hatte der Mitarbeiter des State Department gemeint, der meine Reise von seinem Schreibtisch aus betreuen sollte. Er hatte mir außerdem ein paar wichtige Tips mit auf den Weg gegeben. Das Tagegeld in US-Dollar war knapp bemessen, warum also, gab er zu bedenken, fünf oder sechs Dollar pro Nacht für ein gutes Hotel ausgeben? Er meinte, ich sei schließlich noch jung genug, in den Wohnheimen des YMCA, des Christlichen Vereins Junger Männer, zu schlafen, die so ziemlich in jeder Stadt anzutreffen waren. Im New Yorker Sloane House an der 34. Straße kostete in den fünfziger Jahren eine Übernachtung einen Dollar und 85 Cent, und entsprechend preiswert waren auch die Mahlzeiten, die es in der Cafeteria gab. Dazu in den meisten Häusern des YMCA Swimmingpools und Dampfbäder, alles im lächerlich niedrigen Zimmerpreis einbegriffen.

Nur in der Gegend von Kansas City, wo ich Harry S. Truman besuchen wollte, konnte ich eine private Einladung in Anspruch nehmen. Sie kam von Charles H., einem jungen Professor für englische Literatur, den ich während seiner Londoner Studienzeit kennengelernt hatte, als ich 1952 und 1953 beim Deutschen Dienst der BBC im Bush House beschäftigt war. Dieser Londonaufenthalt war zwischen dem NDR und der BBC vereinbart worden. Für meine Radioserie »Da ich nun mal in England bin ...«, die jeden Freitagabend zwischen 21.45 und 22 Uhr ausgestrahlt wurde, schickte mich die BBC kreuz und quer durchs Land, also auch nach Cambridge, wo ich Charles begegnet war. »Should you ever come to America, solltest du jemals nach Amerika kommen ...« In angenehmem Kontrast zu vielen Amerikanern, die pausenlos Visitenkarten verteilen und Einladungen aussprechen (und entsetzt darüber sind, wenn es jemand wagt, sie beim Wort zu nehmen), konnte ich die Einladung von Charles sehr wörtlich nehmen. Er wollte mich wiedersehen, und ich wollte es auch.

Während der Vorbereitungen zur ersten Eurovisionssendung über die Krönung von Elisabeth II., bei der ich einer der deutschen Sprecher war, hat mir Charles bei der Erklärung der vielen Begriffe, die eigentlich nur ein Engländer verstehen kann (was ist ein Yeoman of the Guard?), sehr geholfen. Und in den Londoner Pubs haben wir beide sehr oft das getan, was die Amerikaner »serious drinking« nennen, ernstzunehmendes Trinken. In London war das ohnehin immer ein Wettlauf mit der Uhr. Der Befehl »Last orders, please« kam kurz nach 22 Uhr. Dann flackerten die Lichter für solche, die es nicht gehört hatten oder nicht hören wollten, und dann war die Londoner Nacht für die meisten vorbei.

Ich wohnte damals am Princess Square im Bayswater District in einem sogenannten »bed-sitting room«, der nur durch eine völlig unzureichende Gasheizung (Schillinge waren einzuwerfen) zu erwärmen war. Und das bei kaltem Londoner Nebel und Nieselregen. Aber dafür kostete das Zimmer auch nur etwas mehr als drei Pfund pro Woche, Frühstück eingeschlossen, das mir der Hausherr regelmäßig um sieben mit einem fröhlichen »Here we are« ins Zimmer schob. Nur die beiden Tänzerinnen im Nachbarzimmer, die im Windmill Theatre am Piccadilly auftraten, durften länger schlafen.

Hinter vorgehaltener Hand hatte mir Mr. B., der Hausbesitzer, verraten, daß die beiden Mädchen in einer Revue splitternackt auf der Bühne zu sehen waren, allerdings unbewegt wie

Statuen in einem Museum oder Park. So wollten es damals die englischen Sittenrichter. Was viele Engländer wirklich taten und trieben, war sonntags in einem Massenblatt nachzulesen, das sich *News of The World* nannte, vom Inhalt her aber mehr eine Chronik aller Gerichtsprozesse, bei denen es um Sittlichkeitsdelikte ging. No sex, please, we are British! Die Zeitung *News of The World* wußte es besser.

Meine Anfänge beim Deutschen Dienst der BBC waren nicht einfach gewesen. Der Redaktionsstab, der zum größten Teil aus deutschen Emigranten bestand, sah in mir offenbar einen Eindringling, dem nur mit allergrößtem Mißtrauen zu begegnen war. Zum Glück (für mich) gab es die englische Programmdirektorin Christina Gibson, die zu Teepartys bei der englischen Königin eingeladen wurde, worauf sie sehr stolz war, und die ihr Bestes tat, mir das Gefühl zu geben, als »frischer Wind aus Deutschland« beim Europadienst der BBC willkommen zu sein. Und dann war da Renate Lasker. Eine junge, bildschöne Frau, die wie ein Wunder den jahrelangen Schrecken eines Konzentrationslagers entkommen war. Sie war, im Wechsel mit Eva Sachs, mit der mich später auch eine herzliche Freundschaft verband, die Rahmenmoderatorin des deutschen Abendprogramms der BBC.

Es war Renate Lasker, die eines Tages in mein kleines, fensterloses Büro kam, als ich wieder einmal das »Londoner Tagebuch« verfassen mußte, das abends nach den Weltnachrichten gesendet wurde.

»Ich habe meinen Kollegen erklärt«, sagte Renate, »daß ich mir das nicht länger mit ansehe. Ich finde es unmöglich, wie dich einige hier behandeln. Das muß aufhören. Du bist unser Kollege, und ich freue mich, daß du hier bist.«

Damit war das Eis gebrochen. Ich konnte mich nun sogar zum »afternoon tea« mit an den großen Tisch setzen, wo sie alle saßen. Aber wirklich froh bin ich in dieser Herrenrunde nie geworden.

Renate Lasker ist seit vielen Jahren mit dem Publizisten Klaus Harpprecht verheiratet. Was sie damals in London für mich getan hat, gab mir mein angekratztes Selbstvertrauen wieder. Ich werde ihr dafür immer dankbar sein.

So ausführlich habe ich das Margaret Truman natürlich nicht erzählt. Die Audienz beim Expräsidenten war für einen Mittwochmorgen um 11 Uhr angesetzt. Am Tag davor, an einem Dienstag, hatte mich Charles auf dem Flugplatz abgeholt. Ich wußte, daß er an einem College in Lawrence im Nachbarstaat Kansas lehrte. Aber ich wußte nicht, daß dieses Lawrence, ein verträumtes Städtchen mit einem schönen Campus, der damals noch genauso friedlich wirkte wie die Studenten, die lässig, mit Textbüchern beschäftigt, überall auf den Rasenflächen herumlagen, fast zwei Autostunden von Kansas City entfernt war.

Aber warum sollte ich jetzt schon an den nächsten Morgen denken? Wir feierten Wiedersehen. In einem Steakhouse und in mehreren Studentenkneipen. Irgendwann in der Nacht landeten wir dann in seiner Wohnung, und weder er noch ich dachten an Präsident Truman oder an den kleinen Reisewecker, auf den ich mich immer verlassen konnte. Als ich nach sieben oder acht Stunden wach wurde, die Sonne schien kräftig durch die weißen Gardinen, war ich für einige Minuten hilflos vor Verzweiflung. Charles schlief immer noch.

Als er endlich begriffen hatte, daß es gleich 12 Uhr sein würde, schrie ich ihn an, als wäre das alles ganz allein seine Schuld.

»Weißt du eigentlich, wer seit 11 Uhr in Kansas City auf mich wartet?«

»Who?«

»Harry Truman, that's who!«

Er sagte nur: »Oh my God« und wollte sich umdrehen und weiterschlafen, aber dann war er doch plötzlich hellwach.

»Don't worry«, meinte er, »mach dir keine Sorgen, ich werde sein Büro anrufen.«

Und dann kam ein Telefongespräch, das dem jungen Professor für englische Sprache und Literatur alle Ehre machte. Er sagte der Assistentin des Präsidenten (fast) die volle Wahrheit.

Ich sei spät in der Nacht hier angekommen (stimmte) und dann hätten wir uns verschlafen (stimmte auch).

»What a charming lady, was für eine reizende Dame«, sagte Charles, als er den Hörer auflegte. »Präsident Truman freut sich, dich morgen früh um 11 zu sehen. Darf ich jetzt weiterschlafen?«

Bevor mich die »charming lady«, die für die Pleite vom Vortag soviel Verständnis gezeigt hatte, ins Arbeitszimmer des Präsidenten brachte, gab sie mir ein paar Verhaltensmaßregeln mit auf den kurzen Weg. »Sie dürfen Präsident Truman keine Fragen stellen. Er führt das Gespräch, und er wird Sie fragen, wenn er etwas über ihre Arbeit wissen will.« Und dann stand ich dem Mann gegenüber, der in einem geschichtlich besonders kritischen Augenblick, ohne Vorwarnung und ohne besondere Vorbereitung, in Potsdam mit Stalin, Churchill und später mit Clement Attlee über unser aller Schicksal verhandelt und mit entschieden hatte. Und den Befehl, Atombomben auf Hiroshima und Nagasaki abzuwerfen, hatte er auch erteilt. Das hatte den Zweiten Weltkrieg zwar abrupt beendet, nicht aber die Angst vor neuem Unheil, die uns seitdem nicht mehr verlassen hat.

Es wäre sicher ungerecht, den Mann allein dafür verantwortlich zu machen, der mich an diesem Morgen aus fröhlichen Augen hinter einer randlosen Brille neugierig in Augenschein nahm und mir die Hand schüttelte. Nein, mit Harry Truman habe ich nicht darüber gesprochen, ob ihn sein Gewissen plage, wenn er an die Bombe denke. Er griff nach einem kleinen »Dossier« über mich, das als einziges Stück Papier auf seinem blanken Schreibtisch lag.

»Hey«, sagte er, »Sie waren hier als Kriegsgefangener, wie ich sehe, und ich war Präsident, der sich um alles kümmern mußte. Hat man Sie gut behandelt?«

Er schien erleichtert, als ich das bejahen konnte. Schließlich hatte ich zu den Begünstigten gehört, die schon 1943 nach Amerika gebracht worden waren. Ob er gefürchtet hatte, ich sei auch auf den Rheinwiesen gewesen, wo sich Schreckliches zugetragen hatte, sogar unter amerikanischer Aufsicht? Ich konnte ihn nicht fragen, weil ich keine Fragen stellen durfte.

Die freundliche Dame brachte Tee und Mineralwasser, und er klagte mir sein Leid über den gewaltigen Stoß von Korrekturfahnen, der auf einem Nebentisch lag. »Das alles soll ich korrigieren, es sind meine Memoiren, und der Verleger läßt mir keine Ruhe. Hören Sie auf meinen Rat: Schreiben Sie nie ein Buch!«

Er zeigte sich über die Verhältnisse in Deutschland gut informiert, an eine allgemeine Verständigung mit den Sowjets über deutsche Fragen sei vorerst nicht zu denken und schließlich sei er ja der Mann gewesen, der den Roten in Korea zugerufen habe: Bis hierher und keinen Schritt weiter! Zum Glück fiel mir sofort der 38. Breitengrad ein. Er nickte zustimmend, sagte aber nichts über General MacArthur, der ihm soviel Ärger bereitet hatte. Aber dann erschien auch schon die freundliche Dame aus dem Vorzimmer.

Sie räumte die Tassen ab und flüsterte mir zu: »Mr. President has another appointment in five minutes. Der Präsident hat in fünf Minuten einen anderen Besucher.« Die Audienz war beendet.

Charles wartete unten auf dem Parkplatz in seinem Auto. »Sprichst du noch mit mir, jetzt, nachdem du Harry Truman kennst?« Er lachte natürlich, aber dann meinte er: »Als du da oben warst, habe ich über Truman nachgedacht. Ich glaube, daß wir eines Tages über ihn sagen werden, er sei ein guter Präsident gewesen.«

Ich habe ihm nicht widersprochen.

Und dann war da die Wahlparty im Hause Wechmar in der Nacht vom 4. zum 5. November 1980. Jimmy Carter oder Ronald Reagan? Carter, der so ganz anders sein wollte als die meisten Präsidenten, der seinen eigenen Kleidersack trug, wenn er vom Wochenendausflug nach Camp David zurückkehrte, der im Weißen Haus die Thermostate nach unten bewegt hatte – 68 Grad Fahrenheit war die oberste Grenze –, frierende Sekretärinnen sollten gefälligst einen Pulli tragen, dieser Präsident ging mit seiner zur Schau gemachten Bescheidenheit vielen Amerikanern auf die Nerven. Mag die Geschichte ihn auch als den Mann betrachten, der Israel und Ägypten zu Friedensgesprächen zusammenführte, sein biertrinkender Bruder und eine heilpredigende Schwester, die ausgerechnet einen Pornopublizisten bekehrt haben wollte, trugen seinem Image als Präsidenten nicht gerade Pluspunkte ein. Das mag sehr ungerecht gewesen sein. Aber in einem Land, in dem das Fernsehimage so entscheidend sein kann, konnte Jimmy Carter keine Begeisterung entfachen. Inzwischen gibt es Anzeichen dafür, daß ein neuer Präsident, George Bush, auf seinen Rat und seine Erfahrung nicht verzichten will. Im Sommer 1989 schickte ihn das Weiße Haus als Wahlbeobachter nach Panama.

In den Fernsehdebatten im Herbst 1980 war ihm Ronald Reagan als der Mann, der sich im Umgang mit Kameras hervorragend auskannte, haushoch überlegen. Von der Substanz her war Jimmy Carter zweifellos besser. Er kannte Daten und Fakten, die Ronald Reagan in Verlegenheit gebracht haben könnten, hätte man ihn danach gefragt. Aber als Hollywood-Strahlemann, den man in den Late Shows des Fernsehens sogar noch als Cowboy bewundern konnte, stellte er den immer etwas gehemmt wirkenden Carter natürlich in den Schatten.

Ich mußte damals in der Wahlnacht, als es um Carter oder Reagan ging, auch an meinen alten Freund Fred Hervey in El Paso, Texas, denken. Er war als zweimaliger Oberbürgermeister dieser Grenzstadt zwischen den USA und Mexiko, als Besitzer von Coffee-Shops, Radiostationen und, nach einigen Jahren des Erfolges, auch als Besitzer von mehr als 1500 Mini-Märkten, die sich auf Texas und Arizona verteilten und 24 Stunden geöffnet waren, 1954 bei meiner ersten Amerika-Rundreise mein örtlicher Gastgeber gewesen. Er sollte damals so etwas wie ein Beweis dafür sein, daß es immer noch amerikanische Traumkarrieren gab. Denn er hatte als Popcorn-Verkäufer in einem Kino angefangen.

Mit Fred im Rathaus war es so gut wie selbstverständlich: Ich wurde auf der Stelle Ehrenbürger von El Paso. Aber als er mir die Urkunde überreichte, meinte er lachend: »Denk ja nicht, daß ich dir helfen kann, wenn dir ein Polizist ein Ticket für falsches Parken anhängt. Ich kann dann höchstens mit dir weinen.« Was immer sich da in Washington abspielt, meinte er bei einem Ausflug in die Wüste, ob da ein Demokrat oder Republikaner im Weißen Haus sitzt, außerhalb der Riesenstädte bleibt es immer das alte Amerika: Blumenparaden am Neujahrstag, Football, Cowboys und Barbecues in der Wüste, Kirche am Sonntag und Feuerwerk am 4. Juli, dem Tag der amerikanischen Unabhängigkeit. Fahnenschwenken war hier nie eine Sache von gestern.

Prominentester Gast im Hause Wechmar war in dieser Wahlnacht wieder einmal Leonard Bernstein. Er trank seinen Whisky aus einem eigens für ihn reservierten Silberbecher, der später auch in Rom und London für den Maestro bereitstand, als Rüdiger von Wechmar Botschafter der Bundesrepublik in Italien und dann in Großbritannien war. Bernstein sah einen möglichen Wechsel im Weißen Haus – Demokrat wird durch Republikaner abgelöst – offenbar nicht so gelassen wie der Mann im fernen El Paso. Als sich die Hochrechnungen bestätigten, als es feststand, daß der neue Präsident Ronald Reagan hieß, saß der Maestro zusammengesunken und völlig verzweifelt in einer Ecke und weinte. Es kann nicht nur der Whisky gewesen sein. Es war die Erkenntnis, daß sich die Hoffnungen und Träume einer Generation, die sich für Woodstock und die Proteste der Studenten begeistert hatte, vorerst nicht erfüllen würden. Jetzt, zwanzig Jahre nach Woodstock, las man wehmütige Rückblikke auf die Ereignisse, die sich auf dem Gelände des Farmers Max Yasgur zugetragen hatten: drei Tage Frieden, Liebe und Musik, die unvergessen bleiben, auch wenn es nicht zu bestreiten ist, daß aus vielen Blumenkindern von damals, den Hippies, die barfuß und mit zerrissenen Jeans durch die Straßen des Village liefen, Wallstreet-Broker geworden sind, die tagsüber Anzüge von Brooks Brothers tragen . . .

Kreuz und quer durch den New Yorker Alltag

Anruf aus Hamburg. Wir sollen für den Weihnachtsabend eine Sendung liefern. Keiner im Büro war begeistert. Wer sitzt schon am Heiligen Abend vor dem Fernseher? Einsame und Kranke, warf jemand ein. Es muß eine Mischung sein, die dem deutschen Gemüt an diesem Abend entspricht: flackernde Kerzen, Tannenduft, Schaukelpferde und Schnee. Mir fiel eine Platte ein, die Herbert von Karajan mit den Wiener Philharmonikern gemacht hat. Weihnachtslieder mit Leontyne Price. Die »schwarze Primadonna«, die 1966 als Cleopatra das neue Haus der Metropolitan Opera am Lincoln Center eröffnet hatte, war damals unser Interviewgast gewesen, als es um die Frage ging: Soll man das alte Haus der Met an der 38. Straße wirklich abreißen, ohne Respekt vor Tradition und den großen Namen (Caruso war nur einer davon), die da gesungen hatten? Miss Price hatte es damals abgelehnt, im Anschluß an das Gespräch eine Opernarie im »Playback« zu singen. »Ich kann das nicht«, hatte sie gesagt, »es wirkt so unnatürlich.« Das würde sie vermutlich auch sagen, wenn wir mit dem Vorschlag kämen, »Stille Nacht, heilige Nacht« für uns zu singen. Immerhin, man müßte es versuchen.

Der Manager hatte am Telefon zunächst alle Hoffnungen zerstört. »Wo denken Sie hin? Miss Price probt in London, in Mailand und an der Met. Ein Weihnachtslied soll sie singen? Noch dazu in Deutsch? Bei Karajan war das schon schwierig genug, sie hat das alles phonetisch einstudieren müssen. Also, schlagen Sie sich die Idee aus dem Kopf; aber damit Sie meinen guten Willen sehen, ich werde sie fragen.« 15 Minuten später ein

Werner Baecker ganz privat in seiner New Yorker Wohnung am Central Park

Auf dem Times Square

Jubelschrei am Telefon. »Sie hat ja gesagt, weil sie das Interview von damals in bester Erinnerung hat. Sie steht am Dienstagnachmittag zur Verfügung.« Im Originalton hatte sie uns sagen lassen: »I remember him with affection.«

Nun mußten wir in aller Eile Weihnachtsstimmung zaubern, obwohl draußen noch eine späte Altweibersonne schien. Eine Suite im Plaza-Hotel, ein künstlicher Weihnachtsbaum mit Schnee auf den Zweigen und neben Leontyne Price ein weiterer Stargast: mein alter Freund Jerry Herman, der in jenen Tagen wieder einmal im siebenten Himmel schwebte. Die Filmversion seines Musicals »Hello Dolly« mit Barbra Streisand hatte im Tivoli am Broadway gerade vielumjubelt Premiere gehabt. Natürlich würde er kommen, sagte er mir am Telefon, selbstverständlich auch im Smoking. Aber Filmausschnitte aus »Hello Dolly« konnte Jerry nicht versprechen. 20th Century Fox besaß die Exklusivrechte, und die waren damals, als sie einen Riesenerfolg erwarten konnten, nicht bereit, auch nur einen Millimeter herauszurücken. Aber dafür hatten wir die Musik, auch das ganz neue Lied, das Jerry Herman eigens für den Film und für die Streisand komponiert hatte: »Love is only Love«. Das konnte man an allen Tagen spielen, sogar am Weihnachtsabend.

Unser Pressetext für die kommende Weihnachtssendung, der über den Fernschreiber nach Hamburg ging, hatte im Büro des Intendanten eine gewisse Sorge hervorgerufen. »Leontyne Price habt ihr verpflichtet, von der man weiß, daß sie für einen Opernauftritt in Hamburg oder Paris höchste Dollargagen verlangt (und bekommt). Habt ihr euch da nicht übernommen?« Ich konnte die Intendanz beruhigen. »Wir haben ihr nach getaner Arbeit, nach ›Stille Nacht, heilige Nacht‹, ein Kännchen Kaffee und ein Stück Kuchen spendiert, das war alles.«

*

Die Zeitung *Bild am Sonntag* hatte ihren Chefreporter Michael Jeannée nach New York geschickt. Er sollte einen Bericht über mich machen. Ich vermutete, daß man in der Hamburger Redaktion die Äußerung eines Kollegen gelesen hatte, der angeblich behauptet haben soll, ich hätte ihn und sein Team davor gewarnt, in den Slums von Harlem oder in der Bronx zu filmen, es »grenze an Selbstmord«, wenn sie es tun würden. Das konnten nur Leute glauben, die unsere Sendungen nie gesehen hatten. Im Bericht der *Bild am Sonntag* war dann auch zunächst nur vom »playboyhaften« Reporter zu lesen, der von einer Cocktailparty zur anderen rennt, von seiner komfortablen Wohnung mit der Nobeladresse Central Park South, von einem Picasso und zwei Dalís an den Wänden und von einem gläsernen Tisch, unter dem eine Katze aus Steingut lag, mit blauen Augen, die so echt wirkten, daß sie viele Besucher täuschen konnten – nein, die Katze war nicht echt, sie war aus Stein.

Michael Jeannée war fair genug, meinen Alltag in New York auch von einer ganz anderen Seite zu beschreiben. Er war dabei, als ich in einer Hausruine von Harlem mit den Vertretern einer Straßengang sprach, den Renegades. Sie wollten angeblich mit Mitteln, die die Stadtverwaltung zur Verfügung gestellt hatte, die Ruine wieder bewohnbar machen, in der sich Fixer und Rauschgifthändler tummelten – zum Ärger einer rivalisierenden Gang, die sich übergangen fühlte und plötzlich mit Ketten und Schlagstöcken auftauchte und sich mit finsteren Mienen neben der Kamera aufbaute. Beklommenes Schweigen. Unsere Boys, die Renegades, schienen an Nahkampf zu denken. Klappmesser hatten sie ja alle in ihren Hosentaschen versteckt, und Ketten, die sie wie einen Gürtel trugen, besaßen sie auch. Für *Bild am Sonntag* wäre das vermutlich ein toller Bericht geworden: »West Side Story« ohne die Musik von Leonard Bernstein. Hilfloses Kamerateam zwischen zwei kämpfenden Straßengangs.

Wie war die Lage zu entschärfen? Ich wollte es wenigstens versucht haben.

Sie verstanden sich ausgezeichnet: mit Sylvester Stallone nach dem Riesenerfolg von »Rocky I«

Mit Telly Savalas

»Listen, amigos, why don't we talk about it? – Hört zu, Amigos, ich finde, wir sollten darüber reden. Gibt's hier irgendwo einen Laden, in dem wir alle einen Hamburger essen können?«

»Hamburger essen« war das Stichwort gewesen. Die Mienen wurden freundlicher. Nach der zweiten Coke war der ganze Ärger fast vergessen.

Als »Aufmacher« für den Bericht ihres Chefreporters über den »Mann in New York« druckte *Bild am Sonntag* kein Foto von Anna Moffo und mir vor der Met, obwohl es einige davon gab, sondern ein Bild aus Harlem: Mitglieder einer puertoricanischen Straßengang im Gespräch mit Werner Baecker. Im Hintergrund: Feuerleitern und öde Hausfassaden, ein Stück New Yorker Wirklichkeit, ohne die keine Folge von »New York, New York« zustande gekommen wäre.

*

Mit Gerd Ruge, damals Korrespondent der ARD in Washington, kam es zu einer erfreulichen Zusammenarbeit. Das war nicht selbstverständlich. Die meisten Kollegen von der großen Politik haben sehr darauf geachtet, daß es bei meinem Programmauftrag blieb: Unterhaltende Informationen aus der Riesenstadt sollte ich liefern, Neues von Zsa Zsa Gabor, aber keine Politik.

Für ein geplantes Feature über Vietnam übernahm Gerd Ruge den politischen Teil, während ich die menschlichen Aspekte schildern sollte. Human interest, im amerikanischen Journalismus steht das immer ganz oben. Mit Hilfe des Pentagons hatten wir in Kalifornien einen jungen Mann überrascht, der von seinem »Glück«, einberufen zu werden, noch gar nichts wußte. Mit anderen Worten, unser Kamerateam aus New York überreichte ihm den Brief, der mit den Worten »Greetings from the President« begann.

Der junge Mann, Kenny Rogers, war Student und lebte bei

seinen Eltern in der Gegend von Long Beach. Wir begleiteten ihn bis ins Rekrutenlager in Fort Bliss, Texas, haben den letzten Ausgang mit seinem Girlfriend gefilmt, den Abschied von seinen Eltern, das Einkleiden bei der Armee und die ersten Stunden als Rekrut auf dem Kasernenhof. Nachdem die Sendung in Deutschland gelaufen war, erhielt Kenny viele Briefe von deutschen Mädchen. Irgendwie muß das dem Pentagon in Washington zu Ohren gekommen sein. Sie schickten ihn nicht nach Vietnam, wie das ursprünglich geplant war, sie schickten ihn nach Europa. Ich freute mich, daß wir wenigstens einen vor der Hölle Vietnam bewahren konnten.

Die Sendung war offenbar gut genug, auch im Public Broadcasting System, in New York im Kanal 13, gezeigt zu werden. Die englische Moderation sprach ich selbst. Im Supermarkt fing ich mir am nächsten Tag erstaunte Blicke ein. »We saw you on TV!«

*

Fräulein Liesel, die Hausdame von Maria Jeritza, hatte angerufen. Madame Jeritza würde sich freuen, wenn ich sie am kommenden Freitag begleiten könnte. Wir (also auch ich) seien bei Kardinal Spellman zum Lunch eingeladen. Nach Kardinal kommt in der Rangfolge eigentlich nur noch der Papst. Soviel wußte auch ich über die Kirchenhierarchie. Ich wußte auch, daß der Kardinal der oberste Geistliche für alle amerikanischen Streitkräfte war und daß er kurz vor Weihnachten der amerikanischen Garnison in Berlin einen Besuch abstatten wollte. Ich sollte ihn über die Lage informieren.

Ich hatte die große Jeritza, die Opernlegende des frühen Jahrhunderts, die als »Tosca« in allen Opernhäusern umjubelt worden war, im Hause von Jan Kiepura und Marta Eggerth in Rye, eine Autostunde von Manhattan entfernt, kennengelernt. Das Traumpaar des deutschen Tonfilms, Jan Kiepura und Marta Eggerth, war im Winter 1959/60 Gast in meiner »Schaubude«

gewesen. Sie hatten mich spontan eingeladen, sie einmal in Rye zu besuchen, denn mein New-York-Auftrag stand unmittelbar bevor. Einmal? Die komfortable Villa am Rande des Golfplatzes wurde mein »zweites Zuhause« – Thanksgiving, Weihnachten, Geburtstage oder einfach nur »Sunday Brunch«. Osteuropäische Gastlichkeit mit Southern Fried Chicken. Christine, die schwarze Köchin, verstand das großartig.

Jan Kiepura, den die Berliner im Triumph aus der Alten Staatsoper abgeholt und auf den Schultern über die »Linden« getragen hatten, war nicht nur ein strahlender Tenor, er wäre auch, wie seine Frau Marta oft erzählte, ein guter Rechtsanwalt geworden. Immobilienbesitz in Kanada und New York konnte garantieren, daß es auch ohne Singen und »Zauber der Bohème« bei Southern Fried Chicken (und einigem mehr) bleiben konnte. Jan Kiepura, der Perfektionist, war mit Marta Eggerth auch in einer meiner Fernsehsendungen aus New York zu sehen. Er hat die Sendeleitung in Hamburg ein wenig nervös gemacht, wie ich später erfuhr. Denn er hatte erfahren, daß die unterschiedliche Spannung im Stromnetz beider Länder auch die Stimme verändern kann, und das wollte er verhindern. Daher die nächtlichen Telefonate mit der Stimmgabel, bis er sich davon überzeugt hatte: Sein strahlender Tenor klang auch bei deutscher Stromspannung unverändert – strahlend!

Ich glaube, ich bin einer der wenigen glücklichen Besitzer der letzten Schallplatte, die Marta Eggerth und Jan Kiepura gemeinsam aufgenommen haben. Das Duett »I'll see you again«, ich werde dich wiedersehen, mit der Musik von Noël Coward, kann man schwerlich ohne Tränen hören. Jan Kiepura starb viel zu früh, im Sommer 1966, in New York. Aber seine Stimme lebt weiter, und man muß dem Wiener Marcel Prawy danken, der vor vielen Jahren der Privatsekretär von Jan Kiepura war und der heute mit Unterstützung des Österreichischen Fernsehens alles tut, immer wieder an die Großen der Vergangenheit zu erinnern. Jan Kiepura hat da seinen festen Platz.

Maria Jeritza war weit über 80 Jahre alt, als ich sie im Hause Kiepura kennenlernte. Natürlich wollte ich sie für eine Fernseh-

Meine besten Freunde in New York: Marta Eggerth und Jan Kiepura

sendung haben. Aber ihr »Nein« war endgültig. »Ich bin alt und nicht mehr schön.« Sie erzählte mir viel, auch daß Richard Strauss ihr die »letzten Lieder« gewidmet habe. In einem New Yorker Banktresor waren sie jahrelang versteckt. Ihre »herrliche, besonders im hohen Register mit einzigartiger Leuchtkraft geradezu explodierende Stimme«, wie ein Kritiker es vor vielen Jahren formulierte, hatte auch den Kaiser Franz Joseph begeistert, als er die Jeritza in der Rolle der Rosalinde im Ischler Kurtheater sah.

»Wie kommt es«, soll der Kaiser gesagt haben, »daß ich in der Hofoper nur diese dicken Damen sehen muß, während diese schöne Person in Ischl singt?« War es danach verwunderlich? Die Jeritza sang ab sofort in Wien, und bei der Uraufführung der »Ariadne auf Naxos« von Richard Strauss in Stuttgart 1912 sang sie auf ausdrücklichen Wunsch des Komponisten die Titelpartie. Klatschtanten wollten damals wissen, daß sich Kaiser Franz Joseph nicht nur für ihre Stimme interessiert habe. Aber wer hätte schon den Mut gehabt, die Jeritza danach zu fragen, jetzt, wo sie weit über 80 war? Ich nicht. Ich war ihr höflicher Begleiter, auch an dem Tage, als wir zu Kardinal Spellman fuhren.

Er residierte in dem kleinen Palais neben der St.-Patricks-Kathedrale, Eingang Madison Avenue. Es wurde ein höchst vergnügtes Mittagessen. Viele junge Priester, die eifrig Notizen machten, und ein gutgelaunter Kardinal, der sich dafür entschuldigte, daß es als Hauptgang gebratene Forelle gab, obwohl doch der Papst gestattet habe, an Freitagen auch Fleisch oder Geflügel zuzulassen. Ein fröhlicher Kirchenfürst, so habe ich Kardinal Spellman in Erinnerung. Und über Berlin und Willy Brandt haben wir auch gesprochen.

*

Im Coronado Hotel in der Nähe von San Diego. Für eine Kinoserie waren wir nach Kalifornien geflogen. Ein Treffen besonderer Art: Billy Wilder wollte Jubiläum feiern. Vor 25 Jahren hatte er hier seinen Film abgedreht, den viele Leute für die beste Komödie halten, in der Marilyn Monroe je mitspielte: »Some Like It Hot«, »Manche mögen's heiß«. Vor dem Hotel, das damals die Kulisse für die Außenaufnahmen war, trafen wir Billy Wilder, Tony Curtis und Jack Lemmon. Jack Lemmon konnte immer noch nicht begreifen, wie er es geschafft hatte, auf hochhackigen Absätzen und als Frau verkleidet über das gefährliche Pflaster von Chicago zu laufen. Wie man weiß, waren Lemmon und Curtis unfreiwillige Zeugen des berüchtigten St.-Valentine-Massakers geworden. Die Gangster waren ihnen auf der Spur. Die Unterwelt hatte in einer Garage unbequeme Gegner liquidiert. »Daraus, aus diesem Drama, willst du ein Lustspiel machen?« hatte ihn ein Freund ungläubig gefragt.

Zum Glück fiel Billy Wilder als Antwort eine Geschichte ein, über die Hollywood jahrelang gelacht hat. Ein Mann bei Paramount soll angeblich, als er das Exposé für den Film »Vom Winde verweht« las, erklärt haben: »Wer will schon einen Film über den amerikanischen Bürgerkrieg sehen? Wir sind nicht interessiert.« Irren ist menschlich.

*

»Angel Heart« hieß der bluttriefende Film, über den wir in einer Kinosendung berichten sollten. Das ging nicht ohne ein Interview mit dem Star, Mickey Rourke, der inzwischen alles geworden ist, was James Dean hätte werden können. Die Publicity-Dame des Films warnte uns: Mickey ist wild, unberechenbar und genau das Gegenteil von dem, was man sich unter einem Hollywoodstar vorstellt. Also auch unrasiert und ungebügelt. Wenn er euch auf Anhieb nicht leiden kann, wird er euch die Tür vor der Nase zuschlagen.

In New York war er ein »street guy« gewesen, jemand, der alle Schliche kennt. Für einen Kurierdienst trug er Briefe und

Päckchen aus, und als er mich sah, in seinem Büro in einem unauffälligen Haus in der Nähe von La Cienega, schlug er uns zwar nicht die Tür ins Gesicht. Aber er rief, und damit meinte er mich: »Du bist der Kerl, der mich in New York gefeuert hat!«

Nun war ich zwar nie der Boß eines Kurierdienstes, der Boys und Girls mit dem Fahrrad durch die Gegend schickt und Briefe und Päckchen verteilen läßt, aber ich konnte nicht ausschließen, daß Mickey in seiner Eigenschaft als Bote öfter zu uns ins Büro am Columbus Circle gekommen war.

Es schien ihm Spaß zu machen, an die Geschichte zu glauben. Denn er lachte schallend und wiederholte sich: »This is the guy who fired me.«

Ich hatte keine andere Wahl. Schließlich wollten wir sein Interview. Ich lachte mit. »Okay«, sagte ich, »okay, Mickey, ich hab' dich rausgeschmissen. Freut mich, daß trotzdem was Vernünftiges aus dir geworden ist.«

Und dann folgte ein Interview, das wir in langen Passagen gar nicht übersetzen konnten. Alles »four-letter-words«, bei denen die meisten Zuschauer rot geworden wären. Der Straßenjunge, der zufällig Schauspieler geworden war, alle verachtete, die in den berühmten Schauspielschulen von Los Angeles Unterricht nahmen, Atemübungen machten und an Yoga glaubten, sah seine Position denkbar einfach. Keine hohe Meinung von den Produzenten.

»Die sollen mir den Text aufschreiben, den ich sprechen soll, und mich in Ruhe lassen. Und mein Geld sollen sie mir geben. They are all cock-suckers.«

Wieder so ein Satz, den wir nicht so ohne weiteres erklären wollten. Die Publicity-Dame, die im Nebenzimmer zuhörte, war ziemlich verzweifelt. »Kannst du das überhaupt verwenden?« wollte sie von mir wissen.

»Natürlich kann ich das. Denn das hat ja nicht irgendwer gesagt, ein Verhinderter oder ein Enttäuschter, das hat einer von euren neuen Superstars gesagt.«

Mickey hatte das Interview längst vergessen. Er telefonierte schon wieder und kreischte vor Vergnügen. Aber so einfach sollte ich ihm nicht davongekommen sein. Als wir gehen wollten, hielt er mich fest. »Von dir will ich ein Bild mit Widmung. Was du schreiben sollst? ›Dear Mickey, I am sorry that I fired you. Your friend Werner.‹«

Das Farbfoto schickten wir ihm am nächsten Tag, natürlich auch mit der Widmung, die er sich gewünscht hatte. »Lieber Mickey, es tut mir leid, daß ich Dich gefeuert habe. Dein Freund Werner.« Wie ich hörte, hat er sich das Foto tatsächlich an die Wand gehängt. Vielleicht habe ich in New York nebenbei doch einen Kurierdienst betrieben. Mickey Rourke ist fest davon überzeugt.

*

Nelson A. Rockefeller hatte einen Laden an der 57. Straße eröffnet. Der Mann, der als einer der Reichsten in Amerika galt, als Verkäufer seiner eigenen Kunstwerke? War er pleite? Ich war ihm mehrfach begegnet, vor allem während der Wahlkampagnen um das Office des Gouverneurs im Staate New York, das er von 1958 bis 1973 bekleidete. Immer strahlend, immer jovial. Schwerlich zu vermuten, daß es dieser freundliche Mann war, der den brutalen Einsatz der State Trooper und der Armeereserven zur Niederschlagung einer Gefängnisrevolte in Attica 1971 angeordnet hatte. Es gab 43 Tote. »Law-and-order«-Enthusiasten klatschten Beifall, die Liberalen im Lande waren empört. Ich hatte den Eindruck, daß es vor allem die Kluft zwischen weißen Bewachern und schwarzen Gefangenen war, die die Spannungen in Attica auf die Spitze getrieben hatten. Eine Explosion war unvermeidlich.

In einem Bericht, der eigentlich außerhalb meines Programmauftrags lag, habe ich dann die Verhältnisse im Cook County Jail von Chicago geschildert, wo der schwarze Warden (Direktor) sehr stolz darauf war, daß es in seinem Prison bis dahin keinen Ärger gegeben hatte. Schwarze Bewacher für schwarze Gefangene. Das war sein Rezept, und das Unglück von Attica hätte man vermeiden können. Ich habe an diesem Tag viele Stunden in den Zellen verbracht. Halbwüchsige Räuber und Mörder, und die meisten von ihnen wurden in Käfigen gehalten, in denen sie nur auf Matratzen liegen konnten. Lagerschuppen mit menschlichem Strandgut. Ich konnte nicht verstehen, worauf der Direktor so stolz war. Der spätere Fernsehbericht sprengte den gewohnten Rahmen. Die Bilder aus dem Cook County Jail in Chicago waren alles andere als »unterhaltend«.

Nelson Rockefeller war dann Vizepräsident während der Amtszeit Gerald Fords gewesen, und als ich ihn wiedersah, im Januar 1979, saß er zwar in zahlreichen Ausschüssen, die sich mit Energie- und Umweltfragen beschäftigten, aber eigentlich war er nur noch ein gutgelaunter Rentner, dem dieser Laden, der sich »Nelson Rockefeller Collection« nannte, offenbar großen Spaß machte. Er glaubte einfach nicht daran, erzählte er mir, daß die großen Meister ihre Werke nur für eine Person geschaffen hätten. Was immer die Kritiker darüber denken mochten, er hatte damit begonnen, seine Bildersammlung (»You name it, I got it«, nennen Sie irgendeinen Meister, ich habe ihn) kopieren zu lassen. In Schottland sei ein Verfahren entwickelt worden, es nannte sich Cibachrome, das sogar die Experten verblüffe: Original und Kopie seien kaum noch zu unterscheiden. Und schon besaß ich einen Beweis für seine Behauptung, einen Toulouse-Lautrec, den er mir schenkte, »with the compliments of Nelson A. Rockefeller«.

Aber es ging nicht nur um Picassos oder Renoirs. Skulpturen von Rodin konnte man auch bei Nelson kaufen. Und das herrliche Porzellan aus Meißen, das mit dem Schwanenmuster, auf das er besonders stolz war. Art-deco-Lampen, Porzellanpferde aus dem alten China, Silber, Glas, alles, was seine vielen Häuser im Staate New York oder in Florida geschmückt hatte.

»Und das machen Sie nur«, fragte ich etwas ungläubig, »weil Sie der Meinung sind, daß wir alle, die wir die Kopien kaufen, unseren Spaß daran haben sollen?«

Er räusperte sich, und dann kam es beinahe geflüstert: »Listen, if I die one day, hören Sie, wenn ich eines Tages sterbe, dann müßte meine Frau eine Unsumme an Erbschaftssteuer zahlen. Deshalb hängen in meinen Häusern nur noch Kopien. Die Originale habe ich als Leihgaben an die Museen verteilt.«

Draußen stand seine schwarze Limousine mit den Leibwächtern. Ich brachte ihn ans Auto und winkte ihm nach.

Genau eine Woche später, am 26. Januar 1979, war er tot. Die *New York Times* brachte die Meldung natürlich auf der ersten Seite. Ein plötzlicher und vermutlich auch sehr schöner Tod. Nelson A. Rockefeller war in den Armen seiner Geliebten gestorben, einer jungen Kunststudentin, die in all den Jahren keine Einzelheiten über ihre Beziehung zu dem mächtigen Mann preisgegeben hat. Hut ab.

*

Die Nachricht war ein paar Wochen alt, aber der Nachruf hatte nichts von seiner Aktualität verloren. Wer wie Millionen in aller Welt den Film »Godfather« (»Der Pate«) gesehen hat, ebenjenes Hollywood-Erzeugnis, das die Geschichte eines Mafia-Gewaltigen erzählt, wird sich vermutlich fragen, wie ein solcher Mann, den im Film Marlon Brando spielte, in Wirklichkeit gewesen sein mag. Ich kann Ihnen da helfen, denn der »Ministerpräsident der amerikanischen Unterwelt«, um nur einen seiner zahlreichen Titel zu zitieren, wohnte in meiner Nachbarschaft am New Yorker Central Park. Sein Name: Frank Costello. Und als er vor kurzem starb, war er 82 Jahre alt.

Das allein schon war sensationell. Niemand hatte geglaubt, daß dieser Mann im Bett sterben würde. Er hatte Mordanschläge überlebt und nebenbei auch viele Staatsanwälte, die ihm übelwollten. Und wir, die wir seine Nachbarn waren, kannten ihn in den letzten zehn, fünfzehn Jahren eigentlich nur als einen freundlichen, ungemein gepflegten älteren Herrn, der beinahe täglich im feinen Waldorf-Astoria zu Mittag aß, häufig den Fri-

Nelson Rockefeller präsentiert seine Kollektion. Es war sein letztes Fernsehinterview, eine Woche später erlag er einem Herzschlag

Frank Costello (links)

seur aufsuchte und immer in der erste Reihe am Ring saß, wenn es im Madison Square Garden einen großen Boxkampf gab.

Im unschuldigen Alter von vier Jahren war er im Gepäck seiner Eltern nach Amerika gekommen. Das war sein Glück. Denn als ihn Jahrzehnte später die US-Einwanderungsbehörden nach Italien abschieben wollten, lehnten die Italiener ab. Vielen Dank, sagten sie. Costello ist ein Produkt eurer amerikanischen Wirklichkeit. Und dagegen war nicht viel zu sagen. Zwei Raubüberfälle, die er in jungen Jahren verübt hatte, waren fast vergessen, als er in den Jahren des Alkoholverbots mit der Schmuggelware Whisky Millionen einkassierte. Gelegentlich wurden die Gangster erwischt, wie heutzutage die Drogenhändler. Die Öffentlichkeit sollte beruhigt werden: Unsere Behörden passen schon auf. Außerdem, galt der Spruch nicht immer noch: Unrecht Gut gedeihet nicht? Frank Costello konnte da nur lachen. Er wurde auch der König des illegalen Glücksspiels zwischen New York und Florida.

Und als der polternde New Yorker Oberbürgermeister La Guardia höchstpersönlich die Spielautomaten Costellos in Klumpen schlug und in den Hudson River werfen ließ, hatte Costello seine illegal zusammengerafften Millionen längst »waschen lassen« und solide investiert. Die wilden Jahre Amerikas. Das Geld lag auf der Straße. In Chicago herrschte Al Capone, New York hatten sie Frank Costello überlassen. Der wollte, wenn die turbulente Zeit der Gesetzlosigkeit vorüber sein würde, als seriöser Geschäftsmann im New Yorker Alltag untertauchen. Das ist ihm nicht ganz gelungen. Vor dem Kefauver-Komitee des Senats in Washington, D.C., das organisiertes Verbrechen untersuchen sollte, verweigerte Frank Costello die Antwort auf die meisten Fragen. Das »Fifth Amendment« der amerikanischen Verfassung gesteht dem Bürger das Recht zu, alle Aussagen zu verweigern, die den Befragten »belasten« könnten. Self-incrimination nennt man das. Nichtsdestoweniger, es gab belastendes Material, und das brachte ihn nach langer Pause doch wieder einmal ins Gefängnis, wenn auch nur für kurze Zeit.

Einflußreiche Leute in New York müssen damals schlaflose Nächte verbracht haben. Denn Frank Costello war inzwischen »graue Eminenz« innerhalb der demokratischen Parteimaschine geworden. Die Nominierung des späteren Oberbürgermeisters O'Dwyer soll er maßgeblich beeinflußt haben. Es muß ein guter Tag im Leben des Frank Costello gewesen sein, als sein schlimmster Feind, Oberbürgermeister La Guardia, das New Yorker Rathaus verließ. Später hat sich gezeigt, daß sich nicht nur Costellos Freunde, sondern auch seine Feinde felsenfest auf ihn verlassen konnten. Der erklärte Liebhaber italienischer Opern hat im privaten Bereich nie »gesungen«, wie es in der Gangstersprache heißt, wenn die Polizei eindringliche Fragen stellte. Nicht einmal dann sagte er ein Wort, als ihn seine Gegner aus der Unterwelt in der Empfangshalle seines Apartmenthauses am Central Park West liquidieren wollten. Der Schuß streifte nur seinen Hut, und Costello lebte weiter, als wäre nichts geschehen. Er hatte, erzählte er der Polizei, »nichts gesehen«.

Erst neulich, 82 Jahre alt, ist er gestorben. Und nur ein paar Freunde, die es sich leisten konnten, haben seinen letzten Weg begleitet. Feierlich war das nicht. Männer in Arbeitskleidung trugen den Sarg in die prunkvolle Familiengruft aus Marmor. Und dann war natürlich die Frau dabei, mit der Frank Costello 57 Jahre lang verheiratet gewesen war. Sie kam in einer langgestreckten Limousine, trug einen kostbaren Pelz und eine Sonnenbrille, hinter der sie ihre Gefühle verbergen konnte. Ein blutjunger Priester sprach ein kurzes Gebet. Und alle, die dabei waren, wußten es: Der Mann, der schon zu Lebzeiten Legende geworden war, würde es immer bleiben.

Als die Filmleute in Hollywood ihren Paten-Film drehten, hatte der Verfasser des Drehbuches sicherlich an Frank Costello gedacht. Mehr noch, erzählte man sich, Hollywood hatte sich das stillschweigende Einverständnis der Unterwelt besorgt. Wer will schon viel riskieren? Bei allem Respekt vor der schauspielerischen Leistung eines Marlon Brando, er war nur ein schwacher Abglanz des wirklichen »Godfathers«, des Paten aller Paten. Man hatte die Weichen so gestellt, daß aus dem großen Drama nichts weiter wurde als spannendes Action-Kino. Unserem freundlichen Nachbarn Frank Costello, hier am Central Park, kann das nur recht gewesen sein. Man muß schließlich nicht alles wissen.

*

Eduard Rhein hatte seinen Besuch angesagt, und die Herren bei RCA, bei der Radio Corporation of America, wollten wissen, wer das war, wen sie da zu erwarten hatten. Mit wem in Amerika konnte man ihn vergleichen? Vielleicht mit Henry R. Luce, dem Gründer des *Life*-Magazins? Oder besser vielleicht mit Walter H. Annenberg, dem Verleger des *TV Guide*, einer amerikanischen Fernsehzeitschrift in Millionenauflage, die dem Lebenswerk des drahtigen Rheinländers am ehesten entsprach? Was im einzelnen über ihn zu berichten ist, findet sich in einem offenen Brief, den ich ihm zum 85. Geburtstag geschrieben habe (siehe Kapitel »Zeitgenossen«).

Einen großen Teil seines Vermögens hat der Mann, der heute in Cannes lebt, einer Institution übertragen, die seinen Namen trägt: der »Eduard-Rhein-Stiftung«. Außer Geldpreisen für technisch herausragende Leistungen auf dem Gebiet der Elektronik oder Sonderprämien für bemerkenswerte Fernsehsendungen gibt es als höchste Anerkennung den »Eduard-Rhein-Ring«, der nur ganz selten verliehen wird. Im August 1980 sollte ihn Dr. Vladimir Zworykin erhalten, der in Rußland geborene Wissenschaftler, der seit über 60 Jahren für die RCA gearbeitet hatte. Diesen Mann auszuzeichnen, der in amerikanischen Dokumenten oft als »Vater des Fernsehens« bezeichnet wird, war der Grund für die New-York-Reise von Eduard Rhein.

Die Ehrung für Dr. Zworykin, der damals schon 91 Jahre alt war, fand im Rockefeller Center statt. Der Geschäftsführer der Eduard-Rhein-Stiftung, Uwe Lucks, hielt eine Rede, in der es damals an einer Stelle hieß:

»Für Eduard Rhein war es selbstverständlich, daß der erste Preisträger Dr. Zworykin heißen mußte. Denn schließlich ist dessen epochale Erfindung, das Ikonoskop, zum erstenmal in Deutschland, während der Olympischen Spiele 1936, für Live-Übertragungen eingesetzt worden. Gebaut hatte die Fernsehkamera die Firma Telefunken unter Mitwirkung des PAL-Erfinders Prof. Walter Bruch, der auch die Kamera bediente. Damals schon hatte Eduard Rhein als populärwissenschaftlicher Autor über Dr. Zworykin und die Entwicklung des Ikonoskops berichtet. Später dann, in seinem Buch ›Wunder der Wellen‹, hat er Dr. Zworykin ein ganzes Kapitel gewidmet, das folgendermaßen beginnt: ›Es ist recht billig, heute über jene Fachleute zu lächeln, die Zworykins Idee damals für überspannt und undurchführbar hielten. Eine solche Idee zu veröffentlichen und dann sogar in jahrelanger schwerer und überaus kostspieliger Entwicklungsarbeit zum Erfolg zu führen, dazu gehört etwas mehr, als der ›Normalmensch‹ aufzubringen gewillt ist. Dazu gehört die Besessenheit eines wahren Erfinders.‹« Soweit Eduard Rhein über den »Vater des Fernsehens«, Dr. Vladimir Zworykin, der, fast 93 Jahre alt, am 30. Juli 1982 im Princeton Medical Center im Staate New Jersey gestorben ist.

Eduard Rhein, damals auch schon 80 Jahre alt, war von New York begeistert. Die Riesenstadt mit ihrem überwältigenden Kulturangebot erinnerte ihn an Berlin, in dem er wichtige Jahre seines Lebens verbracht hatte. Nur von so modernen Hilfsmitteln wie Kreditkarten wollte er partout nichts wissen. Beim Einchecken in ein Sheraton-Hotel begehrte der junge Mann an der Rezeption natürlich eine Kreditkarte zu sehen. »Kreditkarte? Wozu brauche ich eine Kreditkarte, wenn ich Bargeld habe?« Er öffnete seinen Aktenkoffer, auch für die Umstehenden sichtbar, und zeigte dem Mann an der Rezeption eine erstaunliche Menge an gebündelten und bankfrischen Scheinen, französischen Franc, wie es sich eben für einen reichen Mann gehört, der an der Riviera wohnt.

Der junge Mann blieb unbeeindruckt. »Okay«, meinte er,

»wenn Sie keine Kreditkarte haben, müssen Sie Ihren Aufenthalt im voraus bezahlen.«

Das war lästig und zeitraubend, und ich hatte meine liebe Not, ihn davon zu überzeugen, daß das Geld umgehend im Hoteltresor deponiert werden müßte. »Dies ist schließlich New York, und hier sind schon Leute mit sehr viel weniger Geld im Koffer erschlagen worden.«

Vielleicht ist er inzwischen davon überzeugt, daß Kreditkarten doch ganz nützlich sein können. Ich habe ihn einige Jahre nicht gesehen.

*

Die stillen Helden des Alltags. Es gibt sie überall, also auch in New York. Ich will nur diesen erwähnen, und er hat Respekt und Anerkennung verdient: Luis Camacho, 45 Jahre alt, Familienvater, drei Kinder, Angestellter bei der amerikanischen Bundespost. Er hatte sich für die Nachtschicht entschieden, denn tagsüber brauchte er Zeit. Für seine Boxschule in der Bronx, in einer Gegend, die sich Castle Hill nennt. Castle heißt Schloß. Aber in dieser Gegend gibt es keine Gebäude, die die Bezeichnung »Schloß« auch nur annähernd verdienen würden. Low-income housing, Mietskasernen der Stadtverwaltung, billige Wohnungen für Schwarze und Puertoricaner.

Seine Boxschule, das »Gymn«, liegt in einem flachgestreckten Trakt gleich neben einem Supermarkt. Und da finden die Burschen, die von Cassius Clay alias Muhammad Ali träumen, so ziemlich alles, was sie für das tägliche Workout brauchen: Punching bags (Sandsäcke), einen Boxring, Geräte für die Bodengymnastik. Der weiche Teppich, auf dem sie Push-ups, Kniebeugen, und was sonst noch alles machen müssen, lag früher in meiner Wohnung am Central Park. Wie er in diese Boxschule kam? Ich will es Ihnen erzählen.

Urlaub in Puerto Rico. Hinter dem Normandie-Hotel trainierten junge Boxer aus New York, die für einen Amateur-

Städtekampf, New York gegen San Juan, nach Puerto Rico gekommen sind. Ihr Trainer: Luis Camacho. Ich schaute ihnen zu und schoß ein paar Fotos. Polaroid. Soviel Spaß auf einmal. Und als Camacho hörte, daß ich aus Deutschland kam, war die nächste Frage unter Boxern beinahe selbstverständlich: »How is Max Schmeling? Is he still alive? Wie geht es Max Schmeling, lebt er noch?«

Sie hielten einen Moment die Luft an, als ich sagte: »Natürlich lebt er noch. Und ich kenne ihn persönlich.«

Jetzt war sofortige Freundschaft beschlossene Sache. Das Foto, das meine Bekanntschaft mit Schmeling beweisen kann, in New York gemacht, als ich sie *beide* interviewen sollte, Jesse Owens und Max Schmeling, hängt seitdem in der kleinen »Hall-of-Fame«-Ecke der Boxschule neben Bildern von Rocky Graziano und »Sugar« Ray Robinson.

Das fröhlichste Gesicht unter den Boys aus New York fiel auf: Alex Ramos, 16 Jahre alt, Held seiner Schule, der Governor Lehman High-School in der Bronx. Luis flüsterte mir zu: »Der Junge wird seinen Weg machen, seine ›Linke‹ ist eine tödliche Waffe.« Das New Yorker Massenblatt *Daily News* veranstaltete regelmäßig im Winter ein wochenlanges Boxturnier. Am Ende gab es die stolzen Sieger, die sich die »Golden Gloves«, die »Goldenen Handschuhe«, erboxt hatten. Alex Ramos hat das viermal geschafft. In den Schulferien im Sommer arbeitete er als Bote in unserem New Yorker Büro, und weil er mittags für uns alle Sandwiches holen mußte, hatte er schnell heraus, wie man die Frage auf deutsch stellt: Was wullen Sie heite essen? Er war nicht wenig stolz darauf, daß er Harry Belafonte kannte. Mit der jüngsten Tochter war er befreundet.

Aber Boxen war wichtiger als alles andere. Luis Camacho mochte ahnen, daß ihm die professionellen Promoter den Jungen eines Tages »nehmen« würden. Es kam schneller als erwartet. Die »Champions of Tomorrow« waren die Boxsensation von New York, und Alex Ramos war der beste. Als ich seinen ersten Vertrag als Profiboxer las, fielen mir natürlich zunächst die Dollarsummen auf. 50 000 Dollar für einen Kampf. Nicht

Mit den Sportidolen des Jahrhunderts, Jesse Owens und Max Schmeling, im Hafen von New York

Alex Ramos (zweiter von links) und Rene Weller, umrahmt von ihren »Sekundanten« Werner Baecker und Alfred Biolek

schlecht. »Alex, du wirst reich!« Und die Summe würde sich von Sieg zu Sieg steigern. Aber da war ein Haken, den der Junge in seinem Optimismus natürlich nicht sehen wollte: Er mußte siegen, siegen, siegen. Niederlagen waren nicht vorgesehen.

Luis Camacho blieb im Hintergrund. Die professionellen Promoter hatten keine Verwendung für den Mann und seine kleine Boxschule in der Bronx, und Alex verlor seinen besten Trainer (und Freund). Konnte das gutgehen? Eine Weile lief es glänzend. Das amerikanische Fernsehen übertrug alle seine Profikämpfe »coast to coast«, von Küste zu Küste. »Let's keep that smile on his face«, wollen wir hoffen, daß er weiter lachen kann. Sogar die abgebrühten Kommentatoren von NBC hatten gemerkt, daß Alex mehr war als nur ein Schläger. Dahinter steckte auch eine amerikanische Erfolgsstory wie aus dem Bilderbuch: Slum kid wird Boxstar. Die jahrelangen Bemühungen von Luis Camacho, einen Jungen aufzubauen, ihn immer wieder zu motivieren, hatten sich scheinbar ausgezahlt. Und wenn ich nach jedem neuen Fernsehsieg, den Alex errungen hatte, mit Luis Camacho telefonierte, dann war er oft verzweifelt: »Der Junge macht Fehler über Fehler. Bis jetzt hat er nur Glück gehabt. Sie haben ihn mir zu früh genommen.« Aber noch konnte Alex lachen. Von seinem ersten »großen Geld« schenkte er mir eine chinesische Vase. Als er sie auspackte, schien er nervös zu sein. Er lachte erst wieder, als ich ihm sagte, sie gefalle mir, er habe guten Geschmack bewiesen. Die Vase würde einen Ehrenplatz erhalten.

Als Alfred Biolek wieder einmal nach New York kam, zum »Auftanken«, wie er es nannte, habe ich ihm auch Alex Ramos vorgestellt. »Der Junge muß in meine Sendung«, sagte er nach wenigen Minuten. Und vielleicht gehört die Reise nach Köln, das Wohnen im Interconti, der Spaziergang durch die Domstadt, von Pressefotografen begleitet, zu den schönsten Erinnerungen seiner kurzen Karriere.

In Bioleks Sendung war ein Boxring aufgebaut. Es sollte ein Schaukampf veranstaltet werden zwischen der großen amerikanischen Mittelgewichtshoffnung Alex Ramos und dem Europameister Rene Weller. Als Sekundanten wirkten: Alfred Biolek in Wellers Ecke, ich in Alex Ramos' Ecke. Ich muß sehr schlecht gewesen sein. Meine »Kampfanweisungen« beschränkten sich auf ein »Alex, this is just for fun, dies ist nur Show; du mußt den Weller nicht wirklich schlagen«.

Es gibt Zufälle, die fast unglaublich sind. Manchmal haben sie mir geholfen. In dieser Ausgabe der Biolek-Sendung gab es einen weiteren Gast aus New York: Harry Belafonte.

»Sie werden verstehen, Ladies and Gentlemen«, sagte Harry Belafonte, nachdem er gesungen hatte, »daß auch ein Künstler nebenbei ein ganz normaler Bürger ist, ein Familienvater, der sich vor Jahren sehr darüber gefreut hat, daß dieser Alex Ramos mit meiner Tochter befreundet war.« Mir zischte er zu: »Als Sekundant warst du ein Fiasko. Aber ich finde es großartig, daß du dem Jungen diese Chance gegeben hast.«

Happy-End? Vorerst nicht. Alex Ramos, der mir eine Zeitlang jede neue Freundin vorstellte, darunter auch Lisa F., die später die Herzensdame von Eddie Murphy wurde, erlebte in Lake Tahoe in Nevada eine schwere Niederlage. So darf man einen Boxkampf nicht verlieren. Da schwirrten die Gerüchte. Training vernachlässigt, Drogen und Girls. Die Promoter, die ihm gewünscht hatten, das »Lachen möge ihm nie vergehen«, ließen ihn fallen. Budd Schulbergs Anklage gegen das Berufsboxen, nachzulesen in seinem Buch »The Harder They Fall«, hat nichts von ihrer Aktualität verloren.

Jetzt erreichen mich, wenn ich in meiner New Yorker Wohnung bin, verzweifelte R-Gespräche aus einem Rehabilitations-Center in Kalifornien. Alex braucht die Bestätigung, daß man ihn nicht vergessen hat. Er weiß natürlich, daß ich kein New Yorker Büro mehr habe, und als Bote, der mittags fragt, »Was wullen Sie heite essen?«, ist er nicht mehr zu gebrauchen. Luis Camacho? »Er war mein bester Junge. Ich werde immer für ihn dasein.« Es macht ihm Hoffnung, daß Alex sein Gewicht gehalten hat, daß er täglich trainiert, daß er an ein Comeback glaubt. Die Boxschule von Luis Camacho ist immer noch täglich geöffnet, und der weiche Teppich, den ich Luis geschenkt habe, als ich einen neuen bekam, der liegt auch noch da. Geöffnet ist das Gymn zwischen 6 und 9 Uhr abends. Alex, hast du's gehört?

Auf den Spuren der neuen »Goldgräber« Die Reise nach Alaska (1975)

Die Urkunde kam mit der Post. Ich habe sie einrahmen lassen. Sie hängt im Bücherzimmer an der Wand, und ich hatte sie fast vergessen. Aber dann waren die Erinnerungen wieder da, als ich den Text der Urkunde las: »WienAir Alaska« bestätigt, daß das New Yorker NDR-Team an einem Tag im Mai 1975 den nördlichen Polarkreis überflogen hat in Richtung Prudhoe Bay. Dorthin also, wo sie nach jahrelangen Bohrversuchen endlich Öl gefunden hatten, sehr viel Öl sogar, fündig für die nächsten 30 oder 40 Jahre, aber keineswegs genug, den Ölscheichen am Arabischen Golf die kalte Schulter zu zeigen.

Nun sprechen sie in Alaska von einem neuen Goldrausch, der in der Phantasie von Tausenden die Sehnsucht nach dem großen Unbekannten geweckt hat. Es lockt das große Geld. Alyeska Pipeline, die Service Company, die die Trans-Alaska-Erdölleitung baut, zahlt ihren Arbeitern nicht selten 1500 Dollar pro Woche. Die Mutigen, die sich vorgenommen haben, in den nächsten drei Jahren den arktischen Winterstürmen zu trotzen und keine Angst davor haben, bei minus 50 Grad im Freien zu arbeiten, rechnen einem vor, daß sie am Ende aller Strapazen, wenn das Öl endlich fließt und über vergletscherte Gebirgsketten und menschenleere Tundren den südlichen und eisfreien Tankerhafen Valdez erreicht, daß sie dann, so Gott und die amerikanischen Steuerbehörden (IRS) wollen, rund 75 000 Dollar auf der hohen Kante haben. Die neuen Pioniere erzählen einem das bei einem Glas Bier (oder Glühwein) in den Kneipen von Fairbanks, dieser letzten halbwegs zivilisierten Station vor dem Einzug in das Niemandsland des nördlichen Polarkreises.

Mein erster Eindruck damals, 1975: Die sensationellen Geschichten über den neuen Goldrausch sind maßlos übertrieben. Fairbanks ist vielleicht der einzige Platz, wo man leichtes Fieber ablesen kann. Aber das Chaos von Nome Anfang unseres Jahrhunderts wird sich nicht noch einmal wiederholen. Damals war alles wild und unkontrolliert. Nur wenige machten das große Glück. Schwache Spuren verblichenen Glanzes sind noch zu entdecken, vor allem in Nome, an der Westküste von Alaska. Die Namen der Goldrausch-Saloons können wehmütige Erinnerungen wecken. Sogar die Namen der Mädchen wurden überliefert, die den Goldsuchern von damals innerhalb von fünf Minuten für einen »Quickie« 1000 Dollar zu entlocken verstanden. »Diamond Tooth Gertie« soll in dieser Sache besonders gut gewesen sein. Sie arbeitete für Dawsons »Monte Carlo Saloon«, und es spricht für den »Anstand« der Mädchen von damals, daß sie den betrunkenen Goldgräbern nach einer Nacht im siebenten Himmel wenigsten das Geld für die Heimreise ließen.

Das ist lange her. Heutzutage brauchen auch die wildesten Gesellen, die in Alaska vom großen Abenteuer träumen, eine Mitgliedskarte der Gewerkschaft. Alyeska, die Pipeline-Company, geht kein Risiko ein. Sie hat einen Vertrag mit den Teamsters geschlossen, dieser mächtigen US-Gewerkschaft der Lastwagenfahrer und Kran-Operateure. Der Arbeitsfriede auf der Baustrecke muß gesichert sein. Für die Qualifikation der Arbeiter soll die Gewerkschaft garantieren, die sich bei der Auswahl der Kandidaten für die Eiswüste sehr viel Zeit läßt. Bewohner des Staates Alaska werden bevorzugt eingestellt. Zweimal täglich stehen die Hoffnungsvollen in Gruppen vor dem Gewerkschaftshaus in Fairbanks.

»Das geht nun schon seit Januar so«, erzählt mir Mark Hunt, der aus der Gegend von New York stammt. »Zweimal täglich sagen die mir: Ihre Aussichten sind gut. Sie müssen nur Geduld haben.« Noch hat er sie, mit dem Optimismus seiner zwanzig Jahre träumt auch er von einem fünfstelligen Bankkonto. In New York hat er einen Zementmixer bedient, als sie dort die beiden Wolkenkratzer für das Welthandelszentrum bauten. Um die Voraussetzungen zu erfüllen, ein Bewohner des Staates Alaska zu sein, der den Wohlfahrtsbehörden nicht auf der Tasche liegt, hat Mark sich einen Übergangsjob gesucht. Im neuen »King 8 Motel«, dem die Architekten die Fassade eines Blockhauses gegeben haben, arbeitet er im Empfang.

In diesem Blockhaus-Motel spürt man den ersten Hauch jener Atmosphäre, die sich mit unseren Vorstellungen über Alaska verbinden mag. Ausgestopfte Polarbären oder Wölfe wirken hier nicht nur wie eine Dekoration. Denn man weiß es ja: Irgendwo da draußen gibt es sie immer noch, die Bären, die Wölfe, Füchse und Elche. Und wer sich Gedanken über die Umwelt macht, der kann sich von den Sprechern der Pipeline beruhigen lassen. Nichts soll geschehen, was die Existenz der Tiere in der Wildnis entscheidend gefährden könnte – behaupten sie jedenfalls. Apropos draußen: Heute abend sind es nur vier Grad unter Null. In einer Stadt, die sieben Monate unter einer dicken Eis- und Schneeschicht liegt, die mit Polarstürmen fertig werden muß, die die Temperaturen auf minus 50 oder 60 Grad sinken lassen, bedeuten 4 Grad minus ausgesprochenes Frühlingswetter.

Immerhin: In der Bar, am offenen Kamin, in dem riesige Holzscheite knistern und Funken versprühen, ist es gemütlicher. Hier sitzen also die Burschen, die stolz ihre letzte Lohnabrechnung zeigen: mehr als 1000 Dollar in der Woche. Nach zwanzig Tagen schwerster Arbeit nördlich des Polarkreises, im langen und ewig dunklen Winter bei Scheinwerferlicht, haben sie sich die paar Tage »rest and recreation«, totale Erholung und Entspannung, redlich verdient. »Manchmal denke ich«, erzählt mir Mike Johnson, »wir seien alle zu Zwangsarbeit unter schwersten Bedingungen verurteilt.« Allerdings, wenn die kalorienreichen Steak-Mahlzeiten und vor allem die Lohnabrechnungen kommen, dann stimmt der Vergleich mit dem Zuchthaus nicht mehr. Was sie da oben entbehren müssen, Alkohol und Mädchen, das wird in Fairbanks oder Anchorage nachgeholt.

»Diamond Tooth Gertie«, das unvergessene Mädchen aus dem Goldrausch-Saloon von Nome, hat viele Nachfolgerinnen gefunden. Eine heißt Lora. Blond, schmal, beinahe unauffällig wie das Mädchen von nebenan. Sie stammt aus Florida, wo es warm ist und wo die Sonne scheint. »Die Sonne läuft mir nicht davon«, meint sie, »wohl aber das große Geld.« Am liebsten sind ihr die Guys, die Kerle, mit denen sie 24 Stunden zusammen sein kann. Das kostet 500 Dollar. Ihre »Kolleginnen« auf der Straße sind durchweg schwarz und nicht selten aus New York. Sogar die »Pimps« sind mitgekommen, die schwarzen Zuhälter, die man in New York an ihren grellen Autos erkennen kann: tigerfellgepolstert mit sehr viel Chrom, Marke Cadillac. Aber hier in Fairbanks, dieser Stadt der 17 000, in der die Alteingesessenen, die Pioniere von vorgestern, den Rummel um die Pipeline mit gemischten Gefühlen betrachten, geben sich die »Pimps« diskreter. Sie tarnen sich als Pipelinearbeiter. Wer will das Gegenteil beweisen?

Auch das Gebäude der Handelskammer von Fairbanks wirkt von außen wie eine Blockhütte. Der amtierende Direktor heißt Wally Baer. Er hat begriffen, daß seine Handelskammer aus einem langen Dornröschenschlaf erwachen muß und daß er, Wally Baer, plötzlich an einer wichtigen Stelle des Weltinteresses sitzt.

Seine Prognose ist optimistisch. Wenn nach dem Bau der Pipeline wieder normale Verhältnisse herrschen, bleiben als wichtige Existenzgrundlage die Einrichtungen der amerikanischen Streitkräfte. Die Russen sind nur 90 Flugminuten von hier entfernt. Muß man mehr erklären? Den Pionieren »aus der guten alten Zeit« kann das nur recht sein. »Noch ist dies alles wie in Amerika vor hundert Jahren«, meint einer. Aber auch er fürchtet, daß dieser Zustand nicht mehr allzulange dauern wird. Sie sind ja nun einmal da, die Fremden, die Ölarbeiter, die Spekulanten. Wird man sie je wieder los?

Im Ausstellungspark »Alaskaland«, am Rande von Fairbanks, kann man die restaurierten Blockhäuser der ganz frühen Pioniere bestaunen. In einem dieser winzigen Häuschen, wo der Eiswind durch alle Fugen gepfiffen haben muß, hat auch Mrs. Mathilde Link, eine gebürtige Rheinländerin, ihren ersten Alaska-Winter verbracht. Sie folgte ihrem Mann vor 43 Jahren, als es in Deutschland Millionen Arbeitslose und eine ungewisse politische Zukunft gab. Nicht einen Tag ihres Alaska-Lebens möchte sie missen. »Dies ist meine Heimat geworden«, sagt sie bestimmt, »und Heimweh kenne ich nicht mehr.«

Heimat im 49. Staat der USA, der flächenmäßig Spanien, Frankreich, Italien und die Bundesrepublik verschlingen kann, in dem aber (1975) nur 300 000 Menschen wohnen, eingerechnet Eskimos, Indianer, Aleuten. Ich denke an den alten Mann, der Alaska mit Amerika vor hundert Jahren verglichen hat. Man wird sich aber beeilen müssen, wenn man »die letzte große Grenze« der USA noch als Abenteuer erleben will, mit eisigen Schneestürmen, Blockhütten und riesigen Kaminen, in denen das Holz knistert. Die elektrischen Schlafdecken sind auf dem Vormarsch, der City-Jet vom Typ 737 fliegt einen hinauf ins Eskimodorf. Die harten Kerle, die Fallen stellen und Elche jagen, werden immer seltener. Im Luxushotel »Captain Cook« in Anchorage trifft man sie jedenfalls nicht.

Wer 1975 im BP-Center an der Prudhoe Bay arbeitete, der lebte in einer Vision des 21. Jahrhunderts, die hier bereits Wirklichkeit geworden war: humanes Ambiente mit Blumen und Bäumen, Swimmingpools und Kinos, Pingpong-Tischen und Klubsesseln. Draußen vor den Fenstern: das Eismeer der Tundra. Und irgendwo auch die Bohrstelle, die den ganzen Rummel ausgelöst hatte. Öl aus der Tiefe, viel wichtiger für unsere Welt als das Gold von damals, das die wilden Gesellen in den Saloons von Nome vertrunken haben.

Zeitgenossen

Hildegard Knef zum 60. Geburtstag

Das Auto muß ein paar Kurven machen, bevor man ihr Haus erreicht. Hildegard Knef wohnt immer noch so, wie es sich für einen Movie-Star aus dem Bilderbuch gehört: hoch über dem Sunset Boulevard, der »Straße der Dämmerung«, mit einem herrlichen Blick auf Los Angeles. An smogfreien Tagen sieht man sogar den Stillen Ozean. Sie hat einen amerikanischen Busineßmanager und einen Agenten. Und als man sie neulich für eine Episodenrolle in einer amerikanischen TV-Serie verpflichtet hatte, da wurde ihre Mitwirkung in einer lokalen Zeitung ganzseitig angekündigt: späte Verbeugung vor einem Hollywoodstar der frühen fünfziger Jahre.

In Augenblicken totaler Offenheit spricht sie wohl auch darüber, daß der erste Trip nach Hollywood, gleich nach dem »Film ohne Titel«, in dem sie ein Bauernmädchen gespielt hatte, eine Zeitverschwendung gewesen war. »Sie machten zwar viele Probeaufnahmen«, erinnert sie sich, »aber in erster Linie kam es den Herren bei Fox und MGM doch nur darauf an, die Wiederauferstehung der deutschen Filmindustrie zu verzögern, die vor dem Kriege eine ärgerliche Konkurrenz für Hollywood gewesen war.« Man muß ihnen die jungen Stars abkaufen, schien man sich damals in Hollywood zu sagen, nachdem einige der ersten Nachkriegsfilme aus dem Trümmerland auch im Ausland Aufsehen erregt hatten. »Die Mörder sind unter uns« war ein solcher Film, und Hildegard Knef spielte in ihm eine wichtige Rolle. Blaß und schmal und mit großen, traurigen Augen, in denen sich die Leiden einer ganzen Generation zu spiegeln schienen. Wer ihr wahrscheinlich bestes Buch vom

Mit Hilde Knef in der »Schaubude«

»Geschenkten Gaul« gelesen hat, weiß, daß ihr, wie so vielen, nichts erspart geblieben ist. Hunger, Gefangenschaft, Flucht . . .

Wenn sie sich trotzdem mit leiser Wehmut an die Stunde Null unseres Wiederbeginns erinnert, so vor allem wegen der Menschen, die ihr damals geholfen haben: Victor de Kowa, der sie auf die Bühne stellte, Boleslav Barlog, der sie bald ans Steglitzer Schloßpark-Theater holte und der ihren Weg als Schauspielerin am stärksten beeinflußt hat, und schließlich Kurt Hirsch, der amerikanische Filmoffizier im besetzten Berlin, den sie heiratete und der sie nach Hollywood brachte. Die Ehe war nicht von langer Dauer. Kein Grund für Hilde, nicht mehr mit ihm befreundet zu sein. »Er ist fast unser Nachbar«, erzählt sie, »da unten wohnt er.« Und sie zeigt in die Richtung, wo der Sunset Boulevard langsam Prachtstraße wird, die sich an Palmen und Traumvillen vorbei durch Beverly Hills schlängelt.

Warum auch die Knef hier wohnt, ist vielen Leuten ein Rätsel. Der Bedarf an Schauspielerinnen mit europäischem »Background«, die bald 60 werden, ist in Hollywood nicht allzu groß. Und Männer wie Jack Warner oder Darryl F. Zanuck, der damals bei Fox regierte und sicher auch einiges mit der Hollywoodkarriere der »Hildegarde Neff«, wie sie sich vorübergehend in den Staaten nannte, zu tun gehabt hat, sind fast schon vergessen. Hollywood hat immer nur in der Gegenwart gelebt.

Hildegard Knef ist viel zu realistisch, um das nicht zu wissen. »Count your blessings«, denke daran, was du am besten kannst, heißt es im Amerikanischen. Und so schreibt sie täglich viele Stunden. Daß sie schreiben kann, hat sie mehrfach bewiesen. Irgendwo stand, daß sie allein mit dem »Geschenkten Gaul« einige Millionen verdient hat. Was soll da die Frage, wovon sie in Hollywood lebt?

Mut zum Risiko, den hat sie schon immer gehabt, auch dann, als ihr Cole Porter die Hauptrolle in der Musicalversion von »Ninotschka« anbot, die unter dem Titel »Silk Stockings« einige Jahre am New Yorker Broadway zu sehen war: die Knef als »singende Garbo«. Publikum und Presse waren begeistert, vor allem natürlich Cole Porter, dem Hilde bei der ersten Begegnung gesagt hatte: »Sie haben sich in die falsche Dame verguckt, ich kann nämlich gar nicht singen.« Wie gut, daß es damals, bei acht Vorstellungen pro Woche und brütender New Yorker Hitze, eine Fee im Hintergrund gab, mit kräftigen Suppen und Honigtee für die Stimmbänder: Marlene Dietrich, der andere Weltstar aus Berlin, der »ihre Hilde« damals liebte wie eine eigene Tochter.

Gemessen an ihrem spektakulären Broadway-Erfolg, rangieren viele ihrer Filme nur unter »ferner liefen«. Einige läßt sie auch heute noch gelten: »Schnee am Kilimandscharo« und viele Jahre später »Jeder stirbt für sich allein« nach dem Roman von Hans Fallada, über den der Berliner Kritiker Friedrich Luft schrieb: »Sie (Hildegard Knef) feiert anhand eines sonst kaum erwähnenswerten Routine-Films einen neuen Triumph. Alle Weinerlichkeit wischt sie souverän hinweg ...«

Das versteht sie immer noch. Sie hat Schicksalsschläge überwunden, unter denen andere längst zerbrochen wären, und sie kann nicht verstehen, daß man ihr zu Hause immer »Heimweh nach dem Kurfürstendamm« oder Mangel an Heimweh andichten will. Sentimentalitäten sind im Bombenhagel von Berlin abhanden gekommen. Die eigene Tochter Christina, inzwischen 17, bildschön und hochbegabt, soll es da besser haben. Sie ist der wichtigste Grund, warum sich die Knef und ihr jetziger Ehemann Paul Schell entschlossen haben, in Kalifornien zu leben.

Was »die Knef« mir schon 1984 sagte, hat sie jetzt wiederholt: Wenn es drüben eine Aufgabe gibt, die ich mir zutraue, komme ich. Es sieht so aus, als stünde diese Aufgabe nach vielen Überlegungen, nach manchem Für und Wider, bevor: die Konzerttournee einer Frau, die uns mit ihren besten Songs immer mitten ins Herz traf. »So oder so ist das Leben«, nicht nur rote Rosen. Hildegard Knef weiß eben, wovon sie singt.

Greta Garbo zum 80. Geburtstag

Alles, was man in diesen Tagen aus gegebenem Anlaß über die Garbo lesen kann, basiert auf den nüchternen Fakten der Film- und Zeitungsarchive. So oder so ähnlich hat man sich ihrer auch schon erinnert, als sie 60 oder 70 geworden war. Irgendeine persönliche Reaktion der Hochverehrten ist nicht zu vermelden, abgesehen vielleicht von scharfen Zurechtweisungen, die sich ganz Mutige einfangen, die es wagen, die Garbo auf ihren einsamen Spaziergängen entlang der New Yorker Park Avenue zu grüßen oder anzusprechen.

»Ich bin nicht mehr beim Film, lassen Sie mich in Ruhe«, pflegt sie dann verärgert zu zischen, als wolle sie immer wieder unterstreichen, daß ihre Entscheidung von 1941 endgültig war. Ihr letzter Film »Die Frau mit den zwei Gesichtern«, der ein neues Image der Garbo kreieren sollte, wurde für alle Beteiligten ein peinlicher Mißerfolg. Die Garbo, die sich in Hollywood nie ganz zu Hause gefühlt hatte, ergriff die Flucht. Als »Mrs. Harriet Brown« – sie verwendet mehrere Pseudonyme – lebt sie seitdem auf der Ostseite von Manhattan.

Der berühmt gewordene Satz »I want to be alone« (Ich will allein sein) aus dem Dialog des Films »Menschen im Hotel« bestimmt ihr ganzes Dasein. Sie ist allein. Und die wenigen Menschen, denen sie im Alltag begegnen muß, wenn sie Lebensmittel oder Blumen kauft, schirmen sie ab. Über Miss Garbo werden keine Auskünfte erteilt. Das wissen auch die Verkäuferinnen bei Bonwit Teller oder Bergdorf-Goodman, New Yorker Nobelläden, in denen sie gelegentlich auftaucht und nach einem Wollschal oder einem Pullover sucht.

Ist das eine glückliche Frau, die ihren unbeschreiblichen Weltruhm immer noch genießt, ohne je ein Wort darüber zu verlieren?

Niemand weiß es. Für die meisten Garbo-Beobachter bleibt sie die rätselhafte Außenseiterin, die in den zwanziger Jahren als blutjunge Anfängerin verschüchtert an der Seite des weltgewandten Regisseurs Mauritz Stiller über Berlin nach Hollywood kam.

Der mächtige Boß der Firma Metro-Goldwyn-Mayer hatte sie in der Rolle der Gräfin Dohna in dem Gösta-Berling-Film nach Selma Lagerlöf gesehen. Natürlich wollte er sie haben. Denn die Garbo war schön, unvorstellbar schön. Sie war fremd und distanziert, sie sagte wenig oder gar nichts. Und das war ganz im Sinne ihres Mentors Mauritz Stiller, der mit feinem Gespür erkannt haben mag, was Hollywood damals brauchte: einen überirdisch schönen Star, der nur aus der Ferne bewundert werden durfte.

Gloria Swanson, die damals bei Paramount regierte, in allen Ehren. Aber sie war für das amerikanische Publikum doch in erster Linie »The girl next door«, das Mädchen von nebenan, so überschaubar und amerikanisch wie Apple-pie and Ice-cream. Die Garbo dagegen war mysteriöse, ferne Welt, die unerfüllte Sehnsucht weckte, von der man höchstens träumen durfte.

So witterte auch Louis B. Mayer Ungewöhnliches. Er hatte »das richtige Mädchen im rechten Augenblick« unter Vertrag, womit gewiß auch die fortgeschrittene Filmtechnik gemeint war. Nun war es möglich, das menschliche Antlitz im Großformat auf eine Leinwand zu projizieren. Die Kinowelt hielt den Atem an. Das große Publikum, das da unten im Dunkeln saß, also in den Kinopalästen aus Marmor und Gold, in denen mächtige Orgeln zu Lichteffekten brausten und dröhnten, mußte nicht unbedingt wissen, daß Gretas Herkunft keineswegs »göttlich« war.

Sie war die Tochter eines schwedischen Seemannes, die eigentlich Greta Lovisa Gustafsson hieß. Durch den frühen Tod

Greta Garbo in »Gräfin Walewska«

des Vaters war sie gezwungen, sicher auf Kosten einer soliden Allgemeinbildung, zum Lebensunterhalt der Familie beizutragen. Ihre spätere legendäre »Unnahbarkeit« war sicher auch so etwas wie ein Schutzschild, hinter dem sie ihre eigene gesellschaftliche Unsicherheit leicht verbergen konnte.

Ein treffendes Beispiel dafür stammt von Laurence Olivier, der in seinem Buch »Bekenntnisse eines Schauspielers« seinen ersten (und wohl auch letzten) verzweifelten Versuch beschreibt, die Garbo in ein Gespräch zu verwickeln. Das war in den Tagen, als in einem Hollywoodstudio der Film »Königin Christine« entstand, in dem Olivier zunächst für eine wichtige Rolle vorgesehen war. »Bevor eines Morgens die Dreharbeiten begannen«, erzählt Sir Laurence, »sah ich sie [die Garbo] inmitten der Aufbauten auf einem alten Schrank sitzen. Ich gab mir einen Ruck und ging auf sie zu, um drei oder vier Sätze zu sagen, die ich mir genau überlegt hatte. Aber sie gab keinen Ton von sich. Schließlich geriet ich bleich und atemlos völlig aus dem Konzept. Nach einer atemberaubenden Pause ließ sie sich seitwärts von dem Schrank herunter und meinte nur: ›Ach ja, das Leben ist eine Qual.‹« Da wußte Olivier, daß das Ende bevorstand. Sie hatte ihn abgelehnt. Er bekam die Rolle nicht.

Unverdrossene Garbo-Fans werden natürlich protestieren, wenn man einige ihrer weltberühmten Filme aus nüchternem Abstand betrachtet. Ein neuerliches Wiedersehen mit »Mata Hari« war nicht ohne Peinlichkeiten und unfreiwillige Komik. War die Garbo eine großartige Schauspielerin, die sich mit überzeugenden Ausbrüchen ungehemmter Leidenschaft in die Herzen von Millionen Menschen gespielt hatte, die ihr die Kinonächte von anno dazumal nie vergessen können? Kaum. Ihre Szenen mit dem feschen zaristischen Leutnant, den Ramon Navarro spielte und den sie laut Drehbuch bis zum Tode durch Erschießen lieben sollte, schienen aus der Tiefkühltruhe zu kommen. Das waren sorgfältig geplante Einzelauftritte mit der Garbo, die allein durch ihre phänomenale Schönheit triumphieren konnte.

Nur Ernst Lubitsch soll es gelungen sein, mit dem Unfug der isolierten Garbo, um die sich die übrigen Darsteller wie Statisten zu scharen hatten, Schluß zu machen. In »Ninotschka«, einem ihrer besten Filme, war sie Teil eines Ensembles hervorragender Darsteller. So huldigen wir denn heute vor allem einem Denkmal, einem Kinotraum, der eben nur damals möglich war, als die Menschen ohne Radio und Fernsehen in ihrer Suche nach Illusionen auf die Kinopaläste aus Gold und Marmor angewiesen waren. Daß es obendrein auch noch die Garbo gab, machte die ganze Sache um so schöner.

Zum Tode von Lilli Palmer

Den Abend des 30. Januar 1933, als Hitler Reichskanzler geworden war, hat sie in einer kleinen Garderobe in Darmstadt erlebt. Der Intendant des Hauses, so hat man es mir erzählt, tröstete in der Pause die jüdischen Kollegen, die wegen der Schreckensnachricht aus Berlin verzweifelt waren. Nur die Anfängerin Lilli Palmer, die ja eigentlich Lilli Maria Peiser hieß und die ihre jüdische Abstammung nie verschwiegen hatte, blieb kühl und gefaßt. Als der Intendant sie fragte, wie sie die Lage beurteile, meinte sie nur: »Ich lerne mit Hochdruck Englisch.«

Das war Lilli Palmer. Kühl, unsentimental, jeder Situation gewachsen. Sie hat es gar nicht erst abgewartet, ob man mit den Nazis reden konnte oder nicht. Sie fuhr mit ihrer Schwester nach Paris, wo das »Moulin Rouge« auch schon damals gelegentlich nach einer »sauberen« Nummer Ausschau hielt. Die beiden Geschwister Palmer kamen wie gerufen. So hübsche »Weaner Madln« hatten die Franzosen schon lange nicht gesehen, und Lilli mag sich damals in stiller Dankbarkeit an die harten Jahre in der deutschen Theaterprovinz erinnert haben, wo sie nach Schauspielunterricht bei Ilka Grüning und Lucie Höflich so ziemlich alles spielen mußte: »Pygmalion« von Shaw oder Operettenseligkeit in »Glückliche Reise« von Eduard Künneke. Denn singen konnte sie auch. Aber das mußte sie nicht bei Alfred Hitchcock, der schon einige Jahre davor mit Anny Ondra in seinem ersten Tonfilm »Blackmail« gute Erfahrungen mit Schauspielerinnen vom Kontinent gemacht hatte. Auch Lilli Palmer hat ihn nicht enttäuscht. In seinem Krimi »Geheimagenten« war sie die Partnerin von Peter Lorre.

In London, wo man die kühle Schönheit perfekter Damen immer zu schätzen gewußt hat, war Lilli Palmer plötzlich da, auf der Bühne und auch im Film. Mit Rex Harrison, den sie 1943 geheiratet hatte, ging sie dann nach Hollywood. Sie rangierte schon bald in der illustren Reihe der großen Hollywood-Damen, der sogenannten »Sophisticated Ladies« wie Irene Dunne, Barbara Stanwyck oder Bette Davis, die welterfahren alles verstehen und so vieles verzeihen können.

Eine Rückkehr nach Deutschland indes, das auf dem besten Wege war, ein anderes Deutschland zu werden, war damals aber noch nicht vorgesehen. Sie triumphierte 1949 am New Yorker Broadway, gemeinsam mit Rex Harrison, in Shaws »Cäsar und Cleopatra«, später in der »Liebe der vier Obersten« mit Peter Ustinov. Da gab es so viel, was in der erstaunlichen Karriere der Lilli Palmer erwähnenswert ist. Nach weiteren Filmen in Hollywood und London endlich auch das verdiente Prädikat, das ihr die Biennale von Venedig 1953 gab, beste Schauspielerin des Jahres zu sein.

So schmerzlich die Trennung von Rex Harrison gewesen sein mag, es war ein gewisser Trost für Lilli Palmer, daß Deutschland sie 1954 mit offenen Armen empfing. Fast alles war erfolgreich, was sie damals gedreht hat, vor allem Filme wie »Feuerwerk«, »Anastasia«, »Mädchen in Uniform« (mit Romy Schneider) und »Eine Frau, die weiß, was sie will«.

Dieser Titel galt auch im Privaten. Sie heiratete den um Jahre jüngeren Carlos Thompson, schrieb in ihrem Haus in der Schweiz erfolgreiche Bücher, zunächst die Autobiographie »Dicke Lilli, gutes Kind«, freute sich augenscheinlich auch über alle Auszeichnungen, die man hierzulande gewinnen kann – Bundesfilmpreis, Großes Bundesverdienstkreuz, Goldene Kamera –, und, was ihr sicher am wichtigsten war, über die uneingeschränkte Bewunderung eines dankbaren Publikums.

Ihren 70. Geburtstag hat sie in einem Hollywoodstudio gefeiert, während der Dreharbeiten zu einer Episode der amerikanischen Fernsehserie »Loveboat«, die über Kabel (SAT 1)

Lilli Palmer

nun auch in deutschen Wohnzimmern empfangen werden kann. Nachdem ich ihr 1959 in einem Hamburger Filmstudio anläßlich der Dreharbeiten zu »Frau Warrens Gewerbe« schon einmal begegnet war, stand diese zweite Begegnung in Hollywood im Zeichen überschäumender Herzlichkeit. Sie wirkte ausgeruht und schön wie immer.

Das war wie eine Heimkehr gewesen. Die alten Techniker im Goldwyn-Studio am Santa Monica Boulevard, die schon vor vielen Jahren mit ihr gearbeitet hatten, konnten es kaum fassen. »Gott, sie ist ja immer noch so beautiful.« In der erwähnten Loveboat-Episode spielte sie eine erfolgreiche Schriftstellerin, die mit ihrer Tochter eine Seereise nach England macht. »Ach, wissen Sie«, erzählte sie mir, »intellektuell hin ich hier nicht gefordert. Aber trotzdem macht es Spaß.« Sie hatte Verständnis. Auch für diese Form der Massenunterhaltung, ohne die kein privates Fernsehen existieren kann.

Kaum jemand hat gewußt, wie krank sie wirklich war. Im vergangenen Jahr hatte sie, großenteils in der Sowjetunion, einen vierteiligen amerikanischen Fernsehfilm über den Zaren Peter den Großen gedreht. Sie hat die mörderischen Bedingungen, Außenaufnahmen bei minus 25 Grad, durchgehalten. Ob es nur die bevorstehende Premiere dieses Films war, die sie nun abermals nach Hollywood gezogen hat, oder vielleicht die stille Hoffnung, daß ein amerikanischer Spezialist ihr doch noch helfen könne, wir wissen es nicht.

Wir wissen nur, daß die Welt um eine »sophisticated Lady« ärmer geworden ist.

Und das wissen wir auch: Damen dieses Großformats werden immer seltener. Das macht Lilli Palmers Tod im Alter von 71 Jahren um so schmerzlicher.

Marlene Dietrich zum 85. Geburtstag

Noël Coward, der britische Spötter, hat sie mit der »schönen Helena« aus der griechischen Mythologie verglichen, Ernest Hemingway nannte sie liebevoll »Kraut«, obwohl das damals eigentlich ein Schimpfwort für alles Deutsche war, und für Millionen in aller Welt war sie jahrzehntelang eine Hollywood-Traumfigur, ein Kinostar par excellence, der auch nur aus der Ferne bewundert werden sollte. So jedenfalls wollte es ihr Mentor Joseph von Sternberg, dem sie ihre Weltkarriere zu verdanken hat. Marlene Dietrich tat alles, was von Sternberg von ihr wollte, wie sie selbst berichtet hat. Er war ihr Vater, Bruder, Beichtvater. Es gab nichts, was er nicht war.

»Auch als Schauspielerin«, hat sie uns oft genug verraten, »habe ich immer nur meine Pflicht getan.« Und so war es für sie denn auch selbstverständlich, daß sie sich in dieser miesen Kaschemme auf eine Tonne setzte und das Lied sang: »Ich bin von Kopf bis Fuß auf Liebe eingestellt«. Von Sternberg wollte es, und von Sternberg hatte sie für den »Blauen Engel« verpflichtet. Für die tragische Geschichte einer unmöglichen Liebe, der im Film nach Heinrich Manns Roman »Professor Unrat« Emil Jannings zum Opfer fiel.

Der Kinostar Dietrich, der in den frühen dreißiger Jahren die Amerikaner lehrte, was man in Europa unter »Femme fatale« verstand, war nach seinem eigenen Willen eine abstrakte Figur, mit der die wirkliche Dietrich nichts zu tun hatte. Das war die Frau aus Berlin, die für ihre Freunde Hühnersuppe kochte und die im deutschen Viertel von New York nach westfälischem Schinken und Pumpernickel Ausschau hielt.

Daß sie ihre Glamourfassade, ihr zweites Ich, bis ins hohe Alter bewahren konnte, verdient Bewunderung. Sie hat 1977 in dem vergessenswerten Film »Gigolo« (mit David Bowie) noch einmal vor der Kamera gestanden und sicher gewußt, daß dies der endgültige Abschied von einer Karriere war, die keineswegs mit dem »Blauen Engel« begonnen hatte. Nur widerwillig hat sie in ihren Tonbandgesprächen mit Maximilian Schell eingeräumt, daß es »davor«, also vor dem »Blauen Engel«, ein paar Rollen in Filmen gegeben hatte, die so schöne Titel trugen wie »Wenn ein Weib den Weg verliert« oder »Gefahren der Brautzeit«, ein Film, in dem Willi Forst ihr Partner war. Und nur die wenigsten wissen, daß Marlene Dietrich in dem einzigen Garbo-Film, der in Deutschland gedreht wurde, der »Freudlosen Gasse« von G. W. Pabst, eine winzige Rolle gespielt hat.

Jahrzehntelang war es ihr gelungen, auch das Datum ihrer Geburt zu verheimlichen. Aber dann waren es ausgerechnet die Behörden in Ost-Berlin, die den Mutmaßungen über ihr Alter ein Ende machten. Die beglaubigte Abschrift der Geburtsurkunde ist über jeden Zweifel erhaben: Am 27. Dezember 1901 kam Marlene Dietrich zur Welt, als Tochter des Königlichen Polizeileutnants Louis Erich Otto Dietrich und seiner Ehefrau Wilhelmine Elisabeth Josephine, geborene Felsing. Ort der Geburt: Berlin-Schöneberg, Sedanstraße 53.

Preußischer geht's nimmer, möchte man hinzufügen. Denn alles, was die Welt in langen Jahrzehnten an ihr bewundert hat (und bei dieser Feststellung erhebt Marlene ausnahmsweise keinen Einspruch), war das Ergebnis eiserner Selbstdisziplin, die ihren Ursprung in einer Erziehung hatte, in der preußische Pflichterfüllung an erster Stelle stand.

Mit kitschiger Heimatliebe hat sie nichts im Sinn. Sie trug auch keine Träne im Knopfloch, als sie nach Ende des letzten Krieges in das zerstörte Berlin zurückkehrte, um ihre Mutter zu besuchen. Daß sie dabei eine amerikanische Uniform trug, haben ihr viele Deutsche arg verübelt. Sie hatten vergessen, daß die Dietrich längst amerikanische Bürgerin geworden war,

Marlene Dietrich

die aus ihrer Verachtung für Hitler und seine Nazis nie ein Geheimnis gemacht hatte. Das sollte man ihr übelnehmen? Wer einmal ihre Platte gehört hat, auf der sie die alten Berliner Lieder singt, auch das Lied von den schönen »Beenen«, nämlich ihren eigenen, nach denen »janz Berlin« verrückt war, der kann ihr schwerlich die Frage stellen, ob sie jedes Gefühl für ihre alte Heimat verloren hat.

In der »Marlene«-Dokumentation von Maximilian Schell hat sie die Texte dieser Berliner Lieder mit tränenerstickter Stimme zitiert, ein ganz seltener Augenblick, in dem sie ihre wirklichen Gefühle preisgab. An anderen Stellen des Films mußte man den Eindruck haben, daß sich Marlene Dietrich alle Mühe gab, ihre eigene Legende zu demontieren. »Ich kann den Quatsch schon gar nicht mehr hören«, sagte sie oft genug.

Für ihre zweite Karriere als Chansonsängerin, als sie im milden Licht freundlicher Scheinwerfer, unnahbar, aber betörend schön, keineswegs um unseren Beifall buhlend, über die Bühnen der Welt glitt und ihre Lieder sang, war der Komponist und Arrangeur Burt Bacharach verantwortlich. Ihm war es zu verdanken, daß ich Marlene Anfang der sechziger Jahre in ihrer New Yorker Wohnung an der Park Avenue besuchen konnte. Alles wurde damals bestätigt, was sich ihre Freunde über sie erzählten: eine mütterliche Frau mit viel Humor, die lieber Tee kocht und in den Fotos ihrer Enkelkinder kramt, als über ihre Karriere zu reden.

Ich mußte an den alten Schlagertext von Friedrich Hollaender denken, den die Dietrich gesungen hat: »Ich weiß nicht, zu wem ich gehöre, ich gehör' nur mir ganz allein.« Sie hat sich, und das ist das Fazit an ihrem 85. Geburtstag, jeder ganz persönlichen Betrachtungsweise immer wieder entziehen können. Verheiratet war sie nur mit einem einzigen Mann, mit Rudolf Sieber, einem Regieassistenten aus dem Berlin der zwanziger Jahre, dem sie bis zu seinem Tode eine gute Freundin blieb. Affären? Hemingways Briefe an Marlene liegen im Tresor einer Bank. Mit Sex hatte das nichts zu tun, behauptet sie.

»Ich war nicht erotisch«, erzählte sie Maximilian Schell, »ich habe nur den Eindruck gegeben.« Ein Eindruck immerhin, der ihren Platz in der obersten Reihe der Kinoruhmeshalle für immer garantieren wird. Seit Jahren lebt sie in Paris, in der vornehmen Avenue Montaigne, hinter heruntergelassenen Jalousien. Das Telefon ist ihre einzige Verbindung zur Außenwelt. Niemand wird empfangen. Das Bild von der alten Frau im Lehnstuhl hat sie uns erspart. Sie hat sich vor Jahren in Schönheit verabschiedet.

Und für die meisten von uns, die wir ihre Karriere in allen Phasen miterlebt haben, war es wie ein Abschied von unserer Jugend, ein Abschied von unseren Träumen.

Ein halbes Jahrhundert im Rampenlicht: Caterina Valente

Sie ist zwar nicht in einem Koffer hinter den Kulissen einer Varieté-Bühne zur Welt gekommen, wie Judy Garland uns in ihrem Song »I Was Born In A Trunk In Pocatello, Idaho« – in dem Film »A Star Is Born« – erzählt hat. Aber die Stationen im Leben von Caterina Valente erinnern dennoch an zahllose Hollywood-Musicals der alten Schule, in denen das Schicksal einer Künstlerfamilie vor dem schillernden Hintergrund der Music-Hall-Kulisse im Mittelpunkt stand. Wäre jemand auf die Idee gekommen (es ist ja noch nicht zu spät), über das Leben der Valentes einen Film zu drehen, hätte es wahrlich nicht an interessanten Schauplätzen und dramatischen Ereignissen gefehlt.

Da war zum Beispiel der alte und weltberühmte »Wintergarten« in Berlin, der in einer Bombennacht in Flammen aufging, ein Ereignis, bei dem auch die Familie Valente ihr Hab und Gut verlor. Aber schlimmer noch als der Verlust der Flitterkostüme und der 33 Instrumente, die Mutter Valente als Musical-Clown von internationalem Rang virtuos beherrschte, war das Ende der Tradition. Für die Menschen vom Varieté waren Ruhm und Prestige des alten »Wintergarten« ebenso bedeutend wie das Palace-Theater am New Yorker Broadway. Caterina Valente hat viele Jahre später zwar nicht im Palace-Theater triumphiert, sondern ein paar Straßenzüge weiter »uptown« im Ed-Sullivan-Theater, wo das »Malagueña-Girl« beweisen konnte, daß sie den Titel, mit dem man gar nicht sparsam genug umgehen kann, mit vollem Recht verdient: ein Weltstar zu sein.

Jetzt, wo wir uns anschicken, ihr 50jähriges Bühnenjubiläum zu feiern, sind die Videoclips von drüben eingetroffen,

Caterina Valente und Greta Keller

die Grußbotschaften der berühmten amerikanischen Kollegen wie Perry Como oder Paul Anka, um nur diese zu erwähnen, die Catrin bescheinigen, daß sie bei allen Talent auch ein wunderbarer Mensch geblieben ist. Was natürlich auch ihre Kollegen hierzulande wissen. Einiges davon hat man in der Jubiläumssendung gesehen, die die ARD ausstrahlte, 50 Jahre nach dem Tag, der den ersten Auftritt von Klein-Catrin sah. Im Friedrichsbau zu Stuttgart hat sich das ereignet.

Für die Familie Valente muß das damals die selbstverständlichste Sache der Welt gewesen sein. Wer einen spanischen Vater hat, der als »Di Zazzo«, der Akkordeonvirtuose, bekannt geworden war, und dazu eine noch berühmtere Mutter, die als Maria Valente an allen großen europäischen Varietés ihr Publikum begeisterte, der gehörte ganz einfach ins Showgeschäft. So trat Caterina also, im zarten Alter von fünf Jahren, mit ihren drei Geschwistern Silvio Francesco, Pietro und Nina im Familiensextett auf.

Daß sie in Paris, wo sie am 14. Januar 1931 zur Welt gekommen war, als Kleinkind eine russische Ballettschule besucht hatte, war unverkennbar. »Du wärst auch als Steptänzerin berühmt geworden«, meinte viele Jahre später eine amerikanische Kollegin, als Caterina in ihrer eigenen TV-Show, »The Entertainers«, nicht nur sang, sondern auch gekonnt und mühelos tanzte, als müsse sie Hollywood davon überzeugen, daß es für Fred Astaire immer noch neue Partnerinnen gab.

Für die deutschen Filmproduzenten waren das keine Neuigkeiten. Arthur Brauner gebührt der Ruhm, die Valente für den Film entdeckt zu haben. Das war zu einer Zeit, als sich das Publikum nach den Kriegs- und Trümmerjahren nach etwas »Traumfabrik« mit bunten Luftballons sehnte, Wünsche, die alle Musikfilme mit Caterina Valente aus den fünfziger Jahren restlos erfüllen konnten. »Casino de Paris«, »Ball im Savoy«, »Du bist Musik«, um nur einige zu nennen, waren in den Lichtspieltheatern so erfolgreich, daß die Statistik eines Tages mit einer erstaunlichen Meldung aufwarten konnte. Caterina Valente rangierte in der Beliebtheitsskala der deutschen Filmschauspielerinnen an der Spitze, noch vor Romy Schneider (Jahre vor ihrem französischen Ruhm), Luise Ullrich und Grethe Weiser.

Davor lagen die harten Lehr- und Wanderjahre, in denen sie in Augenblicken höchster Verzweiflung an ihre Mutter dachte, an die Frau, für die es nur harte Arbeit und eiserne Disziplin gegeben hatte. »The Show must go on«, die Schau muß weitergehen, dieses erste Gebot aller Leute »vom Bau« wurde auch das Leitmotiv im Leben der Valente. Über den Zirkus Grock, in dem man sie an der Seite ihres ersten Mannes sah, des Jongleurs Eric von Aro, kam sie schließlich zu Kurt Edelhagen. Da konnten die Experten nur staunen. Das Mädchen konnte nicht nur singen, sie konnte alles singen: Jazz, Schlager, Balladen.

Auch das Fernsehen, damals noch ziemlich neu und nicht gerade erpicht darauf, flotte Unterhaltung zu verbreiten, sah sich die Dame etwas näher an. Das Ergebnis: Die erste Musikshow, die ganz auf eine Sängerin abgestellt war, hatte Premiere: »Bonjour, Kathrin« nannte der Südfunk diese Musikrevue, und es scheint nur folgerichtig, daß der Südfunk dann, viele Jahre später und als federführende Anstalt für das 50jährige Bühnenjubiläum der Valente, dem Jubel-Special den Titel gegeben hat: »Bravo Catrin«.

Daß es in einer solchen Karriere auch menschliche und berufliche Rückschläge gegeben haben muß, ist beinahe selbstverständlich. Einiges davon hat sie in ihrem Buch geschildert, das vor einiger Zeit unter dem Titel »Bonjour, Catrin« auf den Markt gekommen ist. Nach zwei gescheiterten Ehen (sie war nach Eric von Aro in den siebziger Jahren mit dem britischen Arrangeur Roy Budd verheiratet) lebt sie heute in erster Linie für ihre beiden Söhne aus diesen Ehen. Daß sie daneben nun auch die Pflicht verspürt, ihre eigene Legende zu verwalten, war für alle klar, die sie bei der Aufzeichnung ihrer Jubiläumssendung in Stuttgart gesehen haben: Selbstbewußt und strahlend schön dankt sie einem Millionenpublikum für seine Treue. Denn wie sonst hätte sie 1500 Lieder aufnehmen und viele Millionen Schallplatten verkaufen können?

Ihre Fans sollten beruhigt sein. Das war kein Abschied von der Bühne, das war nichts weiter als die stolze Zwischenbilanz einer Frau, die es schon als Kleinkind, vor 50 Jahren, gespürt und gewußt hat: The Show must go on.

Zum 100. Geburtstag von Charlie Chaplin

Kein Zweifel. Es war der beste Einfall seines Lebens. Und er hat ihn unsterblich gemacht. Gemeint ist Charlie Chaplins Entscheidung, fortan als »Little Tramp« mit großen Schuhen und weiten Hosen, mit Stock und Melone durch die Zelluloid-Landschaft zu spazieren. Das war ganz früh in seiner Laufbahn, im Jahre 1914, nachdem sein erster Film für die Firma Keystone, die ihn für eine Wochengage von 150 Dollar aus dem englischen Music-Hall-Milieu nach Hollywood gelockt hatte, eine ziemliche Enttäuschung gewesen war.

In diesem ersten Film, der »Making a Living« hieß, spielte Charlie einen zwielichtigen Lord, der bei seinen Missetaten Zylinder, Frack und Monokel tragen mußte. Das hätten andere auch gekonnt. Die Sketche der Music-Hall-Bühne, das begriff Chaplin sofort, ließen sich also nicht so ohne weiteres für die »Flicks« der frühen Hollywoodjahre verwenden. Kurz mußten die Kinostücke sein, und komisch natürlich auch.

Reitende Cowboys, die auf fahrende Züge sprangen. Gefesselte Mädchen auf Eisenbahnschienen, die erst in letzter Sekunde gerettet werden durften. Vor allem aber Verfolgungsjagden mit einstürzenden Brücken und Häusern. Das waren die ganz sicheren Zutaten für die One-Reeler, die Einspuligen, die damals dutzendweise entstanden. Niemand sprach damals von Kunst. Ausgefeilte Charakterstudien gab es noch nicht.

Um so ungewöhnlicher, beinahe revolutionär, war Chaplins Idee, eine Figur zu entwickeln, die alles in einer Person sein sollte: Gentleman, Poet, Einzelgänger, Vagabund und Träumer.

Fehlschläge und Widrigkeiten des Lebens waren in Kauf zu nehmen. Die Figur, so Charlie, sollte Optimismus verbreiten, immer wieder an eine Zukunft glauben, die voller Abenteuer und Romantik war. Es ist nicht überliefert, wie Mack Sennett, der Keystone-Boß, auf die Beschreibung des vielschichtigen Filmcharakters reagiert hat. Aber das steht außer Zweifel: Es war der erste entscheidende Schritt in eine neue Richtung.

Was bis dahin nicht viel mehr gewesen war als eine Rummelplatzattraktion in Kinderschuhen, sollte »erwachsen« werden. Charlie Chaplin war nicht mehr zu bremsen, obwohl ihm sein Vertrag mit Keystone noch nicht alle Freiheiten garantierte, die für sein späteres Werk so wichtig waren. Seinen »Little Tramp« durfte er zum erstenmal am Strand von Venice im Staate Kalifornien ausprobieren, wo Charlie als Störenfried den Ablauf eines Seifenkistenrennens beeinflussen sollte. Ein ganz früher Kritiker schrieb 1914 über »Kid Auto Races at Venice«: »Das war mit Sicherheit der lustigste Film, den wir je gesehen haben. Die Firma Keystone hat mit ihrem neuen Mann ihre eigene Position enorm gefestigt. Dieser Mensch (Chaplin) führt Dinge vor, die man vor ihm noch nie auf einer Leinwand gesehen hatte.«

Das kleine Meisterstück war in nur 45 Drehminuten entstanden. Keine Wiederholungen, keine Re-Takes. Mit Körpersprache und Mimik allein, mit der Grazie eines Ballettänzers, mit spontanen Einfällen, die in keinem Drehbuch standen, hatte Chaplin auch die Skeptiker überzeugt. Dem »Little Tramp« stand eine große Zukunft bevor.

In der Rückschau war es gar nicht so selbstverständlich, daß die frühen Mogulen in Hollywood neuen Ideen folgen würden. Solange die Western-Flicks mit »Broncho Billy«, der besonders gut von rasenden Pferden auf noch schnellere Züge springen konnte, ihr Geld einspielten, war die Sache doch vollkommen in Ordnung. Samuel Goldwyn, der als Schmuel Gelbfisch zu Fuß quer durch Europa gewandert war, um über Hamburg sein Traumziel Amerika zu erreichen, hatte den Handel mit Handschuhen doch nur deshalb aufgegeben, weil ihm das Herstellen von Filmen lukrativer erschien. Künstlerische Ambitionen kamen erst Jahrzehnte später.

Wie vorsichtig Goldwyn die Zukunftschancen der Filmindustrie beurteilte, geht aus einer Anekdote hervor, die A. Scott Berg in seiner soeben erschienenen Goldwyn-Biographie erzählt. Der später weltberühmt gewordene Cecil B. De Mille, Goldwyns erster Regisseur, war auf der Suche nach Licht und Landschaft bis nach Hollywood vorgestoßen, wo er eine Holzscheune, die als erstes Studio dienen sollte, für 75 Dollar im Monat mieten wollte. Der vorsichtige Goldwyn bestand darauf, keinen langfristigen Mietvertrag zu unterschreiben. Die Scheune sollte nur von Monat zu Monat gemietet werden. Wenn's schiefgelaufen wäre, wäre ihm der Handel mit Handschuhen ja immer noch geblieben.

Unter De Milles Regie entstand in dieser Scheune der erste abendfüllende Spielfilm mit dem Titel »The Squaw Man«. Natürlich war auch das eine Geschichte aus dem Wilden Westen, die schon kurz nach ihrer Premiere 1914 über 250 000 Dollar eingespielt hatte, eine Summe, von der auch Charlie Chaplin damals nur träumen konnte.

Dieser »goddamned little ballet-dancer«, wie W. C. Fields ihn neiderfüllt genannt hatte, war als Charles Spencer Chaplin am 16. April 1889 in Walworth, einem Stadtteil von London, zur Welt gekommen. Beide Eltern waren Music-Hall-Entertainer. So war es beinahe selbstverständlich, daß Charlie bereits als achtjähriger Knirps mit einigen anderen Knaben, die sich die »Lancashire Lads« nannten, auf Music-Hall-Bühnen in der Provinz und in London singen und tanzen mußte. Das hat er nie vergessen können. Auch nicht, daß die Glitterwelt der Musikhallen ein scharfer Kontrast zur Londoner East-End-Wirklichkeit waren: freudlose Gassen vor trostlosen Fassaden, verhärmte Mütter und niemals ganz satte Kinder. Die Segnungen der industriellen Revolution ließen lange auf sich warten. Für allzu viele kamen sie nie. Man hat das alles wiedergesehen in vielen seiner frühen Filme.

In seinen besten gingen Komik und Tragik gewissermaßen

Hand in Hand. Lachen und Tränen auch beim abendfüllenden »The Kid«, der Geschichte eines ausgesetzten Babys (Jackie Coogan), und bei »City Lights«, wo es seine Fürsorge um ein blindes Mädchen war, das die Kinogänger in aller Welt zu Tränen rührte. Und daß jemand in größter Not sogar einen alten Schuh (»Goldrausch«) mit Wonne verzehren konnte, das hat nur ein genialer Komödiant wie Chaplin glaubhaft machen können.

Wo andere eiskalt kalkulierten, hat Chaplin mit Gefühlen reagiert. Sein »soziales Gewissen« war nicht so sehr Ideologie, die aus dem Textbuch kam, sondern der Ausdruck einer echten und sehr persönlichen Empörung über die immer stärker werdende Bedrohung durch eine, wie er es sah, menschenfeindliche Technik, wie er sie in »Modern Times« kritisierte. Das machte ihn nicht gerade zum Darling der amerikanischen Kapitalisten, die auf die Erfindung des Fließbandes doch so stolz gewesen waren. Seine Fans und Kritiker werden noch lange darüber debattieren, ob der Tonfilm für Chaplin ein Segen war. Ich glaube, der Meister der Körpersprache und der stummen Gesten wäre auch ganz ohne Ton (und Musik, die er selbst komponierte und die seine sentimentale Grundeinstellung unterstrich) »das einzige Genie geworden, das die Filmindustrie hervorgebracht hat«, ein Zitat, das von George Bernard Shaw stammt.

Einschränkungen und Vorbehalte gibt es nur bei seinen »Talkies«, also den sprechenden Filmen. Sein erster in dieser Kategorie, »Der große Diktator«, eine zum Teil brüllend komische Abrechnung mit Hitler und Mussolini, lange bevor die Welt das ganze Ausmaß der Nazi-Verbrechen erfahren hatte, mißfiel einigen Kritikern wegen eines überlangen Schlußappells an das Gute im Menschen, der in seinen schlichten Formulierungen manchem etwas peinlich war. William Boehnel, der damalige Kritiker für *New York World-Telegramm,* schrieb: »Nun wissen wir es also. Chaplin haßt den Krieg, er verachtet Intoleranz, und er plädiert dafür , daß wir alle in Frieden und Freundschaft leben. Der Überschwang der Gefühle geht auf Kosten des

Films.« Nur die *New York Times* meinte am Schluß ihrer Besprechung – nach mehreren Vorbehalten: »Sicher nicht sein bester Film« –, daß mit dem »Großen Diktator« ein begnadeter Künstler einen wichtigen Beitrag zur Zeitgeschichte geleistet habe.

»Monsieur Verdoux«, Chaplins Version vom Blaubart, dem Frauenmörder, war in den Staaten ein totaler Flop. Der Verleih zog ihn wenige Wochen nach der Premiere 1947 aus dem Verkehr. Der Regisseur und Hauptdarsteller selbst blieb davon unbeeindruckt. Für ihn war »Monsieur Verdoux« sein bester Film, auch ein Kommentar zur Zeitgeschichte. Der Frauenmörder, der hinter seinem Haus ein kleines Krematorium unterhielt, agierte hier stellvertretend für die millionenfachen Verbrechen von Auschwitz, Belsen und Buchenwald. Die Banalität des Bösen vor der Fassade wohlanständiger Bürgerlichkeit.

Aber auch hier gab es Augenblicke von umwerfender Komik. Als Monsieur Verdoux endlich in der Todeszelle sitzt und auf die Hinrichtung wartet, will ihm ein Priester den Schritt ins Jenseits erleichtern. Charlie kommt ihm aber zuvor: »Was kann ich für Sie tun?« begrüßt er den Gottesmann, dem es sekundenlang die Sprache verschlägt.

Manches aus Chaplins Privatleben nahm das puritanische Amerika dem großen Komödianten übel, was sein Verhältnis zu seiner Wahlheimat nach 1952 negativ beeinflußt hat. Natürlich waren da zahlreiche und stürmische Affären (Pola Negri), gescheiterte Ehen (Mildred Harris, Lita Gray, Paulette Goddard), Vaterschaftsklagen und Anschuldigungen vor dem Kongreß-Ausschuß, der unamerikanisches Verhalten untersuchen sollte – Erinnerungen an Senator McCarthy, die dem heutigen Amerika mehr als peinlich sind.

Oona O'Neill, die Tochter des Dramatikers Eugene O'Neill, brachte als seine letzte Ehefrau Ruhe in sein stürmisches Leben. Die Chaplins lebten jetzt in der Schweiz. Kinder kamen noch regelmäßig, auch als Sir Charles schon älter als 70 war. Einige spielten sogar in seinen Filmen mit. Geraldine, Josefine und

Michael standen als Komparsen auf der Treppe des Londoner Boarding-House, in dem der längst vergessene Entertainer Calvero wohnte, eine Paraderolle für Chaplin in seinem Film »Limelight« (Rampenlicht), mit dem er sich auch bei den Kritikern erneut gute Zensuren holen konnte. Doch kam es darauf überhaupt noch an?

Die Filmakademie in Hollywood, die ihn im Laufe der Jahre mehrfach nominiert, ihm aber nie einen »richtigen« Oscar verliehen hatte, ehrte ihn im April 1972 mit einem Sonder-Oscar. Vorher aber hatte ihm New York gehuldigt – mit einem »Salute to Chaplin« im Lincoln Center. Tränen und minutenlange Ovationen. Charlie, Charles, Carlos, Carlito und wie er sonst noch heißen mochte überall in der Welt, hatte seinen Frieden gemacht mit dem Land, dem er alles zu verdanken hatte. Den Jubel hört man immer noch.

Zum 80. Geburtstag von Elia Kazan

Sein dreifacher Ruhm als Theatermann, Filmregisseur und Buchautor ist unbestritten. Soforterfolge von Bühnendramen wie »Alle meine Söhne« von Arthur Miller (1947) oder »Endstation Sehnsucht« von Tennessee Williams (1947) waren nicht zuletzt auch seiner Regie zu verdanken. Ein genial begabter Mann, der virtuos »mehrere Hüte« trug. Aber, und nun kommt ein großes ABER – nicht alles war bewundernswert, was in der Rückschau aus dem Leben des heute 80jährigen berichtet werden kann.

Unmöglich, alle die Pluspunkte aufzuzählen, die ihm seine Arbeit für das Theater am Broadway in den Jahren zwischen 1935 und 1964 eingetragen haben. Zu seinen frühen Bewunderern gehörten so viele. Auch Thornton Wilder, der über die Kazan-Inszenierung von »Wir sind noch einmal davongekommen« (1942) dankbar und glücklich war. Nicht zu vergessen Kurt Weill, der in Zusammenarbeit mit den Autoren Ogden Nash und S. J. Perelman ein Stück für das amerikanische Musiktheater komponiert hatte: »A Touch Of Venus« (1943). Auch in diesem Falle waren es nicht nur die Songs von Kurt Weill gewesen – »Speak Low«, »The Trouble With Women« –, die den Erfolg bestimmten. Das »Feuerwerk seiner Regieeinfälle« hatte einen nicht unwesentlichen Anteil daran gehabt. Das Stück lief 567mal im Imperial Theatre. Kurt Weill, jahrelang verbittert über den erzwungenen Abschied von Berlin, hatte mit Hilfe von Elia Kazan auch den Broadway erobert.

Der Mann, der so hervorragend Schauspieler zu führen verstand, glaubte an die Methode Stanislawskis (Method Acting), seitdem er selbst, als 21jähriger, im Rahmen des »Group Theatre« Schauspielunterricht genommen hatte. In den Schauspielschulen, die den Namen von Lee Strasberg tragen, mit dem Kazan später das »Actor's Studio« gründete, wird »Method Acting« auch heute noch gelehrt.

Aber Kazan, bei allem Respekt vor Stanislawski, hatte auch seine eigenen Methoden. Um zu verhindern, daß die Schauspieler die Konflikte der Figuren nur noch routiniert spielten, erzeugte er bei den Proben absichtlich Spannungen, indem er einen Schauspieler dem anderen vorzog, berichtet Arthur Miller in seinen Lebenserinnerungen, die hierzulande unter dem Titel »Zeitkurven« bei S. Fischer erschienen sind. Die Eifersucht unter den Schauspielern, die sie zu Höchstleistungen anspornte, war also programmiert. Und sogar noch nach der erfolgreichen »Vorstadtpremiere« des Stückes »Alle meine Söhne« in New Haven im Bundesstaat Connecticut verlangte Kazan immer weitere Proben. Er behandelte das Drama wie »Musik«, erzählt Arthur Miller, die an einigen Stellen stärker betont, an anderen Stellen dagegen gedämpft werden sollte.

Auch Tennessee Williams war ihm zeitlebens dafür dankbar, daß Kazan seinen ursprünglichen Widerstand gegen »Endstation Sehnsucht« aufgegeben hatte. Molly, seine Ehefrau, hatte ihn schließlich davon überzeugen können, daß hier ein außergewöhnliches Drama entstanden war. Das und anderes erzählte mir Tennessee Williams, als ich ihn 1972 in New Orleans für das Fernsehen interviewte.

25 Jahre nach den Ereignissen des Sommers 1947 konnte Tennessee Williams über vieles lachen. Auch über den blendend aussehenden jungen Mann, der sich auf Veranlassung von Elia Kazan eines Tages bei ihm in seinem gemieteten Bungalow auf Cape Cod gemeldet hatte. Der junge Mann hieß Marlon Brando, unbekannt und unverdorben. Es hatte ihm Spaß gemacht, zunächst einmal die Lichtleitung und die Wasserspülung zu reparieren, Dinge, an denen der Sinn des Dichters fürs Praktische gescheitert war. Williams und seine Freunde hatten tagelang im Dunkeln gesessen. Das Allzumenschliche war in den

Elia Kazan

Büschen hinterm Haus erledigt worden. Marlon Brando behob die Schäden sozusagen im Handumdrehen. Er wäre also auch als Hausmeister zu gebrauchen gewesen. Und als er dann, total unvorbereitet, die Texte las, die Stanley Kowalski auf der Bühne sprechen sollte, griff Tennessee Williams schon nach zehn Minuten begeistert nach dem Telefon. Elia Kazan, der sich in New York aufhielt, sollte sofort erfahren, daß es auch nach Williams' Meinung keinen besseren Kowalski geben könne.

Beinahe erstaunlich, daß Kazan im Falle Brando einen so sicheren Instinkt bewiesen hat. Denn als er Jahre später in einem seiner besten Filme, »Jenseits von Eden«, nach dem Roman von John Steinbeck, mit James Dean arbeiten mußte, dem unsterblich gewordenen Kinoidol der fünfziger Jahre, soll es angeblich einige Wochen gedauert haben, bis Kazan von der Begabung seines jungen Hauptdarstellers überzeugt war.

Kazan selbst hat zugegeben, daß er sich im Umgang mit Männern immer etwas »schwer«tat. Gespräche am Stammtisch haben ihn gelangweilt. Er genoß seinen Ruf als »Ladies Man«, der über seine zahlreichen außerehelichen Affären (Marilyn Monroe war eine davon) bereitwilligst Auskunft gegeben hat. Kein Kavalier, der genoß und schwieg.

Um so bemerkenswerter, daß er immerhin den Versuch gemacht hat, den von Ängsten und Zweifeln geplagten Tennessee Williams zu verstehen. Nachdem die andere entscheidende Rolle, die der Blanche DuBois, mit Jessica Tandy besetzt worden war, glaubte Williams aus Gründen, die er später selbst nicht verstand, plötzlich nicht mehr an den Erfolg seiner »Endstation Sehnsucht«. In dieser Krisensituation war es Elia Kazan, der He-man, der den Dichter energisch an die Kandare nahm. Er verlangte von ihm, täglich bei den Proben dabeizusein, mitzuerleben, wie aus den Figuren, die in der Schreibmaschine entstanden waren, allmählich tragische Menschen wurden.

Der Rest ist Theater- und Filmgeschichte. Der Riesenerfolg der Bühnenfassung des Dramas, die am 3. Dezember 1947 in

New York Premiere hatte, wurde durch Kazans Filmversion, die 1951 in die Kinos kam, fast noch übertroffen. Auch im Film spielte Brando den Kowalski. Pauline Kael, die respektierte Filmkritikerin des *New Yorker*, die Vivien Leigh in der Rolle der Blanche mit einer »zerbrochenen Figur aus Dresdner Porzellan« verglich, fand die Regie Kazans stellenweise »stagey«, womit sie sagen wollte, daß sich der Meister beim Filmen allzuoft an seine Bühnenproduktion erinnert hatte. Aber was schon bedeutet ein solcher Einwand, schrieb Miss Kael, wenn man zwei große Darsteller (Marlon Brando und Vivien Leigh) bewundern kann und dazu Dialoge hört, die in dieser Vollendung selten in einem Film zu hören waren.

Daß Elia Kazan im vorgeschrittenen Alter von 54 Jahren bei allen schon erreichten Erfolgen und Auszeichnungen – Tonys am Broadway, Pulitzerpreise und Oscars – obendrein auch noch sein Schreibtalent entdeckte, hat das Bemühen, diesen Erfolgsmenschen zu analysieren, der charmant und unerträglich arrogant sein konnte, ein wenig leichter gemacht.

Irgendwie, so scheint es, ist der Mann, der am 7. September 1909 im türkischen Konstantinopel als Kind griechischer Eltern auf die Welt gekommen war, immer ein Emigrant geblieben, der das gelobte Land Amerika, von dem seine Eltern geträumt hatten, besonders kritisch und distanziert beobachtet hat. In »America, America«, seinen autobiographischen Erinnerungen, heißt der junge Held der Geschichte Stavros, dem kein Opfer zu groß (oder zu brutal) erscheint, das bessere Leben in Amerika zu erzwingen. Während der weltweiten Depression 1932, als auch amerikanische Arbeiter in langen Schlangen vor den Suppenküchen der Wohlfahrt anstanden, wurde Elia Kazan Mitglied der kommunistischen Partei. War der Kapitalismus in eine Sackgasse geraten, aus der es keinen Ausweg gab? Schon nach 18 Monaten gab Kazan seine Mitgliedschaft wieder auf. Die Ziele der Kommunisten hatten ihn enttäuscht. Außerdem: So schnell begräbt man seine Träume nicht, schon gar nicht die amerikanischen. An seinem Patriotismus sei nie zu zweifeln gewesen, will er uns glauben machen.

Und so war es für ihn fast selbstverständlich, daß er in der dunklen McCarthy-Zeit ohne Skrupel die Namen von elf Weggefährten aus den Tagen seiner Parteizugehörigkeit dem »House Committee on Un-American Activities« (HUAC), dem Untersuchungsausschuß für unamerikanische Aktivitäten, namentlich gemeldet hat. Sicherlich, niemand mußte daraufhin in einem amerikanischen »Sibirien« aus dem Blechnapf essen, aber daß es für die ertappten Gedankensünder persönliche und berufliche Nachteile gegeben hat, wenigstens vorübergehend, steht außer Zweifel. Elia Kazan hat seinen Fehltritt nie bedauert.

In der Nachkriegseuphorie, als Dwight D. Eisenhower im Weißen Haus saß, in einer Zeit, als es sogar auf Streichholzschachteln zu lesen war, BE PROUD TO BE AN AMERICAN, sei stolz, ein Amerikaner zu sein, hatte Kazan nicht die geringste Lust, sich aus dem »Paradies« vertreiben zu lassen. Natürlich dachte er vor allem an seine Karriere. Hollywood winkte mit lukrativen Angeboten, und gewissermaßen als Rechtfertigung seiner eigenen Haltung wollte er einen seiner besten Filme, »On the Waterfront« (Die Faust im Nacken), verstanden wissen. Budd Schulberg hatte das Drehbuch geschrieben: Enthüllungen über korrupte Machenschaften der Gewerkschaftsfunktionäre an der Waterfront, also im Hafen. Marlon Brando in der Rolle des Terry Malloy, der den Stich ins Wespennest riskiert hatte, war die Figur, mit der sich Kazan identifizieren wollte. Einer seiner besten Freunde, Arthur Miller, ist ihm da (wie so viele) nicht gefolgt. Es kam zu einer langjährigen Entfremdung.

Auch Arthur Miller hatte eine Erklärung für seine Haltung. Er schrieb in jenen Jahren eines seiner besten Dramen, »Hexenjagd«, das niemand mißverstehen konnte. Es war eine Abrechnung mit der Gesinnungsschnüffelei der McCarthy-Zeit. Erst im Jahre 1964, als Arthur Miller sein »After the Fall« geschrieben hatte, kamen die beiden noch einmal zusammen. Bei diesem Stück, in dem Miller vieles aus seiner Ehe mit Marilyn Monroe preisgegeben hatte, führte Elia Kazan noch einmal Regie, als sei nicht viel geschehen. Indes, die alte Herzlichkeit zwischen Autor und Regisseur wollte sich nicht wieder einstellen. Miller hatte mit seiner neuerlichen Zusammenarbeit nur bestätigt, was auch heute kaum jemand bezweifelt: Kazan gehörte nun einmal zu den Besten, die am New Yorker Theater und in den Studios von Hollywood gewirkt haben.

Daß ihm an seinem 80. Geburtstag bei der Aufzählung der beruflichen Erfolge die uneingeschränkte menschliche Bewunderung versagt bleibt, wird den alten Herrn kaum irritieren. In der Rückschau, hat er oft genug gesagt, ist er stolz auf alles, was er in der Vergangenheit getan hat. Also auch darauf.

Eduard Rhein zum 85. Geburtstag

Lieber Eduard Rhein,
es ist Ihnen natürlich nicht gelungen – obwohl Sie das ursprünglich so wollten –, Ihren 85. Geburtstag sang- und klanglos vorübergehen zu lassen. Es hätte Ihnen genügt, den Tag im Kreise weniger Freunde am Strand von Cannes oder in einem Münchner Biergarten zu verbringen. Bei Mineralwasser und gekochtem Fisch. Wer fröhlich und gesund ein hohes Alter erreichen will, der muß zu Opfern bereit sein. Nach dieser Regel haben Sie immer gelebt, auch dann noch, als Ihnen Axel Springer ein nicht unbeträchtliches Gehalt zahlen ließ und Sie in einem Traumhaus an der »Schönen Aussicht« in Hamburg wohnten.

Es blieb dabei, Schmalhans war Küchenmeister. Heimlich haben wir natürlich gemault, daß es bei Ihnen abends nur Margarine, Salat und etwas Aufschnitt gab. Wenn man aber heute Ihre Fotos sieht, die einem Endfünfziger alle Ehre machen könnten, weiß man natürlich, warum das so war.

Sie haben den »Stoff« geliefert, aus dem Legenden entstehen. Wie oft wird hierzulande jemand 85, der im Krieg ein Radargerät entwickelte, der für Eduard Künneke den Schlager schrieb »Täglich tausend Liebesbriefe voll Gemüt und Seelentiefe«, dem der Nobelpreisträger Max Planck in einem Brief bestätigt hat, nüchtern-wissenschaftliche Angelegenheiten mit einem »Schimmer von Poesie« umgeben zu haben. Womit nicht zuletzt auch Ihre Standardwerke »Wunder der Wellen« und »Du und die Elektrizität« gemeint waren.

Auch ist es sicher nicht übertrieben zu sagen, daß Sie als

»Hans-Ulrich Horster« oder »Adrian Hülsen« das Leben von Millionen beeinflußt haben. *Hörzu,* Ihre Erfindung vom Titel bis zur letzten Seite, auf der sich »Original und Fälschung« immer schon und immer noch gegenüberstehen, erschien zum ersten Male im Hunger- und Kältewinter 1946. Das wurde mehr als eine Programmzeitschrift. *Hörzu* war Lebenshilfe, Hoffnung auf eine bessere Zukunft, die die Erinnerungen an Kriegs- und Trümmerjahre langsam verdrängen sollte. Nur so ist der einmalige Erfolg der Zeitschrift und Ihrer Kolportageromane zu erklären, die die Auflagenziffern von *Hörzu* immer höher klettern ließen, bis sie die Vier-Millionen-Grenze überschritten hatten.

Waren das nun »Geschichten, die das Leben schrieb«, oder war es reine Phantasie, ein bißchen »Traumland« wie in dem Libretto gleichen Namens, das Sie für die Künneke-Operette geschrieben hatten? Ich glaube, es war beides: Ebendiese unnachahmliche Mischung aus Traum und Wirklichkeit, die Ihnen zwar nicht den Beifall der Intellektuellen brachte – die wußten mit dem Studenten, der vorüberging, und dem Herzen, das da falschspielte, wenig anzufangen –, Sie konnten sich aber trösten mit langen Schlangen vor den Zeitungskiosken, wenn die nächste Ausgabe von *Hörzu* herauskam.

Doch oft genug waren Ihre mit »rh« gezeichneten Leitartikel von unbarmherziger Schärfe, weit davon entfernt, nur freundlich und versöhnlich zu sein. Für die Rundfunk- und Fernsehindustrie wurden Sie ein fachgerechter, oft genug auch unbequemer Kritiker und Forderer, der ständig auf Fehler und Versäumnisse aufmerksam machte. Und wenn demnächst der flache Bildschirm selbstverständlich wird, mit einem bestechend scharfen 1200-Zeilen-Farbbild, dann werden sich ältere Leser daran erinnern, daß das schon immer auch Ihre Forderung war, weil Sie wußten, daß ein solcher »Zauberspiegel«, der wie ein Bild an der Wand hängt, technisch schon seit langem durchaus machbar war.

Rückblickend kann man auch verstehen, daß Ihre Mutter sich in den zwanziger Jahren Ihretwegen große Sorgen machte.

»Der Junge verzettelt sich«, soll sie gesagt haben, als sie erfuhr, daß der studierte Elektroingenieur abends als Stehgeiger am Kurfürstendamm zum Tanz aufspielte. Was Ihre Mutter und andere, die sich Sorgen machten, übersehen hatten: Sie machten alles gründlich, nichts blieb der flüchtigen Laune oder dem Zufall überlassen.

Nur so war es auch möglich, daß Sie eines Tages mit einer Erfindung aufwarten konnten, die die Schallplattenindustrie in der ganzen Welt revolutioniert hat: die Langspielplatte, geschnitten nach dem »Rheinschen Verfahren«, wie es auf allen Plattenhüllen hieß, daß Ihnen, als Ergebnis, ein stattliches Vermögen gebracht hat. Einen Teil haben Sie an die »Eduard-Rhein-Stiftung« abgetreten, durch die entscheidende technische Verbesserungen beim Rundfunk und beim Fernsehen ausgezeichnet werden.

Eigentlich ist es schade, daß unser Fernsehen in seiner verzweifelten Suche nach Serien, die hierzulande entstehen sollen, nicht auf Eduard Rhein gekommen ist, dessen überschäumende Phantasie alles in den Schatten stellen könnte, was uns im fernen Dallas oder beim Denver-Clan an Drama und Intrigen bisher geboten worden ist. Vielleicht sollte Wolfgang Rademann Sie einmal anrufen. Weit ist der Weg ja nicht vom »Traumland« zum »Traumschiff«, auf dem sich auch Ihr Schlager von den »tausend Liebesbriefen« ohne weiteres unterbringen ließe.

Aber heute, an Ihrem Geburtstag, werden es weniger die Liebesbriefe sein, die Sie erreichen, sondern viele Botschaften des Respekts und der Bewunderung. Das ZDF hat Sie nicht ohne Grund in seine Reihe »Zeugen des Jahrhunderts« aufgenommen. Daß Sie das waren und sind, wußten wir schon lange. Und damit meine ich den kleinen Kreis Ihrer persönlichen Freunde, zu denen ich mich rechnen darf. Auch in ihrem Namen möchte ich Ihnen alles Gute wünschen.

Die Könige von Las Vegas: Siegfried & Roy

Das Wasser schimmert blau wie der Himmel. Die Luft hat knapp 40 Grad, Wärme natürlich. Der Swimmingpool lädt zum Bade. Und da kann kein Tier widerstehen: Dankbar springen alle ins kühle Naß.

Sie dürfen's auch. Denn Siegfried & Roy haben eigens für ihre Löwen und Tiger diesen Pool bauen lassen. Und teilen mit ihnen das Badevergnügen. Eine Tatsache, fast so erstaunlich wie das, was allabendlich fünfzehnhundert Männer und Frauen in der Illusions-Show des blonden Siegfried und des dunklen Roy erleben:

Man könnte die berühmte Stecknadel fallen hören. So mucksmäuschenstill ist es im Saal des Frontier-Theaters am Las Vegas Strip. Die Zuschauer starren gebannt auf die Bühne. Unerhört sind die Dinge, die dort die zwei deutschen Magier veranstalten. Als die beiden im Bruchteil einer Sekunde gar einen riesigen Elefanten verschwinden lassen, reißt es das Publikum von den Stühlen. Beifallsstürme ohnegleichen.

Siegfried & Roy haben bewiesen, daß die »typisch amerikanische Traumkarriere« auch im bayerischen Rosenheim oder in Nordenham an der Weser beginnen kann. Was diese beiden ehemaligen Stewards der »Bremen« durch sehr viel Phantasie, Fleiß, Können und Glück aus ihrem Leben gemacht haben, gehört zu den erstaunlichsten, den unglaublichsten Erfolgsgeschichten unserer Zeit. Sie sind in Amerika *die* Illusionskünstler.

44 Wochen pro Jahr, zweimal pro Nacht und samstags gelegentlich auch dreimal, präsentieren Siegfried & Roy im Fron-

tier-Theater von Las Vegas eine Zaubershow, die alles übertrifft, was man in dieser Branche bisher zu sehen gewohnt war.

Natürlich, auch bei Siegfried & Roy gibt es die schwebende Jungfrau oder das zersägte Mädchen. Aber hier verschwindet auch der riesige Elefant, verwandelt sich eine Blondine blitzschnell in einen Tiger. Hier werden Siegfried & Roy vor aller Augen am Galgen »aufgeknüpft«, um zwei Sekunden später auf der anderen Seite des Theaters wiederaufzutauchen. Wie ist das nur möglich? Hinter die Tricks zu kommen ist unmöglich, wenn es auch für Eingeweihte ein paar »einleuchtende« Erklärungen gibt.

Mit Merlin, dem Zauberer aus der Artussage, hat's jedenfalls nichts zu tun. Merlins Gemälde kann man zwar im »Dschungel-Palast«, der Prunkvilla von Siegfried & Roy am Rande von Las Vegas, bewundern, aber damit hört die »geistige Beziehung« zu diesem Märchenbuch-Zauberer schon auf.

Unsere beiden Illusionisten sind ganz bürgerlich geblieben, obwohl ihr äußerer Lebensstil immer mehr dem eines indischen Maharadschas entspricht. Der »Dschungel-Palast«, in dem sie wohnen, ist eine Mischung aus Hollywoodtraum und Tausendundeiner Nacht. Die Direktion des Frontier, entzückt über den sensationellen Langerfolg der Zauberschau, hat den beiden eine Luxusgarderobe bauen lassen, die höchsten Penthouse-Ansprüchen genügen würde – mit Küche, Bar Diningroom, Sauna und Whirlpool.

Ich war da neulich zwischen den Vorstellungen zum Abendessen eingeladen. Der schwarze Koch und Butler Tony war sehr stolz, daß das typisch deutsche Menü so gut gelungen war: Rindsrouladen und Rotkohl, zum Nachtisch rote Grütze. In solchen Augenblicken der Entspannung fragen sich dann auch Siegfried & Roy, ob sie nur träumen oder ob alles Wirklichkeit ist. Dann kommen Erinnerungen auf. An das Hansa-Theater in Hamburg, wo sie einst unter »ferner liefen« rangierten, an die Zauberkunststückchen für die Passagiere der »Bremen« ...

Nichts hat man ihnen geschenkt, und auch in Las Vegas dauerte ihr erster Auftritt in einem anderen Hotel nur wenige

Seit Jahren der größte Erfolg in Las Vegas:
Siegfried & Roy und ihre Magic Show

After 6 p. m.: Cocktails mit Vera Kálmán und Anna Moffo

Minuten. Das war vor 14 Jahren. Aber inzwischen waren sie achtmal hintereinander die »Entertainer des Jahres«, absolute Spitze, und das in der Nachbarschaft von Attraktionen, zu denen auch Frank Sinatra, Diana Ross oder Tom Jones gehören, um nur einige zu erwähnen, die sich am Las Vegas Strip regelmäßig bewundern lassen.

In den kleinen Bars von Las Vegas, in denen nur die Einheimischen oder die »Leute vom Bau« verkehren, hat es sich längst herumgesprochen: Die beiden Deutschen sind die neuen Großverdiener, die Könige von Las Vegas, die in ihrem »Dschungel-Palast« in schönster Harmonie mit ihren Tieren leben: mehreren Tigern, zwei Löwen, einem »Lepjag« (Kreuzung zwischen Leopard und Jaguar), Pferden – und den sensationellen weißen Tigern. Das sind die Nachkömmlinge aus einer Schenkung, die der Maharadscha von Rewa dem Zoo von Cincinnati gemacht hatte. Indische weiße Tiger waren vom Aussterben bedroht. Siegfried & Roy werden mit ihren Exemplaren, zwei Weibchen und einem Männchen, eine eigene Zucht beginnen.

Die Zuschauer im Frontier jubeln, wenn die weißen Tiger, noch nicht voll ausgewachsen, jetzt in der Show auf der Bühne erscheinen: Neva, für den der Staat Nevada die Patenschaft übernommen hat, und die Weibchen »Shasadi« (die Auserwählte) und »Sitarra« (Wiedergeburt der Götter).

Falls es bei den beiden überhaupt so etwas gibt wie eine Arbeitsaufteilung: Siegfried ist der Mann, der sich mehr für den Showteil interessiert, für die verblüffenden Illusionen, die mit großem technischen Aufwand entwickelt werden. Roys Liebe gehört den Tieren.

Die weiten Panoramafenster im »Dschungel-Palast« garantieren einen Blick, den es auf dieser Welt kein zweites Mal gibt. Im Garten und im Hof gehen Tiger und Löwen spazieren, und alle Besucher wundern sich darüber, daß selbst feinste Nasen nicht die Spur von Raubtiergeruch registrieren. Das hat sicher etwas mit dem für die Tiere angelegten Swimmingpool – mit Wasserfall! – zu tun und der überaus sorgsamen Tierpflege, für die mehrere Helfer in Overalls rund um die Uhr verantwortlich sind.

Es ist Tatsache: Siegfried & Roy leben wie Könige in Las Vegas. Aber sie haben's auch verdient.

Der Flüchtlingsjunge, der aus Schweidnitz kam: Günther Gebel-Williams

Der lange Abschied hat eben erst begonnen. Gemeint ist Günther Gebel-Williams, der aus Deutschland stammende Superstar des Ringling Brothers and Barnum & Bailey Circus, den die amerikanischen Fans der »größten Schau der Welt« inzwischen besser kennen als seine ehemaligen Zuschauer und Landsleute im Kölner Williams-Bau.

Nach 44 Jahren mit dem Zirkus, davon 21 Jahre in den Vereinigten Staaten, soll der blonde Germane, »der einzige Zirkusheld dieses Jahrhunderts« (so verkauft ihn die Presseabteilung des Ringling-Konglomerats in Washington, D.C.), Peitsche und Glitzerkostüme an den Nagel hängen.

Die Abschiedstournee, deren erste Station die Zuschauer im New Yorker Madison Square Garden begeisterte, soll bis zum November 1990 dauern. Dann wissen es die Zirkusfans in 91 amerikanischen Städten, daß Günther Gebel-Williams, das Zirkus-Multitalent, auf dem Höhepunkt seiner Triumphe einen Schlußstrich ziehen will. Mag sein, daß viele Leute die Endgültigkeit dieser Absicht bezweifeln. Der inzwischen 54jährige wirkt immer noch verblüffend jung und athletisch, wenn er, hoch zu Roß und weiß und silbern kostümiert, seinen grandiosen Einzug in den Zirkus feiert. 20 000 Zuschauer halten den Atem an. Sie jubeln erst aufs Stichwort, nachdem es der Zirkusansager im roten Frack mit dem Brustton vollster Überzeugung verkündet hat: »Sie erleben jetzt den größten Zirkusstar aller Zeiten – Günther Gebel-Williams!«

Unbeschreiblicher Jubel im weiten Oval des Madison Square Garden. Elizabeth Taylors Einzug in Rom als Cleopatra kann nur um Nuancen spektakulärer gewesen sein. Und danach rollt, in drei Manegen, eine Zirkusshow ab, die sich mit Fug und Recht immer noch »die größte der Welt« nennen darf. Kenneth Feld, der noch junge Produzent des gigantischen Zirkusunternehmens, das mit zwei verschiedenen Ausgaben, einer roten und einer blauen »Unit«, elf Monate im Jahr kreuz und quer durch Amerika reist, wird es nicht leicht haben, einen Nachfolger für seinen Superstar zu finden, der mit 32 Pferden, 21 Elefanten, 18 Tigern, 13 Wölfen und drei Kamelen umzugehen versteht wie andere Leute mit Hunden und Katzen.

Amerikanische Tierpsychologen, die vor allem Günthers Tigerdressur bewunderten, haben vor Jahren sogar von »mystischen Schwingungen« zwischen ihm und seinen Raubkatzen gesprochen. Darüber kann Günther nur lachen. Sein Geheimnis ist die sanfte Tour ohne Gewalt und Knüppel, bei der die erstaunlichsten Dressurkombinationen »spielerisch« zustande gekommen sind. Wenn Tiere auf menschliches Verhalten reagieren können (was kaum noch jemand bezweifelt), dann müssen seine 18 Tiger, die ihm zuliebe fröhlich durch die Manege hüpfen, die aufopfernde Fürsorge empfunden haben, die einen fast 24stündigen Einsatz erfordert.

Günthers Frau Sigrid, ein Exmannequin, sieht immer noch so aus, als könne sie auf jedem Laufsteg dieser Welt die Zuschauer begeistern: kühl, blond und selbstbewußt. Bis vor kurzem hat auch sie in der Manege Pferde vorgeführt. Aber das wird nun langsam Sache der Kinder: Tina, aus Sigrids erster Ehe, und Oliver Mark, der in Texas zur Welt kam und in diesem Jahr 19 wird. Nachfolger für den Vater? Alle wehren energisch ab.

»Ich bin die deutsche Hausfrau«, sagt sie. Das klingt überzeugend. »Wer so angestrengt arbeiten muß wie mein Mann – hier in New York haben wir oft drei Vorstellungen am Tag –, der braucht ständig Zwischenmahlzeiten.« Sie kocht in der Hotelsuite, im Trailer und natürlich auch in der rollenden Wohnung, womit der Pullmanwaggon gemeint ist, der als Teil des Zirkussonderzuges während des New Yorker Gastspiels auf einem Abstellbahnhof im Stadtteil Queens steht.

Das schöne Haus in Florida sehen sie nur in der kurzen Winterpause. »Günther hat in zwanzig Jahren keine Vorstellung verpaßt, keinen freien Tag gehabt. Und da fragen die Leute, warum er aufhören will? Schließlich möchten wir auch mal verreisen ohne 18 Tiger und 21 Elefanten im Gepäck, alles vergessen, was mit dem Zirkus zu tun hat.« Günther hat nur zugehört und nicht viel dazu gesagt. Wenn Besucher aus Deutschland kommen, ist die Vergangenheit plötzlich wieder da. Nichts hat er vergessen.

Der Flüchtlingsjunge aus Schweidnitz (Schlesien), der mit Mutter und Schwester durch einen glücklichen Zufall 1946 zum Kölner Zirkus Williams kam. Frau Carola Williams, geborene Althoff, mit sicherem Instinkt für Zirkustalente, nahm ihn wie eine zweite Mutter unter ihre Fittiche. Der Rest ist Zirkusgeschichte. Mit Tigern, Pferden und Elefanten kam 1968 der gesamte Kölner Zirkus nach Amerika.

Irving Feld, der Manager aus Washington, hatte ihn gekauft für zwei Millionen Dollar. Nicht wegen der Pferde oder der Elefanten, sondern wegen Günther Gebel-Williams, der ohne den restlichen Zirkus nicht kommen wollte. Ein Dollar-Investment, das sich tausendfach bewährt hat. Das Wort vom Propheten, der im eigenen Lande nicht viel gilt, läßt sich auch in diesem Falle zitieren.

In seinen Glanznummern hat man ihn in Deutschland nie gesehen. Das könnte sich ändern. Denn wer sich im Alter von 54 Jahren so elegant und schwerelos mit einem Schleuderbrett auf den Rücken eines Elefanten wirbeln läßt, der gehört noch lange nicht zum alten Eisen. Vorerst jedoch bleibt es dabei: Im November 1990, in Pittsburgh im Staate Pennsylvania, soll der Abschied vom Zirkus endgültig sein. Danach bleibt für die Amerikaner nur die Legende von einem Zirkus-Superstar, der aus Schweidnitz kam.

Besuch bei . . .

Tennessee Williams

Mit dem Interviewer der NBC-»Today-Show«, Gene Shalit, war er recht ungnädig gewesen. »Ich weiß nicht, warum Sie nur über meine angeblichen Schwächen reden wollen«, grollte der »größte lebende Dramatiker der westlichen Welt« in dieser Livesendung am frühen Morgen.

Ich meine natürlich Tennessee Williams, der uns am Vortage durch seinen New Yorker Agenten mitteilen ließ, daß er in New Orleans in der darauffolgenden Woche nur für zwei Stunden, und bitte nicht länger, zur Verfügung stehen würde.

In New York war es zu einer kleinen Theatersensation gekommen. Als sein neuestes Stück »Small Craft Warnings«, dem die Kritiker nicht viel Gutes abgewinnen konnten, in Gefahr geriet, wegen Besuchermangels vorzeitig abgesetzt werden zu müssen, spielte der Dichter höchstpersönlich den Retter in der Not: Er übernahm eine Rolle in seinem eigenen Stück, obwohl er als Schauspieler nicht die geringste Erfahrung hatte. Der Publicity-Gag war für einige Wochen höchst erfolgreich. Die New Yorker kamen plötzlich in hellen Scharen. Sie sahen auf der Bühne einen schüchternen Tennessee Williams, der mit dem Text, den er geschrieben hatte, ein wahres »Schwimmfest« veranstaltete. Auswendiglernen war nicht seine Sache, und seine Mitspieler, die auf das richtige Stichwort lauerten, lauerten meist vergebens. Aber da er einen versoffenen Landarzt spielen sollte, der selten nüchtern war, mögen einige Theaterbesucher vielleicht sogar geglaubt haben, die Kunstpausen und das verlegene Stammeln gehörten zur Rolle.

Gene Shalit, der NBC-Mann, rettete das festgefahrene Interview durch ein paar belanglose Fragen. Die Laune des Dichters änderte sich schlagartig. Er lachte sein nervöses Lachen, »Hehehe«, auch an solchen Stellen, wo eigentlich gar nichts zu lachen war. Gene Shalit mochte eingesehen haben, daß ein ernsthaftes Gespräch über das Auf und Ab im Leben des Dichters an diesem Morgen nicht zustande kommen konnte. Außerdem: Wer Stücke wie »Endstation Sehnsucht«, »Camino Real«, »Süßer Vogel Jugend« und »Die Glasmenagerie« geschrieben hatte, die man vermutlich auch noch in hundert Jahren spielen würde, sollte mit Nachsicht behandelt werden. Auch über Picassos ganz späte Bilder haben einige Leute die Köpfe geschüttelt.

Tennessee Williams hatte aus seinen diversen Lebenskrisen kein Geheimnis gemacht. Die sechziger Jahre wollte er nicht zur Kenntnis nehmen. Er hatte Pillen geschluckt und Rotwein getrunken und hauptsächlich geschlafen. Und nun wollte er wieder arbeiten und Anteil nehmen. Die McGovern-Plakette, die er, zur Unterstützung des liberalen Gouverneurs in der Nominierungskampagne für die Präsidentschaftswahlen, wie ein Ehrenzeichen im Knopfloch trug, mag manchen Leuten eine milde Überraschung bereitet haben. Der Gentleman aus dem amerikanischen Süden hatte vielleicht privat, niemals aber in seinen Stücken seine wichtige Stimme für die Schwarzen des Landes erhoben, die mit ihrem Marsch nach Washington im Jahre 1963 eine Revolution einleiteten, die ihre Ziele längst noch nicht erreicht hat, die aber dennoch den amerikanischen Alltag gründlich verändern konnte. Im Bus sitzen die Schwarzen nicht mehr auf den hintersten Plätzen, und wenn eine Wahl ansteht, wählen sie auch.

Ich muß gestehen: Schon auf dem Flug nach New Orleans setzte das Lampenfieber ein, wenn ich an Tennessee Williams dachte. Was nur sollte ich ihn fragen? Gene Shalit war mit seinem Versuch, die schöpferische Flaute des Dichters zu analysieren, schrecklich auf den Bauch gefallen. Das durfte uns nicht passieren.

»Uns«, das waren unsere Produzentin Ingrid Menzel und der Kameramann Peter Warneke.

In New Orleans war es noch heißer und stickiger als in New York. Der Lärm von der Bourbon Street, wo es den schwarzen Musikern immer schon prächtig ging, war auch in unserem Hotel zu hören. Ich wohnte in einem Giebelzimmer mit herrlichem Blick über das »French Quarter« und den Mississippi. Aber bevor ich das alles genießen konnte, kamen beunruhigende Nachrichten. Die Telefonnummer, die uns der Agent in New York gegeben hatte, war dauernd besetzt. Sollte der Dichter doch wieder rückfällig geworden sein, Pillen geschluckt haben und die Nachmittage verschlafen? Und dann passierte mir ein weiteres Mißgeschick. Ich hatte in einem Coffee-Shop in der Nähe des Hotels »Southern Fried Chicken« gegessen, also gebratenes Huhn nach südlicher Art, und dabei einen winzigen Knochen verschluckt, der sich störend in der Luftröhre bemerkbar machte. »Nichts als ein leichter Kratzer, vom Knochen keine Spur«, beruhigte mich der Arzt im Emergency Room, der Notaufnahme des Hospitals, nachdem er das Röntgenbild gesehen hatte. »Das Ding wird Sie nicht mehr ärgern.«

Und dann lief ich zu Fuß zurück ins Hotel. In diesen Straßen muß man ganz einfach an Tennessee Williams denken, auch wenn man ihn nicht interviewen will. Das ist die Stadt, in der er buchstäblich gehungert hat, als ihn noch niemand kannte. Reichtum, Unabhängigkeit und Weltruhm ließen auf sich warten. Er schrieb über Menschen, die im Süden wohnen, die ihm begegnet waren, die er kannte. Er schrieb über ihre Ängste, über ihre Verwundbarkeit und ihre Schwächen. Und über allem lag immer auch ein leiser Hauch von Wehmut. Tiefe Enttäuschung nach zerbrochenen Träumen, die mit den trüben Fluten des Mississippi davongeschwommen waren. Resignation hinter zugezogenen Sonnenblenden. Schutz vor der Hitze des Südens, Schutz aber auch vor den Zudringlichkeiten einer Welt, vor denen die meisten seiner Gestalten immer auf der Flucht sind.

Tennessee Williams

Am anderen Morgen sah die Welt schon wieder freundlicher aus. Viktor, der junge Freund und Hausgenosse des Dichters, ein Modellathlet mit blonden Haaren, der wahrscheinlich an einem Strand in Kalifornien rekrutiert worden war, teilte uns mit, daß wir gegen 10 Uhr früh sehr willkommen seien. Wenn Leute allzu neugierige Fragen stellten, erzählte mir Tennessee Williams später, wurde Viktor kurzerhand zum »Privatsekretär« befördert, der für diese Funktion sogar ein entsprechendes »Outfit« besaß: Nadelstreifenanzug und weißes Hemd, unauffällige Krawatte.

Sonst, auch bei unserem Besuch, trug er Jeans.

»Müssen wir ihn verstecken, wenn die Kamera läuft?« fragte mich Tennessee Williams mit leicht besorgtem Unterton.

»Ich wüßte nicht, warum.« Das kam wie aus der Pistole geschossen.

Meine schnelle Reaktion schien dem Dichter imponiert zu haben. Er lachte sein »Hehehe«. Und danach ging alles noch viel besser. Es irritierte ihn nur gelegentlich ein wenig, gestand er mir, daß sein junger Freund nicht allzuviel über sein Werk, über seine Dramen, wußte. Als literarischer Gesprächspartner schied Viktor aus.

»Der sitzt bis zum frühen Morgen vor dem Fernsehschirm. Und bevor er dann endlich ins Bett geht, erzählt er mir haargenau den Inhalt dieser schrecklichen Filme, die er im Laufe der Nacht gesehen hat. So aufregend geht das bei uns zu. Hehehe.«

Das nervöse »Hehehe«, ein etwas aufgesetztes Lachen, war typisch für Tennessee Williams. Hinter der scheinbar fröhlichen Fassade versteckte sich der höchst sensible, leicht verwundbare Mensch, der den meisten Fremden mit größtem Mißtrauen begegnete.

»Sind Sie auch nur deshalb gekommen«, lautete seine erste Frage an mich, »weil Sie glauben, daß ich demnächst sterben werde? Sogar die Japaner haben sich angemeldet!« Er lachte natürlich wieder »Hehehe«, aber dann schien er doch von der Lauterkeit unserer Absichten überzeugt zu sein.

»Sie haben in New York auf der Bühne gestanden, Mr. Williams, der Dichter als Schauspieler. Das war einmalig, sensationell. Außerdem, denke ich, wird es höchste Zeit, daß man Sie in Deutschland, Österreich und in der Schweiz einmal aus der Nähe sieht. Kaum eine Theatersaison in Berlin, Hamburg, München, Wien oder Zürich ohne ein Stück von Tennessee Williams.«

Nun war das Eis endgültig gebrochen. Er zeigte mir das kleine, recht bequeme, aber keineswegs luxuriöse Haus, in dem bis vor etwa hundert Jahren Sklaven gewohnt hatten. Sein Schreibtisch machte einen unbenutzten Eindruck.

»Heute morgen habe ich mir nur Notizen gemacht, hehehe.« Er schien meinen fragenden Blick bemerkt zu haben.

Und dann saßen wir im Garten vor der Kamera, und ich dachte wieder an Gene Shalit in New York, der das Gespräch mit dem Dichter nur unter Mühen über die Runden gebracht hatte. »Was schreiben Sie denn überhaupt, wenn Sie in diesen Tagen schreiben?«

Seine Antwort war zum damaligen Zeitpunkt eine literarische Neuigkeit. Er arbeite lustlos, wie er sagte, ohne jeden literarischen Ehrgeiz an seinen »Memoirs« für Doubleday in New York. Die hatten ihm einen Vorschuß gezahlt. Also fühlte er sich verpflichtet, das Manuskript, das zum Teil aus flüchtig hingekritzelten Notizen bestand, so schnell wie möglich abzuliefern. Die Lektorin im Verlagshaus mag ihre liebe Not damit gehabt haben. Mißverständnisse, falsche Interpretationen schienen unvermeidlich.

Das könnte auch erklären, warum der Dichter unseren Besuch in seinen »Memoirs« so ungnädig kommentiert hat. Die Deutschen hätten ihn gezwungen, steht da irgendwo, bei strömendem Regen auszuhalten und harmlose Fragen zu beantworten. Der Interviewer (ich) habe unter einem schützenden Baum gesessen. Für eine Münchner Fernsehzeitschrift war das Anlaß genug, mich, ohne die näheren Umstände zu recherchieren, wegen »unhöflichen Verhaltens einem weltberühmten Dramatiker gegenüber« heftig zu attackieren. Natürlich war ich zunächst schockiert.

Dem Fischer-Verlag, der die Rechte für die deutsche Ausgabe erworben hatte, waren die Mißverständnisse offenbar nicht verborgen geblieben. In meinem New Yorker Büro am Columbus Circle erschien eines Tages eine freundliche junge Dame im Auftrage des Frankfurter Verlagshauses, um mir nahezulegen, in der deutschen Übersetzung der »Memoiren« ein paar Korrekturen vorzunehmen. Das habe ich abgelehnt. Wer zuletzt lacht, lacht am besten, sagte ich mir. Sie alle, auch die Lektorin bei Doubleday, hatten die Rechnung ohne den fertigen Fernsehfilm gemacht, der jeden Vorwurf, vor allem den der Unhöflichkeit gegenüber einem weltberühmten Mann, überzeugend widerlegen konnte.

Im Münchner Gasteig im Jahre 1987, bei der festlichen Premiere des Films »Die Glasmenagerie« nach dem Stück von Tennessee Williams, den Paul Newman inszeniert hatte, lief auf Veranlassung von Warner Brothers im Vorprogramm auf einer Großleinwand noch einmal unser Fernsehfilm aus dem Jahre 1972. Die Zuschauer erlebten einen quietschvergnügten Dichter, der über die vereinbarte Zeit von zwei Stunden hinaus bereit gewesen war, uns durch »seine« Stadt zu führen. Und essen, bei »Antoine's«, wollte er mit uns auch.

Daß ihn ein Mitarbeiter vom *Time* Magazine den »größten lebenden Dramatiker der westlichen Welt« genannt hatte, nahm er zum Anlaß einer kleinen Wortspielerei. Dramatiker heißt im Englischen »playwright«, erläuterte er, und es klingt fast so wie »playboy«.

»Das letztere mag der Mann vom *Time* Magazine in Wirklichkeit gemeint haben, als er mir den Titel verlieh. Playboy trifft es nämlich besser. Hehehe.« Er wollte die Auszeichnung nicht annehmen. »Wir alle haben unseren eigenen Platz in der Literatur«, meinte Tennessee Williams, »man sollte uns nicht gegeneinander ausspielen. Ich würde jedenfalls neidisch werden, wenn ich lesen müßte, daß irgend jemand angeblich der beste Bühnenschriftsteller Amerikas sei.«

Unter den »harmlosen« Fragen, die ich zu stellen wagte, kam auch diese:

»Mr. Williams, wir alle wissen, und Sie haben es oft genug bestätigt, daß die sechziger Jahre für Sie alles andere als gut waren. Sie waren krank. Haben Sie trotz allem irgend etwas schreiben können?«

Seine Antwort: »Ich habe eigentlich immer geschrieben, aber ich war verzweifelt. Besonders nachmittags, wenn die Depressionen einsetzten. Ich glaube gar nicht, daß ich körperlich krank war. Aber ich wollte nachmittags ›abschalten‹. Nach dem Mittagessen schluckte ich Schlaftabletten, denn es war meine Absicht, durchzuschlafen bis zum nächsten Morgen. Und dann gab ich mir, wenn ich am Morgen wach wurde, regelmäßig eine Spritze, ein Aufputschmittel, kein Heroin, wissen Sie, damit ich schreiben konnte. Es war eine schreckliche Zeit.«

Das alles schien vorüber. Er hatte gute Tage, er konnte wieder schreiben. Nach den Memoiren sollte ein neues Stück kommen. Der Zwang, sich im Morgengrauen an die Schreibmaschine zu setzen, würde ihn hoffentlich nie verlassen. Und dann spazierten wir durch seine Stadt. Für uns kletterte er sogar in den alten Straßenbahnwagen, der damals, als er das Stück schrieb, in den Stadtteil »Desire« gefahren war. Daher der Titel: »A Streetcar Named Desire«, »Endstation Sehnsucht«.

Schallendes Gelächter über seine Storys beim Mittagessen. Für seine erste Kurzgeschichte hatte ihm das Magazin »Unheimliche Geschichten« ganze 35 Dollar gezahlt. Er hatte sich die Story einer ägyptischen Königin einfallen lassen, die alle ihre Feinde zu einem glanzvollen Abendessen eingeladen hatte. Ein Happy-End gab es dabei allerdings nicht, denn nach dem Dessert wurden alle Gäste einzeln und unter dem höhnischen Gelächter der Königin im Nil ertränkt. Hehehe. »Ich kenne auch ein paar Leute, Kritiker eingerechnet, die ich gern in den Mississippi geschubst hätte.«

Es war sicher nur ein Zufall, daß ihm plötzlich Valeska Gert einfiel, die gefeierte Ausdruckstänzerin aus Berlin, die in den ersten Jahren ihrer Emigration in New York einen Künstler-Treff unter dem Namen »Beggar's Bar«, Bettler-Bar, unterhalten hatte. Das muß im Jahre 1941 gewesen sein. Als Künstlerin, die vor den Nazis geflüchtet war, war sie sehr angesehen. Sie hatte Tennessee Williams als Kellner eingestellt. Er bekam zwar kein Gehalt, aber von den Trinkgeldern konnte er ganz gut leben. Als sie eines Abends jedoch die Forderung stellte, alle Trinkgelder (es gab noch zwei weitere Kellner) sollten ab sofort in eine gemeinsame Kasse wandern, an der auch sie ihren Anteil haben wollte, flogen »die Fetzen« und sogar ein paar leere Flaschen. Am Ende der stürmischen Auseinandersetzung war Tennessee Williams wieder einmal ohne Arbeit. Und das im eiskalten New Yorker Winter.

Aber auch der Job als Platzanweiser in einem New Yorker Kino für 17 Dollar die Woche war nicht gerade geeignet gewesen, den ungeliebten Vater im fernen St. Louis vom Talent seines Sohnes zu überzeugen. »Ich hab's ja immer gesagt«, soll der Vater erklärt haben, »aus unserer ›Miss Nancy‹ wird nie etwas werden.«

Der Wendepunkt kam in New Orleans. Keine Geschichten mehr über rachsüchtige ägyptische Königinnen für Billigmagazine wie »Unheimliche Geschichten«. In den Mansarden des französischen Viertels entstanden die Bühnenfiguren, die das Mitleid, das Verständnis oder das Befremden der Theaterbesucher in aller Welt hervorgerufen haben. Der brutale Kowalski, den Marlon Brando spielte, die Laura aus der »Glasmenagerie«, in der man seine Schwester erkennen konnte, nicht zu vergessen die vom Leben zerstörte Blanche Du Bois aus »Endstation Sehnsucht«.

Wer dachte jetzt noch an den arroganten Literaturagenten in New York, der uns »zwei Stunden Tennessee Williams« genehmigt hatte. Inzwischen waren es nahezu drei Tage geworden. Der »größte Dramatiker der westlichen Welt« war von seinem Sockel herabgestiegen und für uns alle ein liebenswerter Mensch geworden. Viktor hatte mit seiner leisen Warnung recht gehabt: Nach dem Mittagessen, nach mehreren Flaschen Rotwein, konnte man ihn nur noch nach Hause tragen. Er verschlief also immer noch die Nachmittage. Aber nun ging das ohne Pillen, ohne Spritzen. Welch ein Fortschritt!

Nachdem man ihn ein wenig besser kannte, wußte man auch dies: Er hat nicht nur als distanzierter Beobachter über andere geschrieben, über ihre Schwächen, ihre Ängste, ihre Verwundbarkeit. In allem war immer auch der Mensch Tennessee Williams zu erkennen, für den die Straßenbahn lange Jahre unterwegs war. Immer in der Hoffnung, die Endstation »Desire« zu erreichen. Ich weiß nicht, ob ihm das gelungen ist.

Nach unruhigen Jahren und scheinbar hektischen Reisen »irgendwohin«, wo er nach innerem Frieden trachtete, starb er einen ganz sinnlosen Tod. Er verschluckte in seiner New Yorker Wohnung den Verschluß einer Medizinflasche. Schlaftabletten? Sicher doch. Er war wieder einmal ganz allein an diesem 24. Februar 1983. Nicht einmal jemand wie Viktor war dabei.

Fritzi Massary

Dreißig Jahre lang hatte man so gut wie nichts von ihr gehört. Nicht einmal zum 80. Geburtstag hatte sie einer Festaufführung der »Fledermaus« beiwohnen wollen. Nun war sie inzwischen 83 Jahre alt geworden, und ich konnte mein Glück noch gar nicht fassen. Was ich mir lange Jahre gewünscht und ersehnt hatte, war endlich eingetreten. Fritzi Massary würde sich zum erstenmal ausführlich einem Gespräch vor der Fernsehkamera stellen, und ich durfte ihr Gesprächspartner sein! Diesmal war das Lampenfieber noch schlimmer als gewöhnlich und sicher auch berechtigt. Denn die meisten Männer hatten verlegen gestammelt, wenn sie das unerhörte Glück hatten, ihr in ihrer Berliner Glanzzeit die Hand drücken, ja vielleicht sogar küssen zu dürfen.

Ob sie es wohl alle wüßten, die Nachbarn in Beverly Hills, daß hier am North Camden Drive eine Königin wohnt, die im alten Berlin, vor dem Ersten Weltkrieg und danach, bewundert und umjubelt worden war? Vielleicht war sie eine etwas frivole Königin gewesen. Aber niemand, der sie auf der Bühne erlebte, hatte sich ihrem Zauber entziehen können. Sie war in der damaligen Zeit der Glücksfall für das Berliner Theater gewesen, viel mehr als »nur« ein Operettenstar.

Mit Fug und Recht ziert Fritzi Massary die Umschlagseite eines Buches, das Alex Natan den Primadonnen dieser Welt gewidmet hat. Massary als erste und dann erst die anderen – Adelina Patti, Renata Tebaldi, Geraldine Farrar, Kirsten Flagstad und natürlich auch Maria Callas. Sicherlich, die hier genannten Damen der Oper hatten weiß Gott die besseren

Stimmen. Aber wenn es um Ausstrahlung, schiere Bühnenzauberei und Persönlichkeit ging, dann war die Massary allemal ein hochrangiges Mitglied im exklusiven Club der Primadonnen.

Sie war der ganz seltene Fall, daß es über eine Persönlichkeit des Theaters kaum geteilte Ansichten gab. Ich wußte, Lotte Lehmann hatte uns helfen wollen und ihr einen kleinen Brief geschrieben: »Schau ihn Dir doch wenigstens erst einmal an, bevor Du vielleicht wieder einmal nein sagst. Wir haben hier in Santa Barbara bei den Aufnahmen für das deutsche TV viel Spaß gehabt...«

Lotte Lehmann sollte sich damals eigentlich nur zu einer einzigen Frage äußern: Ist es richtig, daß die Amerikaner ihre alte berühmte Metropolitan Opera an der 38. Straße, dort also, wo alle die großen Stimmen dieses Jahrhunderts zu hören gewesen waren, Caruso, Melchior, Flagstad, Rysanek, abreißen lassen, um am Lincoln Center, weiter uptown, eine neue Met zu bauen? Kann man den »Geist« eines berühmten Musentempels verpflanzen? Lotte Lehmann sah es praktisch.

Nichts ist hier heilig oder schutzbedürftig, wenn kommerzielle Interessen die Oberhand gewinnen. An der 38. Straße wird anstelle der Met ein Wolkenkratzer aus Glas und Beton entstehen. Der »Developer«, der Mann, der die Mieten für die Büros kassieren wird, kann das sentimentale Getue um den alten Kasten überhaupt nicht begreifen. Er sieht ein Millionengeschäft. Wozu also protestieren? Nicht einmal Sir Rudolf Bing, der Generalintendant, hat sich aufgeregt. »Singen kann man überall«, soll er gesagt haben. Vielleicht stimmt das sogar, die Opernstars von heute singen ja wirklich überall. Zu ihrer Zeit, meinte Lotte Lehmann, sei das alles nicht so hektisch gewesen. Sänger brauchten eine künstlerische Heimat, eine Basis, zu der sie immer wieder zurückkehren konnten, um neue Kraft zu schöpfen. Ihre künstlerische Heimat war die Wiener Staatsoper gewesen. Nach der Uraufführung der »Ariadne auf Naxos« in der Wiener Fassung, in der sie auf ausdrücklichen Wunsch von Richard Strauss die Hauptpartie gesungen hatte, wußten die Leute, auf die es ankam, wer Lotte Lehmann war.

Bei allen Triumphen in den Opernhäusern der Welt, Lotte Lehmann war ein bescheidener, fast demütiger Mensch geblieben, mit der wir in Santa Barbara nicht nur über Opern und Opernhäuser, sondern auch über Hunde und Katzen reden konnten. Auch mit ihr entstand eine herzliche Telefon- und Brieffreundschaft. Wohlweislich habe ich mich gehütet, den Namen Maria Jeritza zu erwähnen. Die Jeritza war Lehmanns große Rivalin gewesen, die ihren Starstatus an der Met (sie war auch eine atemberaubend schöne »Tosca« gewesen) dazu benutzt hatte, die Verpflichtung der Lehmann an das berühmte Opernhaus immer wieder hinauszuzögern. Lotte Lehmann war schon 46 Jahre alt, als sie im Januar 1934 endlich als Sieglinde an der Met debütieren konnte. Elf Jahre später, im Februar 1945, verabschiedete sie sich in einer ihrer Glanzrollen, als Marschallin im »Rosenkavalier«. Dem Einfluß dieser wunderbaren Frau also war es zu verdanken, daß ich bei Fritzi Massary zunächst einmal anrufen durfte.

»Ja, ich habe von Ihnen gehört«, sagte sie ganz sachlich und nicht übermäßig freundlich. »Kommen Sie morgen früh um zehn. Wir werden die Sache besprechen.«

Bums! Kurz und knapp hatte die 83jährige am Telefon reagiert, und es klang immer noch ganz hoheitsvoll. Jetzt verstand ich plötzlich, warum sich Max Pallenberg, der berühmte Komödiant, der mit der Massary verheiratet war, immer ein wenig geziert hatte, wenn ihn seine besten Freunde baten, endlich einmal der »großen Dame« vorgestellt zu werden. Pallenberg war nie sicher, wie sie auf seine Freunde reagieren würde. Und eine kühle Abfuhr von der Massary ... Es wäre zu peinlich gewesen.

In der Nacht vor dem ersten Massary-Treffen habe ich ganz schlecht geschlafen. Welche Blumen bringt man mit, was zieht man an? Sogar Männer können solche Sorgen haben. Ich entschied mich für eine Mischung aus California-Chic und kontinentaler Tradition. Mit einem blauen Blazer und weißen Hosen sind die meisten Männer akzeptabel. Die Blumenverkäuferin in einem Florist shop am Wilshire Boulevard machte ich ganz nervös. Ich konnte mich nicht entscheiden. »Are you buying flowers for Greta Garbo? Kaufen Sie Blumen für Greta Garbo?« Das war ironisch gemeint.

»Not for Greta Garbo, but somebody similar. Nicht für die Garbo, aber für eine Frau, die auch berühmt ist.«

Just in diesem Augenblick brachte ein Lieferjunge kleine gelbe Rosen, die man in Bayern als »Moosrosen« bezeichnet. Das schien das richtige zu sein.

Am Camden Drive North stand das keineswegs luxuriöse Haus. Pünktlich um 10 Uhr drückte ich die Klingel.

»Schön, daß Sie auf die Minute kommen.« Fritzi Massary stand in der Eingangshalle und lächelte. »Kommen Sie, die Ella hat uns einen Tee gekocht. Sie trinken doch Tee?«

In diesem Augenblick hätte ich alles getrunken, sogar Ziegenmilch. Nur jetzt keinen Fehler machen. Zum Glück gefielen ihr auch die kleinen Rosen. Nach zehn Sekunden hatte ich vergessen, daß ich mit einer alten Dame sprach. Mir gegenüber saß eine elegante, selbstsichere, schlagfertige und witzige Frau, die sich offenbar bereits entschieden hatte.

»Wissen Sie«, sagte sie plötzlich, »ich habe viel erlebt in meinem langen Leben. Falls es noch Leute geben sollte, die sich dafür interessieren, Ihnen will ich es gern erzählen. Wann wollen Sie mit Ihren Kameras dieses Haus auf den Kopf stellen?«

»Ist Ihnen Dienstagnachmittag angenehm?«

Sie nickte. »Dienstag, Mittwoch, mir ist alles recht. Ich bin immer hier. Hauptsache, wir machen es so schnell wie möglich.«

Es war Samstag. Bevor ich mich wirklich freuen konnte, mußte ich ein paar »Weichen« stellen. Vom Hotel aus, dem »Sunset Marquis« an der Alta Loma Road, rief ich in Hamburg an. Das Zeitungsarchiv. »Alles, was Sie über die Massary haben, bitte sofort per Luftfracht nach Los Angeles. Es muß Montag hier sein. Hängt 'ne Menge davon ab. Haben Sie alles verstanden?«

20th Century Fox mit Ed Reek jr. als Kameramann würden die Technik stellen. Ein geplanter Wochenendtrip nach San Diego mit einem Sprung über die Grenze nach Tijuana, der wilden mexikanischen Border Town, in der es ein Hotel gibt, in dem angeblich der »Caesar Salad« erfunden worden ist, wurde um eine Woche verschoben. Das Informationspaket aus Hamburg war pünktlich eingetroffen, und nach einigen Stunden »Tauchstation« wußte ich so viel über die Massary, daß ich dem Dienstagnachmittag zwar nicht mit Ruhe, immerhin aber mit Zuversicht entgegensehen konnte.

Die amerikanischen Techniker, die kein Wort Deutsch verstanden, warfen mir fragende Blicke zu, als sie die Massary im Garten sahen. Was will er mit der alten Dame? Aber als sie dann sprach, lachend, mit den eleganten Bewegungen ihrer Hände, die lässig mit einem Seidenschal spielten, totale Präsenz einer Frau, die die Körpersprache schon beherrschte, als es den Begriff noch gar nicht gab – da fing ich mir einen bewundernden Blick des Kameramanns ein. Nein. Es konnte kein Zufall gewesen sein, daß ihr Berlin jahrzehntelang zu Füßen gelegen hatte.

Als ich das Gespräch damit begann, an ihren ersten Bühnenauftritt 1898 in Moskau zu erinnern, rebellierte sie ein wenig.

»Gott, das ist so lange her. Aber wenn Sie es sagen, wird es schon stimmen. Im vergangenen Jahrhundert, 1898, fing alles an!«

Fritzi war damals »Chorus Girl« gewesen, Mitglied einer österreichischen Truppe, die in Moskau, Odessa, Kiew und Petersburg gastierte. Sie erlebte den unvorstellbaren Luxus, mit dem sich die russische Aristokratie umgab. Nerz als Fußsack bei Schlittenfahrten durchs verschneite Land. Wer elegant sein wollte, trug Chinchilla oder Hermelin. Der Star der Truppe aus Wien hieß Betty Steuer. Die bekam von ihren adeligen Verehrern so viel Schmuck geschenkt, daß sie für jeden Diamantring, für jede Kette oder Brosche und für jedes Armband eine Taufe mit Champagner und Kaviar veranstaltete. »Wir jungen Dinger«, erinnerte sich die Massary, »waren tief beeindruckt. Ich wußte nicht, was Kaviar war. Damals hab' ich es erfahren.«

Ihren Vater, der mit der Theaterbesessenheit der Tochter wenig anzufangen wußte, hatte sie auch durch die Reise nach Moskau nicht überzeugen können. Aber die Mutter war auf ihrer Seite. Die gab ihr gute Wünsche mit für die lange Bahnfahrt nach Hamburg. War es das Thalia-Theater? Oder irgendeine Music-Hall in der Nähe von St. Pauli? Sie wußte den Namen nicht mehr. Sicher ist nur, daß Fritzi Massary in Hamburg durchfiel. Ein Couplet mußte sie singen, und ein Kritiker schrieb: »Nicht einmal das kann sie.« Also kam der »blaue Brief«, die Kündigung.

Was sie damals in Wirklichkeit erlebte, wäre gewiß eine brauchbare Vorlage für ein musikalisches Rührstück gewesen: armes Weaner Madl ohne Wohnung und ohne Freunde in der großen Hafenstadt. Das noch vorhandene Geld reichte gerade aus, mit einem Billett dritter Klasse nach Wien zu fahren. Auch der Agent war jetzt mißtrauisch geworden. Vielleicht hatte das Mädchen wirklich kein Talent. »Machen wir noch einen Versuch«, hatte er gesagt, »schicken wir Sie nach Linz.« Aber auch in Linz ging das Vorsingen gründlich daneben. »Ungeeignet für die Provinz«, entschied der Direktor, ohne zu ahnen, welche Wahrheit er damit ausgesprochen hatte. In der Provinz hatte die Massary wahrlich nichts zu suchen.

Dieser Meinung war auch Direktor Schulz vom Berliner Metropol-Theater, der gewissermaßen als rettende »Glücksfee« eines Tages nach Wien gekommen war und die Fritzi in einer winzigen Rolle gesehen hatte. Höhepunkt ihres Auftritts war das Lied »I hab' amal a Räuscherl g'habt«. Das war der Durchbruch. Im Jahre 1903. Die Wiener jubelten, und wenig später begeisterten sich auch die Berliner. Direktor Schulz hatte sie ans Metropol-Theater geholt. Damals noch kein Operettentheater, wie die Massary ausdrücklich betonte. Man »gab« das, was man heute vielleicht eine große Ausstattungsrevue nennen würde: schöne Tänzerinnen, dekolletierte Frauen, dickbäuchige Herren im Frack, die immer eine Zigarre rauchten

»Besuch bei Fritzi Massary« in Beverly Hills, Kalifornien, 1965

Vivien Leigh und Marlon Brando in »Endstation Sehnsucht«

und Champagner tranken. Zur gleichen Zeit hatte Mr. Ziegfeld in New York die perfekte Mischung für seine »Ziegfeld Follies« entwickelt, bei der auch die Berliner Vorlage nützlich gewesen war.

Auch in Berlin müßte Fritzi Massary Erfolg haben, hatte sich der Direktor Schulz gedacht, als er der Fritzi gleich zu Beginn ein Lied zu singen gab, das bald darauf ein Berliner Schlager wurde: »Im Liebesfalle, da sind sie alle ein bißchen tralala«; aus dem Liedtext: »Auf diese Art behandle ich die Männer. Ich bin ein Kenner des starken Geschlechts.« Prüde waren die Texte nicht. Offiziere der Kaiserlichen Armee durften das Theater nur in Zivil betreten. Und der Kronprinz, mit dieser lächerlichen Geschichte wollte sie endlich aufräumen, der ihr angeblich immer Rosen geschickt hatte, saß zwar oft genug in der Loge, »aber Blumen hat er mir nie geschickt«.

Inzwischen war sie in Berlin verliebt. Was für eine Stadt, was für eine Luft. Die großen Opernsänger hatten alle übereinstimmend festgestellt, in Berlin niemals heiser gewesen zu sein. So gut war die Berliner Luft zu Anfang unseres Jahrhunderts.

Alles, was ihr in ihrer langen Karriere von Nutzen war, hat sie in diesen frühen Berliner Jahren gelernt: vor allem Selbstkritik und Disziplin. Direktor Schulz stand jeden Morgen mit der Uhr in der Hand am Bühnenportal. Geldstrafen gab es, wenn jemand zu spät kam, gleichgültig, ob es der Star oder eine Statistin war. »Das war ein Preuße, wie er im Buche steht.« Sie lachte dabei, als sie das sagte, und auch noch sechzig Jahre später merkte man ihr an, wie gern sie diesen Mann gehabt hat, wie dankbar sie ihm war. Als nach ihrem ersten Lied, das ihr der Direktor anvertraut hatte: »Im Liebesfalle, da sind wir alle ein bißchen tralala«, der Beifall losbrach, verbeugte sie sich zunächst in Richtung Kulissen, wo sie den Direktor Schulz vermutete. Der machte ihr schließlich wütende Zeichen, sich endlich in die andere Richtung zu verbeugen, vor den Berlinern, die im Parkett und auf den Rängen saßen.

In den damaligen Ausstattungsstücken mußten einige Darsteller mehrere Rollen spielen. Fritzi Massary war 1905 oder

1906 nicht nur die große Dame von Welt. Sie spielte auch Stubenmädchen oder Dirnen. Um ganz echt zu sein, besorgte sie sich die entsprechenden Klamotten im sogenannten Scheunenviertel, also in Läden, die wir heute Secondhandshops nennen. Für Fritzi Massary mußte auf der Bühne alles echt sein, auch die Blumen oder der Champagner. Kein Wasser, kein Tee oder Limonade als »Ersatz«.

Ich weiß nicht, ob die Berliner Theatergeschichte die Titel der damaligen Stücke lückenlos verzeichnet; Fritzi Massary erinnerte sich an einige: »Donnerwetter, tadellos«, »Hurra, wir leben noch«, »Hoppla, jetzt komm' ich«. Erst 1914 spielte sie ihre erste Operettenrolle: »Die Kaiserin« von Leo Fall. Sie war Maria Theresia, die in einer kleinen Szene ihren Kindern Tee einschenkte. Das muß so eindrucksvoll gewesen sein, daß ihr Max Reinhardt einen begeisterten Brief schrieb. »Wunderbar, was Sie da in der stummen Szene geleistet haben.« Sicher war es wieder die Körpersprache der Massary gewesen, die den genialen Theatermann begeistert hatte. Aber auch die Kritiker überschlugen sich. So schrieb Alfred Polgar: »Die Noten, und zwar sehr charmante Noten, sind von Leo Fall. Aber die Musik ist von Fritzi Massary!« Und dann kamen in regelmäßiger Folge die Operetten, die eigens für die Massary geschrieben wurden. »Letzter Walzer« und »Die Perlen der Kleopatra«, beide von Oscar Strauss; »Pompadour« und »Die spanische Nachtigall« von Leo Fall. Alle ihre Stücke wurden viele hundert Male hintereinander gespielt, en suite, wie es in der Theatersprache heißt, und sie hat sich nie gelangweilt.

»Schließlich hat man jeden Abend ein anderes Publikum. Lacher kamen oft an Stellen, wo sonst nie gelacht wurde, und da, wo die Leute sonst immer gelacht hatten, blieb es an einigen Abenden mucksmäuschenstill. Mich hat's interessiert.«

1911 hatte sie den Mann ihres Lebens kennengelernt: Max Pallenberg, der 1934 bei einem Flugzeugunglück ums Leben kam. »Max Pallenberg war meine große Leidenschaft, und er war ein Genie. Es fällt mir auch heute noch schwer, ohne Tränen über ihn zu sprechen. Ich war dreiundzwanzig Jahre mit ihm zusammen, und ich kann Ihnen versichern, daß es keine Sekunde Langeweile gab.«

Beruflich hatte sie nur selten mit ihm gearbeitet, »weil ich nicht vergessen konnte, daß ich seine Frau war. Das geht auf der Bühne nicht gut.« Aber es existiert eine Schallplattenaufnahme der beiden aus der »Pompadour« mit einem recht anzüglichen Text: »Josef, ach Josef...«

Mit Max Pallenberg hatte sie während einer Weltreise im Jahre 1931 Hollywood schon einmal besucht. »Pallenberg reiste leidenschaftlich gern, ich nicht«, gestand sie. »Was man aus Liebe tut, tut doch weh.« In Hollywood hatte es sich herumgesprochen, wer da aus Berlin zu Besuch gekommen war. Als Marlene Dietrich und Greta Garbo in ihren frühen Jahren noch um Anerkennung kämpfen mußten, war die Massary längst ein vielumjubelter Star.

Ihr zu Ehren wurde also in Hollywood eine große Gardenparty veranstaltet, zu der sie fast alle gekommen waren, auch der Chaplin und die Garbo. Max Pallenberg, der Schelm, hatte plötzlich einen Einfall, über den die Massary und ihre Freunde jahrelang gelacht haben. Greta Garbo, auch damals schon scheu und unnahbar und am liebsten unerkannt, war sichtlich erschrocken, als ihr Max Pallenberg plötzlich gegenüberstand. »Ich weiß überhaupt nicht, wer Sie sind«, sagte er ihr, »und ich habe Sie auch noch nie im Kino gesehen. Trotzdem möchte ich Ihnen diese Rose schenken.« Alle, die es hörten, klatschten Beifall, und sogar die Garbo mußte lachen.

Fast beiläufig erwähnt sie die Namen der Großen dieser Welt. Mit Thomas Mann war sie oft zusammengewesen, als dieser noch in Pacific Palisades lebte. »Ein schwieriger, höchst komplizierter Mensch, der hinter jedem Wehwehchen eine schreckliche Krankheit vermutete. Als Dichter sicher genial.« In seinen Tagebüchern hat Thomas Mann die Massary mehrfach erwähnt. Als sie 65 wurde, hat er sogar mitgefeiert. Sein Kommentar: Operettenluft; und man kann sich fragen, ob das nur als Kompliment gemeint war.

Als wir über ihre liebsten Partner sprachen, mußte sie nicht lange überlegen. In den »Perlen der Kleopatra« war er ihr Partner gewesen. Sie spricht über Hans Albers. »Ein wunderbarer Kollege. Er hat sich in einer Zeit, wo sich nicht alle gut benommen haben, fabelhaft verhalten. Ich werde ihm das nie vergessen.« Trotz ihrer Triumphe in der »Lustigen Witwe« von Franz Lehár in der Rolle der Hanna Glawari – »Jetzt bringen Sie mich in Verlegenheit«, sie lacht dabei, und dann sagt sie es: »Ich habe die Rolle nicht gern gespielt. Das hat nichts mit der Musik zu tun, die sicher großartig ist. Aber als Figur hat die Glawari kaum besondere Entfaltungsmöglichkeiten, sie kann sich nicht steigern.« Franz Lehár hatte eigens für die Massary ein zusätzliches Lied komponiert: »Ich hol' dir vom Himmel das Blau«. Das hat sie ganz gern gesungen, sagt sie, aber der Mensch Lehár? In jeder Stadt, in der die »Lustige Witwe« gespielt worden war, und die wurde überall gespielt, gab es eine Sängerin, die stolz auf sein Foto mit der eigenhändigen Widmung war: Der besten Glawari, die es je gegeben hat. Herzlichst Ihr Franz Lehár. »Das bekam jede, ich hab's auch.«

Fritzi Massary hat sich außerhalb von Berlin nur selten hören und sehen lassen. Ich erwähne ihr Gastspiel als Adele in der »Fledermaus« im Stadttheater Elberfeld, wahrscheinlich in der Spielzeit 1927/28, nur deshalb, weil als Dirigent ein blutjunger Mann fungierte, der dreißig Jahre später Broadway-Geschichte machte: Franz Allers. In New York dirigierte er den Super-Musical-Erfolg dieses Jahrhunderts: »My Fair Lady« von Frederick Lowe, der für seine Freunde immer der »Fritz Löwe aus Berlin« geblieben war, dem die meisten den amerikanischen Traumerfolg nach bitteren Anfangsjahren in der Emigration von Herzen gönnten.

Das preußische Pflichtgefühl, das sie dem Direktor Schulz vom Metropol-Theater verdankte, hat sie nie verlassen. Am Abend, wenn überall auf der Welt die Theater spielen, ging sie gern allein auf ihr Zimmer. Das waren die Stunden, die den Erinnerungen gehörten. Da war wenig zu bedauern, abgesehen vom viel zu frühen Abschied von Berlin, der 1932 kam. Kommendes Unheil war vorauszusehen.

Sie hatte noch einmal einen Riesenerfolg in der Operette »Eine Frau, die weiß, was sie will«. Was so die Gesellschaft redet, zwischen Lunch und Dinner, nachmittags beim »five o'clock«, von Madame X und Madame U. Am besten ist, man hört den Leuten gar nicht zu. »Warum soll eine Frau kein Verhältnis haben?« Mit maliziösem Lächeln und näselnden Zweideutigkeiten, so konnte nur eine Frau singen, die für alles Menschliche Verständnis hatte. Berlin würde sich daran gewöhnen müssen, daß es künftig keine festlichen Premieren mehr mit Fritzi Massary gab.

Noch durfte man in Erinnerungen schwelgen, auch wegen der einmaligen Aufführung von Wedekinds »Marquis von Keith«, einer Wohltätigkeitsveranstaltung unter der Leitung von Leopold Jessner zum Gedenken an den im Februar 1929 verstorbenen Schauspieler Albert Steinrück. Die Galavorstellung am 28. März 1929 wurde zu einer glanzvollen Affäre. Das Beste, was das Berliner Theater damals zu bieten hatte. Auf dem Theaterzettel alle (oder fast alle) Berühmten der damaligen Zeit, von Elisabeth Bergner bis Paul Wegener, von Max Pallenberg und Fritz Kortner bis zu Fritzi Massary.

Fritzi hatte nur eine stumme Rolle, mußte an einer Stelle der Handlung Tee servieren, war also ein Stubenmädchen mit weißer Schürze und weißem Häubchen. Allein das schon war ungewöhnlich für einen Superstar. Noch ungewöhnlicher allerdings war das, was Elisabeth Bergner daraus machte. Als Fritzi Massary schweigend mit Tablett und Teekanne wieder verschwinden wollte, rief ihr die Bergner nach: »Du hast etwas vergessen, du Trampel!« Massary ein Trampel? Die Zuschauer jubelten vor Vergnügen, es gab minutenlange Ovationen. Später behauptete die Bergner, die witzig (und bissig) sein konnte, Massary habe sie um diesen Satz gebeten, sie hätte den Beifallsorkan vorausberechnet.

Der Ruhm der Massary war nach London vorgedrungen. Zu ihren Bewunderern gehörte auch Noël Coward, das Allroundgenie des englischen Boulevardtheaters. Er war erbost, als er von dem bevorstehenden Abschied der Massary von Berlin erfuhr. In aller Eile schrieb er für sie ein Musical, dem er, ihr zu Ehren, einen deutschen Titel gab: »Operette«. Fritzi Massary in einer Episodenrolle auf einer Londoner Bühne, ganz hübsch. Ein schöner Erfolg, aber kein Vergleich zu dem Jubel, den ihre Berliner Premieren ausgelöst hatten. Inzwischen drängte ihr Schwiegersohn, Bruno Frank, der bei Metro-Goldwyn-Mayer in Hollywood arbeitete, sie solle so schnell wie möglich nach Amerika kommen. Man mußte kein Hellseher sein. Das Unheil, der Krieg, den Hitler wollte, stand vor der Tür. Und dann die »Reichskristallnacht«. Heute gehört uns Deutschland und morgen die ganze Welt. Für jüdische Stars, die Massary wußte es, gab es in einem von Hitler beherrschten Europa keine Zukunft mehr. Seit 1938 wohnte sie in Beverly Hills.

War sie noch bitter, wenn sie an Deutschland dachte? Ich stellte die Frage gar nicht erst. Ich hatte gespürt, daß sie während unseres Gesprächs immer herzlicher und fröhlicher geworden war. Das war ihre Gelegenheit, Gedanken auszusprechen, die sie seit Jahren mit sich herumgetragen hatte. Die Erinnerungen an ihre Karriere gehörten ihr von nun an nicht mehr allein. Sie würde sie über das Fernsehen mit einigen Millionen teilen. Auch als 83jährige war sie immer noch die »große Massary«. Wären die sonst alle gekommen, die Techniker von 20th Century Fox, die ihr mit Kabeln und Lichtern und Kameras sozusagen auf den Leib gerückt waren?

In der Fernsehsendung »Besuch bei Fritzi Massary«, zum erstenmal ausgestrahlt 1965 und in den darauffolgenden Jahren mehrfach wiederholt, hörte sich der Schluß des Zwiegesprächs etwa so an:

WB:	Haben Sie Ihren – ich muß das einmal sagen – legendären Ruhm als selbstverständlich empfunden, als eine Bestätigung des Jubels, der Ihnen aus Ihrer Berliner Zeit immer noch in den Ohren klingen muß?
Massary:	Wissen Sie, mein Leben war nicht nur wunderbar. I have got my share in every way,

Gutes und Schlechtes. Das gehört zum Leben, ich bin keine Ausnahme. Erfolg zu haben ist nicht so schwer, wenn man Talent hat; was ja eigentlich die Voraussetzung dafür sein sollte, wenn man sich entschließt, eine Theaterlaufbahn einzuschlagen. Aber einen Erfolg über dreißig Jahre zu halten, das finde ich beachtlich, das hat Anerkennung verdient, und die räume ich mir auch selber ein. Ich glaube, daß ich in den letzten fünfzehn Jahren demütig dankbar dafür bin, wirklich, ich empfinde es so, daß ich nicht vergessen bin. Daß ich heute meinen Erfolg mehr genieße als zu der Zeit, als ich ihn hatte, als alles so selbstverständlich geworden war. Es kommen immer noch Briefe aus Hamburg und Berlin, von Menschen, die gar nicht alt genug sein können, mich auf der Bühne gesehen zu haben. Da muß es also Geschichten gegeben haben, die der Vater oder der Großvater erzählt hat. Ich zehre von den Zinsen eines Kapitals, das sich vor vielen Jahren gebildet hat, und ich muß gar nichts mehr dazutun. Es fällt mir in den Schoß . . .

Schlußwort WB: Sie haben uns mit dieser Begegnung ein großes, wunderbares Geschenk gemacht. Ich bin ganz sicher, daß Ihnen in diesem Augenblick die besten Gefühle vieler Menschen sicher sind, in Deutschland, in der Schweiz und in Ihrer alten Heimat Wien, wo immer man diese Sendung sehen kann.

Massary: Ich danke Ihnen, und ich bin froh, daß wir jetzt aufhören, denn sonst könnte auch ich meine Rührung nicht länger verbergen.

Widmung für Werner Baecker von Fritzi Massary in »Primadonna. Lob der Stimmen von Alex Nathan«, Basel/Stuttgart 1962

Über dem Nachspann noch einmal die Stimme der Massary: »Jede Frau hat irgendeine Sehnsucht und einen Wunsch im Herzen ganz allein ...«

Nachdem die Lichter verloschen waren und der Kameramann gerufen hatte: »That's a wrap, das war's, wir bauen ab«, hatte ich so etwas wie eine Schrecksekunde, die mir wie eine Ewigkeit vorkam. Was sollte ich jetzt sagen? Mit den üblichen Phrasen: »Das war ja phantastisch, toll, daß Sie das alles noch wußten«, konnte ich ihr nicht kommen. Das Make-up-Girl hatte ihr eine Fettcreme zum Abschminken und eine Handvoll Papiertaschentücher gereicht. »Jetzt macht man mich wieder so alt, wie ich bin«, sie lachte schon wieder, und mit einem Blick auf mich, »ich hätte gern ein Glas Champagner getrunken. Für mich war's schließlich eine Premiere.«

Dann sagte ich so leise, daß nur sie es hören konnte: »Wissen Sie eigentlich, wie glücklich Sie mich heute gemacht haben?« Max Pallenbergs Freunde, die sich so oft vergeblich nach ihrer Nähe gesehnt hatten, hätten nun allen Grund gehabt, neidisch auf mich zu werden. Sie umarmte mich stumm, und ich durfte sie auf beide Wangen küssen.

Später, im Hotel, las ich ihre Widmung, die sie mir in das Buch »Primadonna« von Alex Natan geschrieben hatte: »May 25, 1965. Zur Erinnerung an mein erstes Television, für Herrn Werner Baecker, der es mir sehr leichtmachte, wofür ich ihm sehr dankbar bin. Herzlichst Ihre Fritzi Massary.«

Die Publikumsreaktion war überwältigend. Ein 20jähriger aus Zürich hatte ihr noch in der Nacht nach der Sendung ein Telegramm geschickt. »Für mich sind Sie trotz Ihres Alters immer noch eine sexy Lady.« Mir schrieb sie in einem Brief: »Das Echo auf unsere Sendung war größer als nach einer Premiere im Metropol-Theater.«

Bei der Verteilung der »Goldenen Kamera« von *Hörzu* für herausragende Leistungen im Jahre 1965 gingen wir leer aus. Fritzi Massary hätte eine solche Ehrung sicher verdient. Es wäre eine späte Verbeugung gewesen, eine längst fällige Anerkennung für glanzvolle Jahrzehnte, die ihr das Berliner Theater zu verdanken hat. Aber dafür gab es, einige Monate später, Anfang 1966, eine »besondere Anerkennung« im Rahmen des Adolf-Grimme-Preises, der damals noch so neu war, daß sich in Hamburg, in meinem Heimatsender, niemand veranlaßt sah, mir einen Glückwunsch zu übermitteln.

Wir drehten im Frühjahr 1966 für die Produktion der Vorabendserie »Treffpunkt Texas« im Raume von El Paso, direkt an der mexikanischen Grenze. Meine Enttäuschung über die schweigende Hamburger Zentrale war groß. Die Meldung von der Ehrung, die über dpa gekommen war, konnte mich kaum trösten. Dabei ging es bei dieser Geschichte nicht einmal nur um mich. Was sollte ich der Massary sagen, mit der ich häufig telefonierte? Wir haben einen Grimme-Preis bekommen, die Urkunde kommt per Post?

Trotzdem, sagte ich mir, man soll die Feste feiern, wie sie fallen. Draußen, auf dem Parkplatz des Motels am Basset Center von El Paso, stand der gemietete Straßenkreuzer. Nur nicht im Zimmer hocken und auf einen Telefonanruf aus Hamburg warten, wo zu dieser Stunde – Deutschland war uns 8 Stunden voraus – die Betreffenden, Intendant, Programmdirektor oder Hauptabteilungsleiter, längst in ihren Betten lagen und schliefen. Auf nach Mexiko. Drüben, auf der anderen Seite des Rio Grande, flimmerten verheißungsvoll die Lichter von Ciudad Juárez, der großen Grenzstadt, die mit El Paso durch mehrere Brücken über den Fluß verbunden ist.

Wer viel allein ist, muß halt auch lernen, allein zu feiern. Im Café Florida, gleich hinter der Brücke, aber schon auf mexikanischem Boden, das beliebte Spezialgericht: Carne Asada. Dazu Tequila und Bier, und zum guten Abschluß natürlich auch Kahlua. Meine Stimmung war plötzlich nicht nur prächtig, ich war auch unternehmungslustig geworden. In der Disco nebenan feierte eine mexikanische Fußballmannschaft den eben errungenen Sieg über eine Elf aus Chihuahua. Die Muchachos aus Juárez hatten sich nicht einmal die Zeit genommen, ihre schlammverschmierten Trikots zu wechseln. Schnell ein

Er sollte »soccer« in den Vereinigten Staaten populär machen. Franz Beckenbauers vorletzte Station als aktiver Fußballer war Cosmos New York

Mit Désirée Nosbusch, die ihre internationale Fernsehkarriere gerade begonnen hatte

Bier für alle, und dann gemeinsam in ein »Baños Turco«, in ein türkisches Dampfbad, so hatten sie es geplant.

»Kommen Sie doch mit«, riefen einige, nachdem sie durch vieles Fragen über Alemania auch herausbekommen hatten, daß ich Franz Beckenbauer persönlich kannte. Du lieber Himmel, war unser Franz in Mexiko beliebt! Sogar unter den Duschen und im dichten Dampf fiel immer wieder sein Name. Und sie hatten jemanden kennengelernt, der ihn persönlich kannte! Ein bißchen Fußballglanz fiel also auch auf mich. Es hat mich einige Runden Bier gekostet. Der Durst war groß, und getrunken wurde überall, auch im Dampf und auf der Massagebank. Soviel Spaß auf einmal.

In Marl in Westfalen, wo die offizielle Ehrung der Grimme-Preis-Träger stattfindet, kann es nicht halb so lustig gewesen sein wie bei meiner ganz persönlichen Feier im »Baños Turco« von Juárez.

Am nächsten Tag habe ich die Massary in Kalifornien angerufen. Ich habe ihr alles erzählt, und sie hat sehr gelacht.

Der Poet, der aus der Gosse kam: Miguel Piñero

Zu den vielen Federn, die sich der New Yorker Theaterproduzent Joseph Papp (New York Shakespeare Festival Theater) an den Hut stecken konnte, war Anfang der siebziger Jahre eine weitere hinzugekommen: Er hatte Miguel Piñero, dem Zuchthäusler, der in einer Zelle von Sing-Sing ein Bühnendrama geschrieben hatte, die Chance seines (verpfuschten?) Lebens gegeben. Eine Gruppe von ehemaligen Strafgefangenen, viele davon wurden immer wieder rückfällig, hatte sich unter dem Namen »The Family« zusammengeschlossen und den erfolgreichsten unter den New Yorker Theatermachern davon überzeugt, daß sie es verdient hatten, sogar am Lincoln Center präsentiert zu werden.

Joseph Papp war nicht nur mit seinen Sommerproduktionen, »Shakespeare im Park«, erfolgreich gewesen. Er hat dem Broadway auch das Musical »geschenkt«, das vermutlich als das erfolgreichste aller Zeiten in die New Yorker Theatergeschichte eingehen wird: »A Chorus Line«. Seit 1975 ununterbrochen gespielt, achtmal in der Woche, und immer noch ausverkauft. Die Filmversion, für die Sir Richard Attenborough verantwortlich war, hat vermutlich auch den letzten Höhlenbewohner auf diesem Planeten davon überzeugt, daß mit dem Vorsingen und Vortanzen bei einem eiskalten Theatermann, der ein Musical zu produzieren hatte, eine lebensnahe New Yorker Geschichte erzählt worden war.

In einem Theaterbetrieb, der keine Subventionen freundlicher Stadtverwaltungen kennt, ist jeder Tag für die jungen Schauspielerinnen und Schauspieler eine neue Herausforderung. Sie arbeiten als Kellnerinnen oder Kellner, führen Hunde im Central Park spazieren, laufen von einer »audition« (Vorsprechen) zur anderen, durchkämmen jedes Fachblatt *(Backstage, Variety)* nach irgendeinem Hinweis, der das große Glück bedeuten könnte, und beneiden ihre jungen Anfängerkollegen beispielsweise auch in Deutschland, wo Jahresverträge und bezahlter Urlaub an den Häusern, die durch Subventionen gefördert werden, selbstverständlich sind. Nicht in New York, wo immer die Theaterkasse über Erfolg oder Mißerfolg entscheidet. Joseph Papp hat sich selten geirrt, und mit »Short Eyes« von Miguel Piñero hatte er einen Volltreffer gelandet, den die New Yorker Dramenkritiker als »bestes Stück des Jahres« bezeichneten.

Was hatte Miguel Piñero da in seiner Zuchthauszelle von Sing-Sing zu Papier gebracht, wo er wieder einmal für »armed robbery«, also bewaffneten Raubüberfall, einsaß? Er war im Milieu geblieben. Er beschrieb die Welt, die ihm vertraut war. Von seinen 25 Lebensjahren hatte er sieben hinter Gittern verbracht. Sein Drama spielte also im Tagesraum einer Strafvollzugsanstalt.

Da saßen die herum, die Piñero am besten kannte. Dunkelhäutige Gefangene, Schwarze und Puertoricaner. Räuber, Zuhälter, Drogenhändler, Vergewaltiger und Einbrecher. Wenn der hübsche »Cupcake« unter die Dusche wollte, ließ er sich von zwei Spezies bewachen. Diesen Kerlen war alles zuzutrauen. Immer lag Spannung in der Luft, besonders wenn die weißen Bewacher auftauchten. Mit angewiderten Mienen erteilten sie ihre Befehle. Man sah es ihnen an, was sie über die Gefangenen dachten: Garbage, Low life, Abfall, Abschaum.

Aber dann schoben sie eines Tages einen jungen Weißen in den Raum, einen völlig verstört wirkenden Jüngling mit blonden Haaren, der hilflos und verzweifelt in einer Ecke stehen blieb, nachdem der Bewacher die Zellentür knallend hinter sich ins Schloß geworfen hatte. »Hey, what's your name? Why are you here? Wie heißt du, warum bist du hier?«

Der Junge blieb stumm. Er rührte sich nicht vom Fleck. Vor diesen Burschen mußte sich jeder fürchten. Die meisten verloren schnell das Interesse an »Whitey«. Sie ließen ihn in seiner Ecke stehen. Sie spielten wieder Skat oder blätterten in Pornoheften. Ein einziger behielt den Weißen im Auge. War es Mitleid oder bloße Neugier? Er schien zu ahnen, daß dem Jungen Schlimmes widerfahren war. »Why don't you tell me? Warum sagst du's nicht? Es muß doch einen Grund geben, daß dich die Bullen zu uns gebracht haben?«

Und dann kam es heraus, langsam und von Weinkrämpfen unterbrochen. Der junge Blonde hatte sich an einem 10jährigen Mädchen vergangen und war erwischt worden. An einem puertoricanischen Mädchen, und nun war er verzweifelt, weil er doch versucht hatte, mit dieser schrecklichen Veranlagung fertig zu werden. Stundenlange Sitzungen bei einem »Shrink«, einem Psychiater, hatten ihm nicht geholfen. Und nun dies. Er mochte geahnt haben: Seine Zellengenossen würden für alles Verständnis haben, Mord eingerechnet, aber Sex mit einem 10jährigen Mädchen aus Puerto Rico, das die Tochter, Schwester oder die Cousine aller Kerle hätte sein können, die in dieser Zelle saßen? Das mußte ein schlimmes Ende nehmen.

Über die spätere Filmversion, die 1977 erschien und in der Miguel Piñero selbst eine Rolle spielte, schrieb die bekannte Kritikerin des *New Yorker,* Pauline Kael: »Emotionsgeladen und akkurat, ist dies mit Sicherheit der aufregendste Film, der je über Gefängnisse in Amerika gedreht worden ist. Schmerz, Gefahr und Grausamkeit, Piñero hat uns nichts geschenkt, er ist zu Recht über Nacht berühmt geworden.«

Ich wollte ihn für unsere Fernsehsendung haben. Das schreibt sich leichter, als es in Wirklichkeit war. Der in Gurabo, Puerto Rico, im Dezember 1946 zur Welt gekommene Piñero war durch seinen plötzlichen Ruhm nicht »aus der Bahn« geworfen worden. Noch während der Dreharbeiten zu seinem Film hatte er einen Taxifahrer überfallen, und ein milder Richter hatte ihn laufenlassen. »Wie ich höre«, hatte der Richter gesagt, »sind Sie ein begabter Schriftsteller, der in diesem Gerichtssaal nichts zu suchen haben sollte.«

Als wir ihn endlich erwischt hatten, ihm erklärten, daß wir

Miguel Piñero

ihn fürs Deutsche Fernsehen interviewen wollten, war er zunächst mißtrauisch. »My life? Mein Leben? Das war bisher nur schrecklich.« Im Alter von acht Jahren hatte er für seine jüngeren Geschwister Milch geklaut. Sein Vater hatte die Familie sitzenlassen, war mit einer anderen Frau davongelaufen. Vielleicht hatte seine Mutter gehofft, ihren Mann in New York wiederzufinden. Wären sie doch in Puerto Rico geblieben, wo immer die Sonne scheint und niemand frieren muß. In New York hatte ihnen ein freundlicher Hausmeister ein Kellerloch zur Verfügung gestellt. Mit Pappkartons deckte Miguel seine jüngeren Geschwister zu, als Schutz vor Ratten, die aus allen Ecken kamen. Als er elf war und wieder einmal beim Ladendiebstahl erwischt worden war, landete er in einem Jugendgefängnis. Die Karriere als Berufsverbrecher war jetzt programmiert. Als Mitglied der »Orchard Street Raiders« klauten sie regelmäßig bei Macy's, Gimbels und bei Abraham & Straus.

Beinahe beiläufig ließ er mich wissen, daß er niemals einen Menschen verletzt habe, und die Bewohner eines Hauses, das Piñero und seine Freunde eines Nachts um Fernsehgeräte und Stereoanlagen »erleichtert« hatten, erklärten vor Gericht, daß Piñero ein freundlicher Einbrecher gewesen sei. Angst hätten sie vor ihm nicht gehabt. Ich hatte allmählich auch meine Scheu im Umgang mit ihm überwunden. Während des langen Interviews, das wir filmten, aß er ein Sandwich. Er kaute und schmatzte. Er wollte uns offenbar zeigen, daß ihn das alles nicht beeindrucken konnte. Moralische Bedenken hätte er nie gehabt. Er sei das Produkt seiner Umwelt geworden, und für ihn galt gewiß der Satz von Brecht: Zuerst kommt das Fressen, dann die Moral.

Inzwischen lebte er in einer richtigen Wohnung, nicht mehr in einem Rattenloch an der Lower Eastside. Zu seinem Geburtstag am 19. Dezember war auch ich geladen. Dröhnende Musik aus allen Ecken, ein Weihnachtsbaum, der in einer Wolke aus Marihuanadunst zu schweben schien, und eine verstörte Oma, die aus Puerto Rico eingeflogen war. Sie saß staunend zwischen halbwüchsigen Boys und Girls, die Piñero, nachdem er zu Geld gekommen war, nachts auf der 42. Straße aufsammelte und mit nach Hause nahm. Das machte ihn keineswegs zu einem Socialworker, zu einem Jugendhelfer. Für mich war er so etwas wie die Neuauflage einer Dickens-Gestalt, Fagen aus Oliver Twist, der sehr genau wußte, was seine kleinen Burschen unternehmen konnten, um an Geld zu kommen.

Hector, ein 16jähriger, wußte das auch. »Warum interviewst du mich nicht mal?« fragte er mich. »Da würden die Leute staunen.« Er war »high«, und ich ließ ihn reden. Da gäbe es immer genügend »gay guys« auf der 42. Straße, die für einen schnellen Dollar gut seien. Nur einen Dollar? Hector lachte. Mindestens 20 müßte das schon bringen, und manchmal »mache« er eben 100 in der Stunde, mehr als seine Freundin Lisa, die mit den Kerlen ins Hotel gehen müsse und viel zuviel Zeit damit verschwende.

Der Lärm bei dieser Geburtstagsfeier war lauter geworden, aber die Nachbarn trauten sich nicht zu protestieren. Mit dieser Bande war nicht zu spaßen. An den Wänden des Wohnzimmers die eingerahmten Anerkennungen für seinen Erfolg »Short Eyes«. Lebt so ein Dichter, der die New Yorker Kritiker davon überzeugt hat, das beste Drama des Jahres geschrieben zu haben? Nach einigen Wochen waren auch ihm die Reaktionen auf seinen Auftritt im Deutschen Fernsehen bekannt geworden. Das hatte ihn doch beeindruckt, obwohl er sich soviel Mühe gab, immer hübsch »cool« zu bleiben. Wir seien die einzigen gewesen, erklärte er mir, die ihn auf diese Weise respektiert und geehrt hatten. Das war nicht ganz richtig. Auch die *New York Times* hatte sich ausführlich mit dem Phänomen Piñero beschäftigt. Was würde man noch von ihm erwarten können?

Mich hat er häufig in unserem Büro am Columbus Circle aufgesucht, meist aber nur, um ein paar Dollar zu schnorren, die ihm wieder einmal fehlten. Einmal aber nahm er mich beiseite. Im Flüsterton meinte er: »Du hast mir mit dem Fernseh-ding einen großen Gefallen getan. Du bist mein Amigo. Wenn dir je einer dumm kommen sollte, verstehst du, was ich meine? Dumm, einen, den du loswerden willst, also wenn das passiert, ich bin für dich da.« Und bei diesen Worten wühlte er in seiner Manteltasche und zeigte mir einen 45er, seinen »Ballermann«, den er immer bei sich trug.

Später, in meiner Wohnung, mußte ich laut lachen, als ich an »Mikey« dachte, wie ihn seine Freunde nannten. Nun hatte ich sogar einen »hitman«, wenn ich wollte. Wie hieß es doch so oft am Schluß meiner Fernsehsendungen? Alles in New York, alles in einer Stadt.

Kurze Zeit danach war er verschwunden. Vielleicht hatte er wieder einmal einen Taxifahrer überfallen oder mit Rauschgift gehandelt. Aber dann sahen wir ihn eines Tages als Schauspieler in der Serie »Miami Vice«. Neue Karriere? Nicht ganz. Es waren kleine Rollen, und er spielte das, was er auch im Leben war: Straßenräuber und Rauschgifthändler. Joseph Papp in New York, dem er eine Zeitlang immer neue Dramen schickte, die er in einer Rekordzeit von nur wenigen Tagen zu Papier gebracht hatte, reagierte nicht mehr. Die Tage, als sein Name in Neonbuchstaben über dem Times Square schwebte, waren vorbei. Sie würden niemals wiederkommen. Für kurze Zeit war Mikey berühmt gewesen, er würde ein Leben lang davon zehren müssen.

In der Sonntagsausgabe der *New York Times* vom 3. Juli 1988 las ich den Nachruf des Theaterkritikers Mel Gussow. Miguel Piñero war gestorben, an einer Leberkrankheit. Alkohol und Drogen hatten ihn zerstört. Er war nur 42 Jahre alt geworden. Im Nachlaß fand man dann doch noch ein paar Bühnenstücke, die nach »Short Eyes« entstanden waren. »The Sun Shines Always For The Cool«, »Midnight Moon At The Greasy Spoon«. Eindrücke aus der »Unterklasse«, die der amerikanische Traum nicht einmal gestreift hatte. Nichts war da geblieben. Ein bißchen Hoffnung. Vielleicht.

Das zu seinem Nachruf abgedruckte Gedicht, in englischer Sprache verfaßt, hat mich sehr berührt. Was eigentlich alle vermuten mußten, die ihn kannten: Hinter der rauhen Macho-

Schale versteckte sich ein sensibles Häuflein Mensch, dem nicht zu helfen war. Ich habe versucht, seine Gedanken in unserer Sprache wiederzugeben. Ein letzter Gruß für einen Poeten, der aus der Gosse kam, der mich »Amigo« nannte.

Einmal, bevor ich sterbe,
Möcht' ich vom Dach aus den Himmel sehn.
Träumen und hoffen und weinen.
Verstreut meine Asche, wo ich am liebsten war –
Lower Eastside.

Wieder daheim

Das konnte kein Abschied von New York für immer gewesen sein. Ich hatte zu lange in dieser Stadt gelebt. 25 glühend heiße Sommer, Schneestürme im Winter, Silvesterfeuerwerke über dem Central Park. Den funktionierenden Kamin im Wohnzimmer würde ich am meisten vermissen. Zu dumm, daß ich ihn nicht mitnehmen konnte. Die internationalen Umzugsunternehmen machen es einem so leicht: Ich glaube, ich habe für meinen Umzug nach München keinen Finger rühren müssen. Sieben oder acht gewaltige Männer hatten 25 Jahre New York in Windeseile in Kisten und Kartons verpackt. Dieter Kronzukker kam mit einem ZDF-Team, um beim Abschied dabeizusein. Die Zuschauer der Sendung »Bilder aus Amerika« haben es also miterlebt. Zum Heulen war mir, aber niemand sollte es merken. Zuletzt blieben mir nur noch eine Luftmatratze und der Blick auf den Central Park. Frühling in New York, und ich konnte nur hoffen, daß es nicht mein letzter war.

War es überhaupt möglich, nach über zwei Jahrzehnten in dieser Riesenstadt irgendwo sonst zu leben? Ich wollte es versuchen, ich würde nach München gehen. Nicht nach Hamburg. Keine Rückkehr in die eigene Vergangenheit, keine sentimentalen Spaziergänge über die Dammtorstraße, vorbei an der Sparkasse, wo früher einmal die »Schaubude« gewesen war, als da noch Autos verkauft wurden und sich jeden Samstag einige hundert Zuschauer vor den Fenstern die Nasen platt drückten. Fernsehen aus nächster Nähe war das. Aufregend muß es gewesen sein. Die Älteren sprechen immer noch davon.

Die erste große Aufgabe nach meiner Rückkehr erwartete

mich dennoch in Hamburg. Martin Biallas, der Berliner Konzertagent, der als Manager auch Hilde Knef betreute, schien sich daran erinnert zu haben, daß ich in New York zu den wenigen gehört hatte, die Marlene Dietrich in ihrer Wohnung an der Park Avenue besuchen durften. Das war das Verdienst meines Freundes Burt Bacharach gewesen, mit dem ich seit Greta-Keller-Tagen gelegentlich zusammenkam. Burt war damals Marlenes bester Freund. Er hatte ihre Triumphzüge durch die Konzertsäle der Welt, als sich Marlene nur als »Marlene« und sonst weiter gar nichts präsentierte, als Dirigent und Arrangeur begleitet. »Überhaupt kein Problem«, hatte Burt mir am Telefon gesagt, »du kannst sie morgen nachmittag besuchen.« Ich habe die Teestunde nie vergessen.

Sie wartete erst gar nicht ab, wie gut oder wie schlecht mein Englisch war. Mit mir sprach sie Deutsch. Und daß sie aus Berlin kam, das hörte man immer noch. Nur einmal fragte sie: »Sagt man das noch?« Sie lebte schließlich seit über dreißig Jahren in Amerika. Nachdem sie ihren Text auf Band gesprochen hatte, eine Lobeshymne auf ihren Freund Burt, kramte sie in Familienfotos. Bilder ihrer Enkel sollte ich sehen, und ein Lob für die deutschen Tontechniker hatte sie auch. Ihre Platte »Wiedersehen mit Marlene« war gerade fertig geworden. Der »Sound«, den die Deutschen da gezaubert hatten, übertraf alle ihre Erwartungen. Aber mit der »Hommage à Marlene«, die im Rahmen des »Hamburger Sommers« 1985 im Deutschen Schauspielhaus veranstaltet werden sollte, wollte sie nichts zu tun haben. Die internationale Starbesetzung machte keinen Eindruck auf Marlene. Immerhin hatten wir Juliette Gréco, Eartha Kitt, Ingrid Caven, Gisela May und Hana Hegerova.

Die ganze Sache war ein »Ritt über den Bodensee«. Unzureichende Proben, keine klare Konzeption. Ich war der Moderator, und nach der letzten Vorstellung am 4. August 1985 habe ich aufgeatmet: Ich war noch einmal davongekommen. Und doch sprach schon jemand von einem Abstecher in den Friedrichstadt-Palast in Ost-Berlin. Aber da war sich Gisela May, die mir ein herzliches »Dankeschön« ins Programmheft geschrie-

Bei der Arbeit im Central Park mit Assistentin Marlies Messenger

Wieder daheim – mit Jürgen und Eva Roland

ben hatte, nicht ganz sicher, als sie an mich, den Moderator, dachte. Frau May, die in der DDR als Interpretin der Lieder von Brecht und Weill seit vielen Jahren gefeiert wird, meinte: »Sie waren so lange Jahre in Amerika . . .« Aha. Durchaus möglich. Für die da drüben, für meinen alten Lehrer aus der Rundfunkschule Hamburg 1947, für Karl-Eduard von Schnitzler, und wer da sonst noch alles für Einspruch in Frage kam, war es gewiß schwer vorstellbar, daß ich im Friedrichstadt-Palast in Ost-Berlin über Marlene Dietrich sprechen sollte.

Dafür durfte ich in meiner Kinosendung, die bei Studio Hamburg und mit Peter Otto entstand, über Leute aus der Gegenwart sprechen. Mit Louis Malle zum Beispiel und über seinen wunderbaren Film »Auf Wiedersehen, Kinder«. Mit Bernardo Bertolucci über den »Letzten Kaiser« von China, mit Walter Matthau über den ärgerlichen Film »Piraten«, den er Roman Polanski nicht verzeihen wollte. Ich kam schnell dahinter, daß die Kinosendung eine Veranstaltung war, die im Gesamtprogramm keine »Besonderheit« sein konnte, so wie es »New York, New York« zweifellos einmal gewesen war. Wenn ich nicht nur Leuten begegne, die mir was »Nettes« sagen wollen, wenn ich also glauben darf, was ich da höre, dann wird die Sendung sogar vermißt.

Doch die Öffentlich-Rechtlichen, aufgeschreckt durch den schnellen Vormarsch der Privaten, haben sich auf einen Konkurrenzkampf eingelassen, in dem Einschaltquoten anscheinend der wichtigste Maßstab sind. Vieles, was sicher auch zur »Grundversorgung« gehört, für die die Öffentlich-Rechtlichen zuständig sind, muß auf der Strecke bleiben. Auch die Erinnerungen an Vergangenes. Maria Callas um 20.15 Uhr? Erinnerungen an ihr Leben, Höhepunkte ihrer Kunst? Das gibt es, zu dieser frühen Abendstunde, leider nur noch in Wien, wo zwei Systeme in der Tat für ein echtes Kontrastprogramm sorgen. Aber dafür dürfen wir schließlich täglich mehr als 14 Kinofilme sehen. In unseren Kellern stapeln sich turmhoch die mitgeschnittenen Erzeugnisse der Traumfabrik. Herr Kirch hat allen Grund zur Sorge. Sein Monopol schwindet dahin.

Während ich diese Zeilen schreibe, von denen ich weiß, daß sie im Schlußkapitel erscheinen sollen, plagen mich Gewissensbisse. Natürlich hätte ich gern die Geschichte von Sholom Secunda noch einmal erzählt, dem der Schlager »Bei mir biste scheen« während eines Spaziergangs über die Strandpromenade von Coney Island eingefallen war. Da er damals ein armer Schlucker war, der dringend ein paar Dollar brauchte, verkaufte er den Song, den später die Andrew Sisters weltberühmt gemacht hatten, für lächerliche 30 Dollar an einen Musikverleger, der dann Millionen damit verdiente. Trotzdem gab es hier ein Happy-End. Nach amerikanischem Gesetz geht das Copyright nach 30 Jahren an den Autor zurück, und als ich mit Sholom Secunda in Coney Island spazierenging, da hatten sie dem alten Herrn die ersten Tantiemen nach 30 Jahren ausgezahlt. War das eine Freude! »Bei mir biste scheen« wurde immer noch und überall gesungen.

Ich hätte gern noch mehr erzählt. Womit ich sagen will, ich habe längst nicht alles unterbringen können, was auf meinem Zettel stand. Aber an dieser Stelle hat mein Verleger das entscheidende Wort gesprochen: »Sie haben vier Bücher im Kopf. Wir wollen erst einmal eins.« Nun denn – hier ist es: Fast ein ganzes Leben.

Das New Yorker Team

Ingrid Menzel
Peter Warneke
Ben Wett
Edith E. Finke
Ilse Traubel
Marlies Messinger
Birgit Francis
Angelika Riskin
Eva Rushdie
Sue Salter
Lisa Günther
David Hernandez
Roberto Cruz
Alex Ramos

UND:

Patricia Naggiar
Peter Otto

Einige der Beiträge aus dem Kapitel »Zeitgenossen« sind im Feuilleton der Tageszeitung *Die Welt* erschienen.

Personenregister

Jerome Charyn

Metropolis: New York

336 Seiten, gebunden, Schutzumschlag

Jerome Charyn nimmt den Leser mit auf einen atemlosen Spaziergang durch New York. Ausgehend von Ellis Eiland, jahrzehntelang Durchlaufstation für die ärmeren Einwanderer, unternimmt er Streifzüge durch die verschiedenen Stadtteile, die Straßenschluchten, die Slums. Er zeichnet die wechselvolle Entwicklung der Stadt und ihre Legenden nach, von den Anfängen, als New York noch New Amsterdam war, bis in unsere Tage. Er erzählt von den einzelnen Menschen und den Volksgruppen, die New York geprägt haben: von Peter Stuyvesant und Madonna, von Ed Koch, dem schillernden Bürgermeister, von jüdischen Zahnärzten und italienischen Mafiabossen, den schwarzen Ghettos von Harlem und Bed-Stuy, den irischen Banden und holländischen Kaufleuten, von Woody Allen und »King Kong«, von »Roxy« Rotapfel, dem König der Kinopaläste, von Bankern, Spielern, Huren, Politikern und Künstlern.

»Metropolis: New York« – dieses glänzend geschriebene und vorzüglich recherchierte Buch ist eine Fundgrube für alle, die diese extreme Stadt lieben oder hassen und zugleich ein Stück Autobiographie des Autors, der mit Leib und Seele New Yorker ist.

James A. Michener

Alaska

912 Seiten, gebunden, Schutzumschlag

James A. Michener, Bestsellerautor von Rang, hat in seinem neuen Roman die dramatische Geschichte dieses Landes, das Amerika 1867 für lumpige 7,2 Millionen Dollar dem Zaren abkaufte, niedergeschrieben. Von Alaskas Besiedlung durch sibirische Jägerhorden und Eskimos spannt sich der Bogen zu den Forschungsreisen von Bering und den Missionierungsversuchen russisch-orthodoxer Mönche. Aber erst in unserem Jahrhundert kommt es zu den ersten größeren Siedlungen durch das Aufblühen der Lachsindustrie, und nach dem 2. Weltkrieg beginnt durch die Erschließung der Ölfelder ein Wirtschaftsboom, der die soziale Struktur Alaskas völlig umgestaltet.

Auch hier sind die historischen Fakten aber nur Hintergrund für Micheners packenden Roman. Ob in der bewegenden Geschichte des Visionärs Zazruk, der sein Volk auf die Aleuten-Inseln führte, ob in der Gestalt Alexander Boranows, des ersten Russen, der das Land regierte, und seines Gegenspielers Rabenherz, Häuptling der Tingits, stets verbindet sich der große Atem der Literatur mit der Liebe zum informativen Detail. Wir erleben den Zug der Goldgräber und ihr oft tragisches Ende in den Gossen von Nome, bewundern oder verabscheuen Malcolm Ross. Tycoon im Nordwesten, und seinen so ungleichen Schwiegersohn Tom Venn und bangen mit Melisso Peckham, deren unbeugsamer Wille alle Krisen ihres Lebens meistert.

ECON Verlag
Postfach 300321 · 4000 Düsseldorf 30